本質を
理解しながら学ぶ

建築
数理

猪岡達夫　中村研一　石山央樹　片岡靖夫　［著］

丸善出版

発刊にあたって

　「塵劫記」という本を知っていますか。江戸時代の初期に吉田光由によって編纂された数学書です。高等数学を使う難問もありますが、実用的あるいは遊戯的など多彩な内容を含みます。江戸時代は、武士はもちろん町人や農民も、大人から子供まで、数学を学び楽しむことが盛んでした。一家に一冊は大袈裟としても塵劫記は江戸時代を通しての大ベストセラーでした。

　有名な関孝和（1642-1708）は数多くの業績を残しています。中でもベルヌーイ数をヤコブ・ベルヌーイよりも早く発見したことは特筆すべきことです。本来ならば"関・ベルヌーイ数"と呼ぶべきである、という人もいるくらいです。和算は鎖国をしていた日本で独自に発達した当時の世界のトップレベルの数学です。

　江戸時代は専門家でもない庶民が、何の見返りがあるわけでもないのに純粋な好奇心から数学に親しんだ、こういう国は日本以外にありません。難問が解けたことに感謝して、答をしたため奉納された"算額"が全国のあちこちの神社仏閣に今でも残っています。このような背景があったからこそ、明治時代になって西欧の先端的な技術にいち早くキャッチアップできたのです。

　さて、本書ですが、どのような使われ方を想定しているかというと、第1は、大学でこれから建築を学ぶ人のための教科書としての利用です。第2は、建築の実務に就いている方々が建築数理を復習するときの教材としての利用です。そして第3に、建築に興味ある方々に数理の面から建築を再発見していただく教本としての利用です。幅広い読者を想定しています。

　本書は、高校で習った、あるいは、大学で最初に習う数学や物理をベースにしています。しかし、これらの延長ではありません。これまでとは違う切り口から問題を解き明かしていきます。ですから、数学や物理が苦手な人も、苦手意識を引きずることなく、新たな気持ちで取り組むことができると思います。まずは基本的なことを理解します。しかし、基本的なことばかりでは上達しませんので、一歩また一歩と少しずつ問題の本質に迫っていきます。一方で、数学や物理が得意な人にとっては本書は難しく感じることはないでしょうが、これまでに学んできた、また、これから学ぶ数学や物理が建築の中でどのように活用されているかを知っていただく機会になります。なお、中には一歩踏み込んだ解説や、やや難しい問題も用意していますので余裕のある人はチャレンジして下さい。

　本書は3つの編から成っています。最初の編は『建築数理の基本』、中編が『建築構造からみる数理／見えない力の流れを読み解く』、後編が『デザインからみる数理／建築に隠された数理』です。章番号は通しで、最後の14章が「総合演習」です。

　最初の『建築数理の基本』では8つのテーマを取り上げます。すなわち、「形と重心・体積・面積」、「分かると便利な三角関数」、「数列と級数／フィボナッチ数と黄金比」、「確率と統計／回帰分析・調和分析」、「対数／人の感覚と音のデシベル」、「＋－×÷で解く微分方程式」、「行列で解くつるかめ算」、最後に「数式と物理量と単位」です。どれも基本的かつ重要なものばかりです。また、演習問題などの題材はできるだけ建築に関わるものを選んでいます。

中編の『建築構造からみる数理／見えない力の流れを読み解く』（9〜11章）は、構造を苦手とする人が多いので取り上げた編です。ここでは、問題を解くことよりも、本質が何かを理解できるように頁数を多く割いています。数式の成り立ちや、根本的な原理を理解することが大切で、原理が分かれば、問題を解くことは難しくなくなるはずです。また、応用もできるようになります。

　後編の『デザインからみる数理／建築に隠された数理』（12〜13章）は、前の2編とは少し趣きが変わり、問題を解くということはありません。あまり数理と関係しないと思われるデザインですが、古代から現在に至るまで、建築家がどのように建築デザインを考え、そこにどのように数学が係わっていたかを知ることで建築への理解が一層深まると思います。

　各章は、「掴み」「本文」「問題」「答えと解説」「補足」「忙中閑有り」「余談」「付録」「コラム」などから成ります。「掴み」は取っかかりです。やや意外な切り口、あるいは、興味が持てそうな問題や話題から入っていきます。

　本書では本文とそれ以外の補足などで、文字サイズを変えていますが、これは文書構成にメリハリを付けるためです。基本的なことは大き目の文字で、少し踏み込んだことは小さ目の文字にしています。

　「本文」では問題を解きながら学んでいきます。「問題」も実は本文の一部です。言葉の説明だけでは理解しづらいことを、問題の形を借りて、理解を深めることを担っています。

　問題の直ぐあとに答えと解説がありますが、単に目を通すのではなく、手を動かして、ひとつひとつ確認して下さい。大切なことは、声を出して読み、耳で聞いて、頭で考え、手を動かして、目で確認する。この口と耳と頭と手と目を同時に使うことで理解が確実なものとなります。遠回りのようですが、上達の早道です。

　説明もなく、いきなり「問題」から始まることがあります。"習うより慣れろ"の順序です。先人たちが苦労して得た結晶が定理や公式ですが、決して定理や公式が先にあったのではありません。どの公式や定理を使うかでなく、まず考えて本質が何かを見極めて下さい。急がば回れですが、この方が理解が深まりますし、逆に、定理や公式のありがたさが良く分かるようになります。なお、本書では定理や公式にはできるだけ証明を添えています。定理や公式は覚えるだけでなく、証明ができるとか、式が誘導できるようになれば、応用が効くようになります。

　「補足」「余談」「付録」「コラム」などは、本文で説明すると混乱するであろうことを補足しています。ここに本質的なことが隠れていることがあります。より深い理解や、異なる視点から多面的に理解するために必要な内容です。「忙中閑有り」は息抜き問題です。本文に関連する問題もあれば、あまり関係ない問題もあります。中には手強い問題もありますが、物事の本質を理解していると案外と簡単に解けます。

　最後まで諦めずに、分からなければ何度でも読み返して下さい。本書を通じて学ぶ喜びを体験していただければ幸いです。

2017年10月
執筆者を代表して　猪岡達夫

目 次

＜建築数理の基本＞

　前半の 1〜8 章では、「形と重心・体積・面積」「三角関数」「数列と級数」「回帰分析」「対数と音の dB」「＋－×÷で解く微分方程式」「行列で解くつるかめ算」「数式と物理量と単位」を取り上げます。多くが高校までに習う内容をベースにしています。ただし、高校までの延長ではなく、建築で必要な数学と物理であり、実際にどのように使うのかということに焦点を当てています。

　内容は基本的なことばかりですが、問題の本質を理解することに主眼をおいています。まず、基本的・原則的なことを本文で解説し、やや踏む込んだ内容や、例外的なことなどは【補足】や【コラム】や【注意】などで説明するようにしてあります。できる限り丁寧に解説し、数式の展開もできる限り省略しないで記述してあります。

　ところどころに問題(Q)を用意してあります。問題は興味を持ってもらえそうな内容とし、できるだけ建築に係わる問題としました。問題の直ぐ後に解答(A)と解説があるので、答えが直ぐに分かってしまうのですが、本書では、問題の形を借りた本文の延長です。問題を考えながら理解を深め、視野を拡げることが狙いです。解答の中に本質を掴むための鍵が隠れていることがあります。ですので、解答は目を通すだけでなく、ひとつひとつ手を動かして計算過程を確認してください。より一層理解が深まるはずです。

　声を出して・耳で聞き・頭で考え・手を動かして・目で確認する。この一連の動作を繰り返すことは面倒なようですが、理解への早道です。繰り返し繰り返し続けることが真の理解に繋がります。人は覚えても忘れるものですが、理解すれば、忘れにくくなり、たとえ忘れても思い出すことができるようになります。

　　　　　前置きはこのくらいにして早速始めましょう。

1. 形と重心・体積・面積

　本章では「重心」と「体積」「面積」を取り上げます。重心は物を代表する点で、建築の構造では "図心" ともいいます。図心は後半の 10 章でも扱いますが、本章では重心の基本を勉強します。重心の応用として、回転体の「体積」を取り上げます。点が移動すると線、線が移動すると面、面が移動すると立体になりますが、"パップス・ギュルダンの定理" はこの原理を応用したものです。回転体という特殊な形にしか使えませんが、例えば、ドーナッツの体積も簡単に求めることができます。最後の節では面積を扱います。ひとつは "ヘロンの公式" です。これは 3 辺の長さから直接面積を求める方法です。建築はもとより測量や土木の分野でよく使われる極めて実用性の高い計算方法です。もうひとつは座標から面積を求める方法を学びます。コンピュータを使って色々な解析をするときに使える式です。この式を使えば、ある点が多角形の内か外かの判定にも使えます。

　どれも知っておくと便利です。それでは始めましょう。

1.1　重心（図心）

（1）重心（図心）とは

　重心とは、物体を代表する "点" のことです。物体を紐で吊して、その物体が水平にバランスを取ったとき、紐で吊した点が重心です。物理では重心といい、建築ではこれを "図心" といいます。

　重心が「その物体を代表する点である」、このことは非常に重要です。例えば、左下図のような複雑な形で・印が重心とします。この重心に質量が集中していると考えると、右下図のように、形のことを忘れて、物体を単純化して考えることができます。

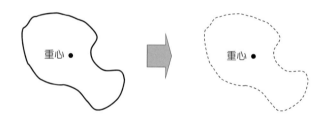

（2）作図で重心（図心）を求める

　ここでは、作図によって、いろいろな形の重心（図心）を求めてみましょう。なお、"作図" で使ってよい道具は、①定規と、②コンパスです。あとは紙と鉛筆だけです。

　　　コンパスは　　・円を描く　　・同じ寸法を写し取る　ことに用います。

　　　定規は　　　　・直線を引く　ことに用います。

製図では T 定規や物差しや分度器も使いますが、数学でいう作図では使えません。

【補足】古代ギリシアの三大作図問題
　　古代ギリシアの作図の難問が次の 3 つです。
　　　①与えられた円と等しい面積の正方形を作る
　　　②与えられた立方体の体積の 2 倍の立方体を作る
　　　③任意の角を三等分する（角の三等分問題→右図）
　　いずれも不可能であることが証明されています。

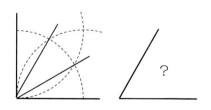

　　→p.9【忙中閑有り】折り紙のテクニックを加えると任意の角を三等分することが可能になります。

Q1：次の（イ）（ロ）（ハ）の図形の重心（図心）を作図によって求めなさい。

(イ)正方形　　　　　　　(ロ)三角形　　　　　　　(ハ)円

A1：(イ)対角線の交点が重心 G です。

(ロ)頂点から同じ半径の円弧を描き、交点を結んで中点を見付けます。中点と頂点を結ぶ線（中線といいます）の交点が重心 G です。　【定理】3 つの中線は重心で交わります。重心は中線を 1:2 に内分します。

(ハ)2 つの直径の交点が円の中心、つまり重心です。まず、任意の弦を引き、弦の二等分線を引くと直径①を得ます。同様にして直径②を得ます。直径①と直径②が交わる点が重心です。

【補足】(ハ)の別解：円と交わる任意の線①を引きます。次に、三角定規を使って、線①と円との交点を通り、線①と直交する線②を引きます。線①と線②が円と交わる他の交点同士を結ぶ線が直径③です。同様にして直径④を求めます。直径③と直径④の交点が円の重心です。

なお、三角定規を使って直角を取ったり、平行線を引くのは作図では禁じ手です。

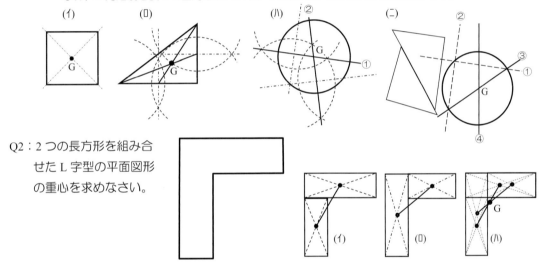

Q2：2 つの長方形を組み合せた L 字型の平面図形の重心を求めなさい。

A2：(イ)まず、2 つの長方形に分け、各々の重心を求め、2 つの重心を結びます。次に、(ロ)別の長方形に分け、同様に 2 つの重心を結びます。(ハ)2 つの重心線が交わる点が L 字形の重心です

【参考】10 章の断面一次モーメントで、寸法が既知のときの重心（図心）の求め方を勉強します。

Q3：地球の質量を 1 とすると月の質量は 0.0123 です。地球の半径を 1 とすると、月の半径は 0.2724 です。地球と月の距離（重心と重心の距離）は地球の半径の約 60 倍です。さて、地球と月の共通の重心はどの位置にあるのでしょうか。地球の重心からの距離比を計算で求めなさい。

地球　　　　　　　　　　　　　　　　　　　　　　　　　　　　　　　　　月

A3：地球の半径を "1" として、月までの距離 "60" を地球と月の質量の比 1：0.0123 で内分します。

すなわち、$60 \times 0.0123 / (1 + 0.0123) \fallingdotseq 0.73$ を得ます。共通の重心は地球の中心から 0.73 の位置、つまり地球の内部にあります。この共通の重心を中心に互いに回っています。

1.2 立体の体積

（1）一般的な公式

早速、問題から入ります。

Q4：下図は、縦 $a=2r$、横 $a=2r$、高さ $h=a=2r$ の立方体に内包される円柱と円錐と球です。これらの体積の比率を求めなさい。

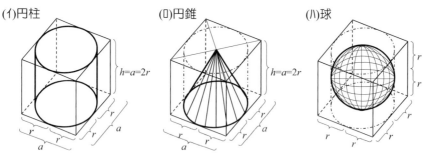

(イ)円柱　　　　　　　(ロ)円錐　　　　　　　(ハ)球

A4：体積を求める公式は　立方体 $V=a^3$、円柱 $V=\pi r^2 h$、円錐 $V=\dfrac{\pi r^2 h}{3}$、球 $V=\dfrac{4\pi r^3}{3}$

いま、$h=a=2r$ とすると、円柱:円錐:球の体積比は　$\pi r^2 \times 2r : \dfrac{\pi r^2 \times 2r}{3} : \dfrac{4\pi r^3}{3} = 2 : \dfrac{2}{3} : \dfrac{4}{3} = 3 : 1 : 2$　となります。

【参考】楕円の面積・楕円体の体積

　　右の左図で、楕円の面積は　$A=\pi ab$　・・・(1-1)　です。
楕円を縦方向のどこで切っても、円との比は　$a:b$　です。
よって、円の面積と楕円の面積の比率は　$a:b$　になります。
なお、$a=b$ のときが円の面積で　$A=\pi a^2$　になります。
　　右の右図で、楕円体の体積は　$V=\dfrac{4\pi abc}{3}$・・・(1-2)　です。

なお、$a=b=c$ のときが球の体積で　$V=\dfrac{4\pi a^3}{3}$　になります。

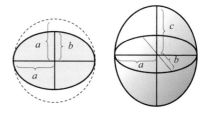

（2）パップス・ギュルダンの定理／回転体の体積を求める

　パップス・ギュルダンの定理を使うと、簡単に回転体の体積を求めることができます。右図で、回転させる図形の面積を A とします。回転したときの重心の移動距離（円周長）を L とします。パップス・ギュルダンの定理による回転体の体積 V は

$$V = A \times L \quad \cdots (1\text{-}3)$$

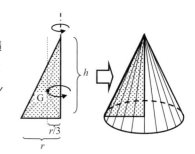

【注意】回転させる図形が回転軸をまたがってはいけません。

【補足】重心が面全体を代表する点であり、移動距離も重心の移動距離（円周）で代表させます。

　右上図の円錐を例に示します。元の三角形の底辺が r で、高さが h です。よって面積は　$A=rh/2$　となります。三角形の重心 G は回転軸から距離 $r/3$ だけ離れています。よって、回転したときの重心の移動距離（円周）は　$L=2\pi(r/3)$　となります。以上より、パップス・ギュルダンの定理による円錐の体積は　$V=A \times L=(rh/2) \times (2\pi r/3)=\pi r^2 h/3$　となります。

　この結果は、上記の A4 の円錐の体積の公式と同じになりました。パップス・ギュルダンの定理を使うと、面倒な問題が簡単に解けることがあります。では次の問題を解いてみましょう。

Q5：下図で、直角三角形が回転軸から離れています。これを回転させたときの体積を求めなさい。
　　円周率は π=3.14 を使いなさい。

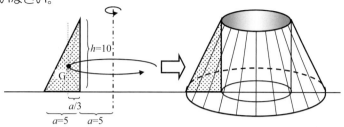

A5：中空の円錐台の体積

　　三角形の底辺を a、高さを h とすると面積は $ah/2$ です。三角形の重心 G の回転軸からの距離は $4a/3$ です。よって、回転体の重心の移動距離（円周）は $L=8\pi a/3$ となります。パップス・ギュルダンの定理より中空の円錐台の体積は $V=A\times L=(ah/2)\times(8\pi a/3)=4\pi a^2 h/3$ です。これに $a=5, h=10, \pi=3.14$ を代入すると、$V=4\times3.14\times5^2\times10/3=1000\times3.14/3=1046.666\cdots\fallingdotseq1046.7$ となります。

A5（別解）：Q5 を円錐の体積の公式を使って解くと次のようになります。

　1)底面の半径が $2a$、高さが $2h$ の円錐の体積 $V_大$ と、底面の半径が a、
　　高さが h の円錐の体積 $V_小$ を求めます

$$V_大=\frac{\pi\times(2a)^2\times2h}{3}=\frac{8\pi a^2 h}{3}、\quad V_小=\frac{\pi a^2 h}{3}$$

　2)体積 $V_大$ から体積 $V_小$ を差し引いて円錐台の体積 $V_台$ を求めます。

$$V_台=V_大-V_小=\frac{8\pi a^2 h}{3}-\frac{\pi a^2 h}{3}=\frac{7\pi a^2 h}{3}$$

　3)底面の半径が a、高さが h の円柱の体積 $V_柱$ を求めます。

$$V_柱=\pi a^2 h$$

　4)円錐台の体積 $V_台$ から、円柱の体積 $V_柱$ を差し引いて、
　　中空の円錐台の体積 V を求めます。

$$V=V_台-V_柱=\frac{7\pi a^2 h}{3}-\pi a^2 h=\frac{4\pi a^2 h}{3}$$

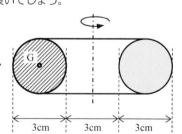

　　これに $a=5$、$h=10$、$\pi=3.14$ を代入すると、$V=\dfrac{4\times3.14\times5^2\times10}{3}=1046.666\cdots\fallingdotseq1046.7$ を得ます。

　【補足】どちらで解いても良いのですが、この例ではパップス・ギュルダンの定理が便利です。
　　　　　時と場合によって、解き方を使い分けられるようになると良いでしょう。

Q6：ドーナッツの種が 1 リットル（1000cm³）あります。これで右図の大きさのドーナッツがいくつできるか答えなさい。なお、ドーナッツ1個分の種の体積と出来上がったドーナッツの体積は変わらないものとします。円周率は π=3.14 を使いなさい。

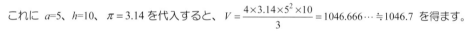

A6：ドーナッツの体積

　1)右上図のハッチの部分のドーナッツの断面の半径を r とすると、断面積は $A=\pi r^2$ です。
　2)ドーナッツの重心の回転半径を R とすると、回転したときの重心の移動距離（円周）は $L=2\pi R$ です。
　3)ドーナッツの体積は $V=A\times L=\pi r^2\times2\pi R=2\pi^2 r^2 R$ となります。これに $\pi=3.14$、$r=3/2=1.5$、
　　$R=3$ を代入すると、$V=2\times3.14^2\times1.5^2\times3\fallingdotseq133.1$cm³ を得ます。
　4)1000cm³ の種で作れるドーナッツの数は　$1000\div133.1\fallingdotseq7.5$ 個となります。

1.3 面積を求める
（1）三角形の面積

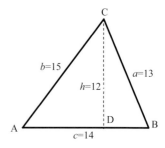

早速、問題から始めましょう。

Q7：右図の△ABC の面積を求めなさい。なお、辺の長さは a=13、
　　b=15、c=14 とします。高さ CD は h=12 です。

　A7：面積は、　底辺×高さ÷2 = 14×12÷2 = 84　となります。

（2）ヘロンの公式

　Q7 は簡単でしたね。でも、高さ CD が不明な場合はどうやって面積を求めるのでしょうか。余弦定理(→2章)を使うなど、色々な方法がありますが、ここでは次のような方法で求めます。

まず、3 辺の長さを a、b、c として、s を周長の半分とすると、

三角形の面積 T は
$$s = (a+b+c)/2 \quad\\ T = \sqrt{s(s-a)(s-b)(s-c)} \quad\Biggr\} \qquad \cdots(1\text{-}4)$$
で求めることができます。式(1-4)を「ヘロンの公式」といいます。

【補足 1】ヘロンは紀元 10～70 年頃、エジプトのアレキサンドリアで活躍した数学者です。

【補足 2】一般的な面積の式 底辺×高さ÷2 の垂線の位置と長さを正確に測量することは困難です。それよりも三角形の 3 辺の長さを測る方がずっと簡単でより正確です。ヘロンの公式は測量や土木、建築でよく使われる極めて実用性の高い公式です。

Q8：上図において、高さが不明で、3 辺の長さが a=13、b=15、c=14 の三角形 ABC の面積 T を「ヘロンの公式」を使って求めなさい。

　A8：　$s = (13+15+14)/2 = 21$　です。よって面積は次のようになります。

$$T = \sqrt{21(21-13)(21-15)(21-14)} = \sqrt{21\times8\times6\times7} = \sqrt{7^2\times3^2\times2^2\times2^2} = 7\times3\times2\times2 = 84$$

【ヘロンの公式の証明】　この証明には三角関数を使います。三角関数については 2 章を参照して下さい。

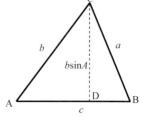

右図の△ABC で、辺 AB を底辺とすると、

高さ CD は $b\sin A$ で、面積は $T = \dfrac{1}{2}bc\sin A$ ‥(1)　となります。

p.13 式(2-4)の $\sin^2 A + \cos^2 A = 1$ の公式より $\sin A = \sqrt{1-\cos^2 A}$ を得て、これを式(1)に代入すると $T = \dfrac{1}{2}bc\sqrt{1-\cos^2 A}$ ‥(2) となります。

ここで $T = \dfrac{1}{2}bc\sqrt{R}$ ‥(3)　とおいて、R を整理すると

$R = 1-\cos^2 A = (1+\cos A)(1-\cos A)$ ‥(4) となります。式(4)に p.16 式(2-6)の余弦定理 $\cos A = \dfrac{b^2+c^2-a^2}{2bc}$

を代入すると、$R = (1+\dfrac{b^2+c^2-a^2}{2bc})\times(1-\dfrac{b^2+c^2-a^2}{2bc}) = \dfrac{1}{4b^2c^2}(2bc+b^2+c^2-a^2)(2bc-b^2-c^2+a^2)$ となり、

整理すると、$R = \dfrac{1}{4b^2c^2}(b+c+a)(b+c-a)\times(a-b+c)(a+b-c)$ ‥(5) となります。ここで、$2s = a+b+c$

とおくと、式(5)は $R = \dfrac{4}{b^2c^2}s(s-a)(s-b)(s-c)$ となります。 これを式(3)に戻します。すると、

$T = \dfrac{1}{2}bc\sqrt{\dfrac{4}{b^2c^2}s(s-a)(s-b)(s-c)} = \sqrt{s(s-a)(s-b)(s-c)}$ となり、ヘロンの公式(1-4)が導かれました。

Q9：次の三角形の面積をヘロンの公式を使って求めなさい。

① 8：5：5　　② 13：4：15　　③ 12：5：13　　④ 17：10：21

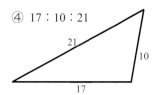

A9：ヘロンの公式を使って計算します。答えのみを示すと、①面積=12、②面積=24、③面積=30、④面積
=84　です。

【補足】ヘロンの三角形：Q9 の三角形は、どれも辺の長さの比と面積が全て整数になっています。このよう
な三角形をヘロンの三角形といいます。他に 17:10:9(36)、20:15:7(42)、17:15:8(60)、20:13:11(66)、
25:17:12(90)、37:20:19(114)、21:20:13(126)、149:148:3(210)、87:55:34(396) など多数あります。
なお、( )内の数は面積です。

（3）座標から面積を求める

コンピュータで解析するとき、多くの場合、座標を与えて計
算します。早速ですが、問題から始めます。

Q10：右図の三角形①②③の頂点の座標を(x_1,y_1)、(x_2,y_2)、(x_3,y_3)
とします。この座標を使って、三角形の面積を求める式を作
りなさい。なお、①②③の順序は反時計回りです。

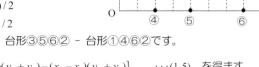

A10：　台形①④⑤③の面積は　$(x_3 - x_1)(y_3 + y_1)/2$
　　　台形③⑤⑥②の面積は　$(x_2 - x_3)(y_2 + y_3)/2$
　　　台形①④⑥②の面積は　$(x_2 - x_1)(y_2 + y_1)/2$
　　　三角形①②③の面積は、台形①④⑤③ ＋ 台形③⑤⑥② － 台形①④⑥②です。

ゆえに　　$T = \dfrac{1}{2}\{(x_3 - x_1)(y_3 + y_1) + (x_2 - x_3)(y_2 + y_3) - (x_2 - x_1)(y_2 + y_1)\}$　　　・・・(1-5)　を得ます。

なお、式（1-5）は原理そのものを表した素直な式です。これを次のように整理します。

$$T = \frac{1}{2}\{x_1(y_2 - y_3) + x_2(y_3 - y_1) + x_3(y_1 - y_2)\}　　　・・・(1-6)$$

更に、整理すると次式(1-7)が得られます。

$$T = \frac{1}{2}\{(x_2 - x_1)(y_3 - y_1) - (x_3 - x_1)(y_2 - y_1)\}　　　・・・(1-7)$$

【補足1】式(1-7)が一般に用いられる式です。なお、次のように表しても同じです。

$$T = \frac{1}{2}\{(x_3 - x_2)(y_1 - y_2) - (x_1 - x_2)(y_3 - y_2)\} = \frac{1}{2}\{(x_1 - x_3)(y_2 - y_3) - (x_2 - x_3)(y_1 - y_3)\}　　・・・(1-7)'$$

【補足2】また例えば、(x_1,y_1)が原点の場合、三角形の面積は次式で得られます。

$$T = \frac{1}{2}(x_2 y_3 - x_3 y_2)　　　・・・(1-8)$$

【補足3】式(1-5)～(1-7)で、計算回数が最も少ないのが式(1-7)です。よって、コンピュータで計算する場
合は、計算効率が良い式(1-7)を使います。

Q11：Q10で三角形の頂点の座標を①(2,2)、②(7,3)、③(4,6)として、面積を求めなさい。

A11：式(1-7)を使って　$T = \dfrac{1}{2}((7-2)(6-2)-(4-2)(3-2)) = \dfrac{1}{2}(5\times4 - 2\times1) = \dfrac{1}{2}(20-2) = 9$　を得ます。

（４）多角形の面積

多角形の面積は三角形に分割して求め、これらを合計します。では実際に計算してみましょう。

Q12：下の左図の多角形⓪①②③④⑤で示される不整形な敷地があるとします。各点の座標は図に示されています。この敷地の面積を求めなさい。

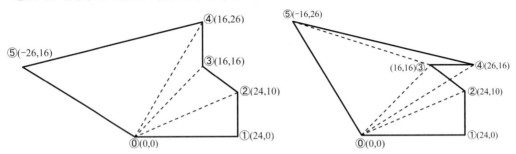

A12：多角形をどのように区分するかは自由ですが、ここでは原点⓪を固定して、①→②→③→④→⑤と座標をずらすことにします。また、原点を必ず含むので面積計算は式(1-8)を使うことにします。

△⓪①② $T_{012} = (24 \times 10 + 24 \times 0)/2 = 120$ 、 △⓪②③ $T_{023} = (24 \times 16 - 16 \times 10)/2 = 112$

△⓪③④ $T_{034} = (16 \times 26 - 16 \times 16)/2 = 80$ 、 △⓪④⑤ $T_{045} = (16 \times 16 - (-26) \times 26)/2 = 466$

合計面積は $\sum T = 120 + 112 + 80 + 466 = 778$

Q13：上の右図は、点③が中に食い込んでいる凹多角形です。Q12とは位置がずれますが、個々の三角形の形と大きさはQ12と同じです。この敷地の面積を求めなさい。

A13：Q12と同様に①→②→③→④→⑤と座標をずらします。原点を含むので面積計算は式(1-8)を使います。

△⓪①② $T_{012} = (24 \times 10 + 24 \times 0)/2 = 120$ 、 △⓪②③ $T_{023} = (24 \times 16 - 16 \times 10)/2 = 112$

△⓪③④ $T_{034} = (16 \times 16 - 26 \times 16)/2 = -80$ 、 △⓪④⑤ $T_{045} = (26 \times 26 - (-16) \times 16)/2 = 466$

合計面積は $\sum T = 120 + 112 - 80 + 466 = 618$

【補足】三角形の面積の正負（十一）

三角形の面積を求める式(1-5)～(1-8)は頂点が反時計回りで定義されています。前問Q13の△⓪③④の頂点は時計回りです。この場合は△⓪③④の面積は負の値になります。前ページの△①②③を反時計回りの①→②→③と反時計回りの①→③→②で面積を式(1-6)で求めてみます。

反時計回り △①②③ $T_{123} = \frac{1}{2}\{x_1(y_2 - y_3) + x_2(y_3 - y_1) + x_3(y_1 - y_2)\}$

時計回り △①③② $T_{132} = \frac{1}{2}\{x_1(y_3 - y_2) + x_3(y_2 - y_1) + x_2(y_1 - y_3)\} = -T_{123}$

時計回りでは面積が負になることが分かりました。

【補足の補足】Q13の重なりがある場合を考えてみましょう。

右図のように細かく三角形に分解すると、多角形⓪①②⑥③④⑤は、イ+ロ+ハ+ホ+ヘです。△⓪①②は反時計回りで面積はイで正、△⓪②③は反時計回りで面積はロ+ニで正、△⓪③④は時計回りで面積は−ハ−ニで負、△⓪④⑤は反時計回りで面積は正でハ+ニ+ホ+ヘとなります。合計すると、多角形＝イ+ロ+ハ−ハ−ニ+ハ+ニ+ホ+ヘとなります。ハ−ハ、−ニ+ニが打ち消し合い、多角形＝イ+ロ+ハ+ホ+ヘが残ります。

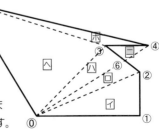

（5）図形の内か外かの判別

式(1-5)〜(1-8)で、反時計回りであると面積が正、時計回りであると面積が負になります。これを利用すると、任意の点が三角形の内か外かの判定ができます。

右の上図の△①②③で、点Pについて調べると、△P②③は反時計回りで面積は正、△①P③も反時計回りで正、△①②Pも反時計回りで正です。全てが正の場合、点Pは△①②③の内部です。

右の中図の△①②③で点Qについて調べると、△Q②③は負、△①Q③は正、△①②Qは正です。1つでも面積が負の場合、点Qは△①②③の外です。また、△Q②③のときに負であったことから点Qは辺②③の外側にあることが分かります。

右の下図で、三角形の3辺に対して任意の点の面積の＋0－を求めると、任意の点は、三角形の内部（＋＋＋）、辺の上（0と＋＋の組み合わせ）、頂点（＋と00の組み合わせ）、頂点の外（＋と－－の組み合わせ）、辺の外（－と＋＋の組み合わせ）、辺の延長上で外（0と＋－の組み合わせ）かが分かります。

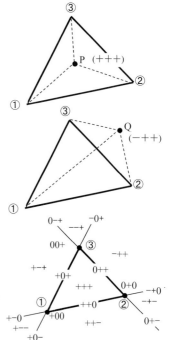

【忙中閑有り】 折り紙で任意の角を三等分する（やや難問）

作図では任意の角度を三等分することはできませんが"折り紙"のテクニックを加えると可能になります。なお、単純な三重折りでは精度が良くありません。次の方法で右図の∠AOBを三等分してみましょう。

手順①：点Oで辺OBに垂直な線分OPを折ります。
手順②：辺OBに平行な線分mと線分ℓを等間隔に折ります。
手順③：点Oが線分m上の点O'に、点Dが辺OA上の点D'に同時に重なるように線PQで折ります。　（手順③は作図ではできません）
手順④：∠D'OO'を半分に折ります。二分線の交点を点C'とします。
　　　　∠AOBは∠AOC'と∠C'OO'と∠O'OBに三等分されました。
　　　　【出典】阿部亘、数学セミナー、1980-7

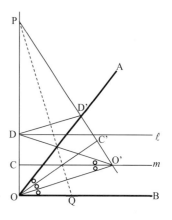

Q14：三等分であることを証明しなさい。

A14：【証明】線分OC'を折ってできた△D'OC'と△O'OCは合同です。よって、∠D'OC'＝∠C'OOです。
　　　△C'OO'と△CO'Oは線分PQの線対称です。よって、∠C'OO'＝∠CO'Oです。
　　　∠CO'Oと∠O'OBは平行な線OBと線分mの錯角なので∠CO'O＝∠O'OBです。
　　　∴∠D'OC'＝∠C'OO'＝∠O'OB　です。よって、∠AOBは三等分されました。

【別解】 任意の角を三等分するアルキメデスの方法

①Aを中心にOAを"1"とする円を描きます。②AよりOBに平行に線AXを引きます。③定規に単位長さ"1"の目盛りを入れます。この定規を使ってAX上のCとOを結びます。このとき、円との交点をDがCD="1"となるようにC点を選びます。
④∠COBは∠AOBを3等分する角度になります。
　　【証明】△ADCは二等辺三角形です。∴∠CAD＝∠ACD＝○です。
　　　　外角は∠ADO＝○+○となります。△OADは二等辺三角形です。∴∠AOD＝○+○となります。
　　　　錯角により∠ACO＝∠COB＝○、以上より∠COBは∠AOBを三等分した角度になります。

【忙中閑有り】 マンホールの蓋（ふた）

Q15：マンホールの蓋の形状は"円"です。なぜ円なのかを考えなさい。

　A15：三角形でも四角形でも五角形でも六角形でもダメです。なぜならば、
　　　これらは蓋の向きによって、蓋の幅がマンホールの直径よりも小さくな
　　　ることがあります。そうすると、蓋が落ちてしまいます。マンホールの
　　　蓋が落ちては大変です。円ならば蓋が落ちることはありません。

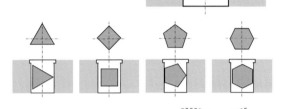

Q16：円以外に、穴に落ちないマンホールの蓋の形
　　　があるか、あるとすればどのような形かを考えて
　　　下さい。

　A16：ルーローの三角形（Reuleaux triangle）があ
　　　ります。これは正三角形の各頂点から辺の長さ
　　　と同じ半径の円を描き、円弧で囲った形です。

【補足】ルーローの三角形（右図）は、正三角形の頂点から辺の長さと同じ円弧
　　で囲んだ図形です。少し丸みを帯びた形をしています。このルーローの三角形
　　はどの点の最大幅を取っても同じ長さです。このような図形を定幅図形（てい
　　ふくずけい）といいます。ルーローの三角形以外にも、色々な定幅図形を作る
　　ことができます。どの定幅図形でもマンホールの蓋になり得ます。

Q17：右図の3辺の長さがa、b、cの不等辺三角形から定幅図形を作りなさい。

　A17：各頂点より外側に対辺の長さの円弧、反対側は左右の辺の長さの和の円弧
　　　を描きます。こうすると、対角線の最大長さはどこを取っても $a+b+c$ の定幅
　　　図形ができあがります。（右下図）

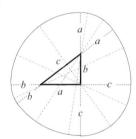

＜ルーローの三角形の車輪の動き＞
　ルーローの三角形で車輪を作ると水平に動くことができます。なお、車輪の
回転軸はルーローの三角形の重心ではありません。重心は上下動しつつ複雑な
動きになります。（下左図）●印が重心の動き、○印が頂点の動きです）
　車輪が円の場合（下右図）、円の車輪は滑らかな動きになります。重心は上下
動なく水平に動きます。頂点はサイクロイドと呼ばれる綺麗な曲線を描きます。

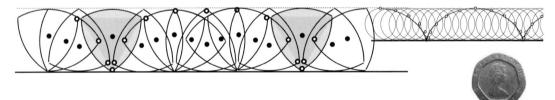

＜その他の定幅図形の例＞
①ルーローの多角形：三角形・五角形・七角形など、奇数の多角形は定幅図形を作るこ
　とができます。イギリスのコインの50ペンスと20ペンスはルーローの正七角形です。
②ロータリーエンジン：ルーローの三角形を利用したものに"ロータリーエンジン"があ
　ります。
③四角い穴をあけるドリルの刃：ルーローのn角形は正$n+1$角形に内接しながら回転し
　ます。ルーローの三角形でドリルの刃を作れば正方形の穴が開けられます。

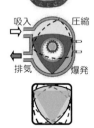

2．分かると便利な三角関数

　昔々 ♬サイン・コサイン何になる… という歌が流行ったくらい、苦手な人が多いのが三角関数です。でも難しく考える必要はありません。三角関数は単なる辺の長さの比に過ぎません。分かると、何かと便利なのが三角関数です。建築では日射の計算や分力の計算などに三角関数を使います。

　本章では、まず角度を取り上げます。次に三角関数の基本と正弦定理・余弦定理・加法定理を取り上げ、同時に証明の仕方や応用の仕方を学びます。最後に双曲線関数を取り上げます。双曲線関数は三角関数とは違いますが、公式は似ています。建築では懸垂線として使います。

2.1　角度

（1）平面角／度とラジアン

　感覚的に分かりやすいのが、度数法による角度の直角=90°、2 直角=180°、3 直角=270°、全角=360°でしょう。一方、高等数学でよく使うのは弧度法によるラジアンで、直角=π/2、2 直角=π、全角=2πです。単位は［rad］です。なお、3.14 rad とは書かず、π/2、π…・のように π のまま使います。

直角 $=90°=\dfrac{1}{2}\pi$ 　　2 直角 $=180°=\pi$ 　　3 直角 $=270°=\dfrac{3}{2}\pi$ 　　全角 $=360°=2\pi$

（2）角度と弧の長さの関係

　半径 r の円で、角度 θ が弧度法[rad]のときは、円弧の長さ ℓ が　角度[rad]×半径　で得られます。

$$\ell = \theta r \qquad \cdots (2\text{-}1)$$

また、$\theta = 2\pi = 360°$（全角）のときに $\ell = 2\pi r$、つまり円周の長さです。

（3）立体角と平面角の関係

　右図で、頂点 O の平面角が θ の扇形 OPQR を中心軸 OQ で回転してできる円錐状の図形の頂点が立体角 ω です。単位は[sr]（ステラジアン）です。立体角 ω と平面角 θ の関係は次式になります。

$$\omega = 2\pi(1 - \cos(\theta/2)) \qquad \cdots (2\text{-}2)$$

また、円錐状の底面（球面上の表面）の面積 s は次式で得られます。

$$s = \omega r^2 \qquad \cdots (2\text{-}3)$$

$\omega = 4\pi$ [sr]（全角）のときに　$s = 4\pi r^2$　つまり球の表面積です。

平面角 θ と球体の立体角 ω との関係は下図のようになります。

平面角 $\theta = 2/3\pi = 120°$	平面角 $\theta = \pi = 180°$	平面角 $\theta = 4/3\pi = 240°$	平面角 $\theta = 2\pi = 360°$
立体角 $\omega = \pi = 180°$	立体角 $\omega = 2\pi = 360°$	立体角 $\omega = 3\pi = 540°$	立体角 $\omega = 4\pi = 720°$
1/4 球	半球	4/3 球	球

 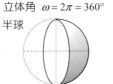 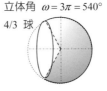

【補足】角度が度数法の［°］の場合、式(2-1)は $\ell = 2\pi r \times \theta/360°$ となり、式(2-3)は $s = 4\pi r^2 \times \omega/720°$ となります。角度が弧度法の［rad］や［sr］の場合は、直接面積や体積に結び付く式になります。

【忙中閑有り】 太陽の見かけの大きさ・視直径と立体角

Q1：地球から見た太陽の見かけの大きさを"視直径"といいます。地球の直径を"1"とすると、太陽の直径 D_S はその 109.1 倍、太陽までの平均距離 L_S は 11,728 倍です。太陽の視直径 θ_S [rad] を求めなさい。

A1：（太陽の視直径）：式(2-1)より $\theta_S = D_S / L_S = 109.1 / 11,728 \fallingdotseq 0.0093$[rad]、約 0.53° です。

【補足1】月の直径 D_M は地球の約 0.2724 倍、月までの平均距離 L_M は約 30 倍です。よって月の視直径 θ_M は、$\theta_M = D_M / L_M = 0.2724 / 30 \fallingdotseq 0.0091$[rad]です。角度に直すと約 0.52° です。

五円玉の穴の大きさは直径 5mm です。腕（長さ 50cm とします）を伸ばして見る五円玉の穴の視直径 θ_C は $\theta_C = 5/500 = 0.01$ [rad]、約 0.57° です。五円玉の穴からちょうど太陽や月が見えます。

【補足2】(太陽の立体角) 太陽の視直径 $\theta_S = 0.0093$ [rad]より、立体角は $\omega = 2\pi(1 - \cos(\theta_S / 2)) \fallingdotseq 0.000068$[sr]となります。全天（半球）の立体角が 2π なので、$2\pi / \omega = 2 \times 3.14159 / 0.000068 \fallingdotseq 92400$、つまり太陽が 92,400 個で全天が埋め尽くされることになります。（円の重なりを考慮すると約 111,700 個です）

視直径はどれも約 0.5°

2.2　三角関数の基本

（1）三角比と三角関数／正弦（sin）・余弦（cos）・正接（tan）

三角比とは直角三角形の辺の長さの比のことです。右図の $\triangle ABC$ で、斜辺の長さを b、底辺の長さを c、高さを a とすると、

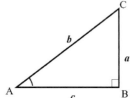

角度 A に対して $\sin A = \dfrac{a}{b}$、$\cos A = \dfrac{c}{b}$、$\tan A = \dfrac{a}{c} = \dfrac{\sin A}{\cos A}$ のように表記します。

【補足】sin、cos、tan が幾何学的に直角三角形の辺の長さの比を表す場合は三角比といいます。
sin、cos、tan をより広い意味で用いる場合は三角関数といいます。

Q2：右上図の直角三角形 ABC の角度 C の sin、cos、tan を辺の長さ a、b、c で表しなさい。

A2：角度 C に対して $\sin C = \dfrac{c}{b}$、$\cos C = \dfrac{a}{b}$、$\tan C = \dfrac{c}{a}$ となります。

Q3：右図は∠B が直角です。この図を利用して 15°、30°、45°、60°、75°の sin と cos を求めなさい。

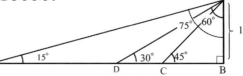

A3：AB=1 として各辺の長さを求めます。

CB=1、CA=$\sqrt{2}$、DB=$\sqrt{3}$、DA=2、△EDA が二等辺三角形 ∴ED=DA=2、EB=$2+\sqrt{3}$、直角三角形 EBA でピタゴラスの定理より EA=$2\sqrt{2+\sqrt{3}}$ となります。∴ $\sin 15° = \cos 75° = AB/EA=1/(2\sqrt{2+\sqrt{3}}) \fallingdotseq 0.2588$、$\sin 30° = \cos 60° = AB/DA=1/2 = 0.5$、$\sin 45° = \cos 45° = AB/CA=1/\sqrt{2} \fallingdotseq 0.707$、$\sin 60° = \cos 30° = DB/DA=\sqrt{3}/2 \fallingdotseq 0.866$、$\sin 75° = \cos 15° = EB/EA=(2+\sqrt{3})/(2\sqrt{2+\sqrt{3}}) \fallingdotseq 0.9659$ となります。

Q4：右図で、斜辺の長さを "1" としたときに、高さ BC と底辺 AB を角度 A および角度 C の三角関数 sin、cos で表しなさい。

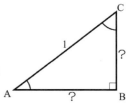

A4：$\sin A = $BC/1、$\cos C = $BC/1 です。よって、高さ BC は、BC$= \sin A = \cos C$
$\cos A = $AB/1、$\sin C = $AB/1 です。よって、底辺 AB は、AB$= \cos A = \sin C$
となります。

【補足】Q2 の三角形では、$a = b \sin A = b \cos C$、$c = b \cos A = b \sin C$、$b = a / \sin A = a / \cos C = c / \cos A = c / \sin C$ です。Q2 や Q3 のように sin、cos で辺長さの比で表す場合と、逆に、Q4 のように辺の長さを sin、cos で表す場合があります。両方の使い方に慣れることが大切です。

＜三角関数の応用例＞　太陽の入射角を求める

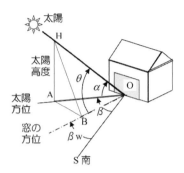

　建築では日影や日射の計算などに三角関数を使います。右図は窓に当たる日射の図です。∠HOA が太陽高度 α で水平面からの仰角です。∠SOA は太陽方位角 β で真南（S）を基準に時計回りの角度です。∠SOB は窓の方位角 β_W です。

入射角 θ は太陽と窓の法線 OB の成す角で∠HOB になります。

Q5： 太陽の入射角の $\cos\theta$ を、太陽高度 α と太陽方位角 β、窓の方位角 β_W の三角関数を使って表しなさい。

A5： ⊿HOA で斜辺 HO＝"1" とします。底辺は OA＝$\cos\alpha$ です。⊿AOB で∠AOB＝$\beta-\beta_W$ です。よって、OB＝OA×$\cos(\beta-\beta_W)=\cos\alpha\cos(\beta-\beta_W)$ です。⊿HOB で∠HOB が入射角 θ であり、OB が入射角成分になることから、OB＝$\cos\theta=\cos\alpha\cos(\beta-\beta_W)$　を得ます。

【補足】太陽高度や方位角、入射角を角度で扱うことは滅多にしません。三角関数のまま扱います。

（2）円と三角関数

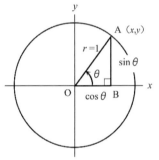

　右図のように、半径が $r=1$ の円周上に点 A を取り、直角三角形 AOB を作ります。OA の成す角 θ は x 軸を起点に反時計回りに定義されます。⊿AOB の斜辺の長さが 1 なので、底辺が OB＝$\cos\theta$、高さが AB＝$\sin\theta$ になります。よって、点 A の座標は（$\cos\theta,\sin\theta$）となります。また、ピタゴラスの定理より、次式が得られます。

$$\sin^2\theta+\cos^2\theta=1 \qquad \cdots(2\text{-}4)$$

＜角度 θ と sin、cos の関係＞

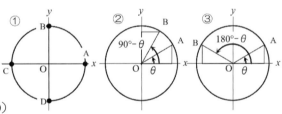

　右図①の A 点（$\theta=0°$）の座標は（1,0）です。∴$\cos0°=1$、$\sin0°=0$ となります。同様に、B 点（$\theta=90°$）の座標は（0,1）、C 点（$\theta=180°$）の座標（-1,0）、D 点（$\theta=270°$）の座標（0,-1）、A 点（$\theta=360°$）の座標は（1,0）です。これより、$\cos90°=0$, $\sin90°=1$、$\cos180°=-1$、$\sin180°=0$、$\cos270°=0$、$\sin270°=-1$、$\cos360°=1$、$\sin360°=0$　となります。

Q6： 右上図②より角度と座標の関係から $x_B=y_A$, $y_B=x_A$ ∴$\cos(90°-\theta)=\sin\theta$, $\sin(90°-\theta)=\cos\theta$ となることが分かります。同様に右上図③より $x_B=-x_A$, $y_B=y_A$　$\cos(180°-\theta)=-\cos\theta$、$\sin(180°-\theta)=\sin\theta$　です。これらを参考にして、次の(1)～(6)の角度の cos、sin を $\sin\theta$, $\cos\theta$ で表しなさい。

(1)$\cos(90°+\theta)$、 $\sin(90°+\theta)$、(2)$\cos(180°+\theta)$、 $\sin(180°+\theta)$、(3)$\cos(270°-\theta)$、 $\sin(270°-\theta)$、

(4)$\cos(270°+\theta)$、 $\sin(270°+\theta)$、(5)$\cos(360°-\theta)$、 $\sin(360°-\theta)$、(6)$\cos(-\theta)$、 $\sin(-\theta)$

A6： (1)$\cos(90°+\theta)=-\sin\theta$、 $\sin(90°+\theta)=\cos\theta$、(2)$\cos(180°+\theta)=-\cos\theta$、 $\sin(180°+\theta)=-\sin\theta$、

(3)$\cos(270°-\theta)=-\sin\theta$、 $\sin(270°-\theta)=-\cos\theta$、(4)$\cos(270°+\theta)=\sin\theta$、 $\sin(270°+\theta)=-\cos\theta$、

(5)$\cos(360°-\theta)=\cos\theta$、 $\sin(360°-\theta)=-\sin\theta$、(6)$\cos(-\theta)=\cos\theta$、 $\sin(-\theta)=-\sin\theta$

【注】これらの式を覚える必要はありません。上図で角度と三角比の関係を理解すれば自然に答を導けます。

＜三角関数の周期性＞

　下図は、角度 θ と sin、cos や tan の変化の関係を示したものです。sin と cos は+1〜−1 の間を周期的に変化します。また、sin と cos は θ=90°だけ波がずれます。

いま、θ=30°の sin、cos と同じ値になる角度を見ていくと、次のようになることが分かります。

$$\sin(\theta) = \cos(90° - \theta) = \sin(180° - \theta) = \cos(270° + \theta) = \sin(360° + \theta) = \cos(450° - \theta) = \sin(540° - \theta) \cdots$$

$$\cos(\theta) = \sin(90° - \theta) = \sin(90° + \theta) = \cos(360° - \theta) = \cos(360° + \theta) = \sin(450° - \theta) = \sin(540° + \theta) \cdots$$

また、θ=30°の sin、cos の負の値になる角度を見ていくと、次のようになることが分かります。

$$-\sin(\theta) = \cos(90° + \theta) = \sin(180° + \theta) = \cos(270° - \theta) = \sin(360° - \theta) = \cos(450° + \theta) = \sin(540° + \theta) \cdots$$

$$-\cos(\theta) = \cos(180° - \theta) = \cos(180° + \theta) = \sin(270° - \theta) = \sin(270° + \theta) = \cos(540° - \theta) = \cos(540° + \theta) \cdots$$

【注】これらの式を覚える必要はありません。下図で角度と三角比の関係を理解すれば自然に答えを導けます。

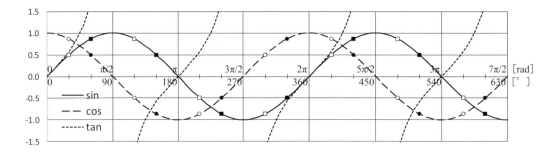

Q7：右図で、A 点が視点で地上から 1m の高さにあります。A 点から木のてっぺんの C 点を見上げたときの角度（仰角といいます）が 33°です。A 点から木の幹の B 点までの水平距離を 22m とします。木の高さ求めなさい。

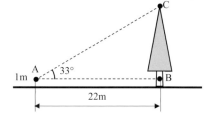

A7：△ABC で BC=AB×tan33°=22×0.649≒14.3 を得ます。これに視点の高さ 1m を加えると、木の高さは 15.3m になります。
　　【補足】tan33°=0.64940759··· は電卓を使って求めます。

Q8：右図で、A、B、C の 3 点は地上 1.5m の高さで一直線上に並んでいます。AB は 319m 離れていて、A 点から建物の頂部の P 点の仰角は 33°、B 点からの仰角は 44°です。BC 間には運河があって距離が測定できません。以上の条件で、建物の高さを求めなさい。

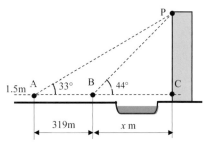

A8：地上 1.5m からの建物の高さを $h=PC$、B 点から建物までの距離を $x=BC$、B 点から建物の頂部の仰角を $\varphi_B = 44°$ とすると $\tan\varphi_B = h/x$ となります。$\therefore x = h/\tan\varphi_B$ です。A 点から B 点までの距離を $\ell = 319$、A 点から見る建物の頂部の仰角を $\varphi_A = 33°$ とすると、$\tan\varphi_A = h/(\ell + x)$ となります。$\therefore \ell + x = h/\tan\varphi_A$ です。これに $x = h/\tan\varphi_B$ を代入すると、$\ell + h/\tan\varphi_B = h/\tan\varphi_A$ を得ます。
　　整理すると $h = \ell \times \tan\varphi_B \tan\varphi_A /(\tan\varphi_B - \tan\varphi_A)$ となります。これに視点からの高さ 1.5m を加えると、建物の高さは $h + 1.5 = 319 \times \tan 44° \times \tan 33° /(\tan 44° - \tan 33°) + 1.5 = 634.0165 \cdots \fallingdotseq 634$m と求まります。
　　【補足】tan44°=0.96568877···、tan33°=0.64940759··· は電卓を使います。

（3）逆三角関数／$\sin^{-1}$、$\cos^{-1}$、$\tan^{-1}$

　三角関数が直角三角形の辺の長さの比を表すのに対して、逆三角関数は辺の長さの比から元の角度を求める関数です。例えば、$\sin\alpha = x$、$\cos\beta = y$、$\tan\gamma = z$ で、三角比の値 x、y、z の値が分かっているものとします。このときの角度 α、β、γ は、$\alpha = \sin^{-1}(x)$、$\beta = \cos^{-1}(y)$、$\gamma = \tan^{-1}(z)$ で求めることができます。$\sin^{-1}$、$\cos^{-1}$、$\tan^{-1}$ は、それぞれアークサイン、アークコサイン、アークタンジェントと読みます。

　【補足】逆三角関数 $\sin^{-1}$、$\cos^{-1}$、$\tan^{-1}$ の "−1" は逆数の形を借りているだけで、逆数ではありません。
　　　　　また、逆三角関数で角度を求めるときには電卓などを使います。

Q9：右図の直角三角形 ABC で ∠CAB$=\alpha$、∠ACB$=\gamma$ とします。

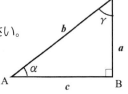

　1) $\sin\alpha$、$\cos\alpha$、$\tan\alpha$、$\sin\gamma$、$\cos\gamma$、$\tan\gamma$ を辺 a、b、c の比で表しなさい。

　2) α、γ の角度を逆三角関数 $\sin^{-1}$、$\cos^{-1}$、$\tan^{-1}$ で表しなさい。

　A9：1)　$\sin\alpha = a/b$、$\cos\alpha = c/b$、$\tan\alpha = a/c$

　　　　　$\sin\gamma = c/b$、$\cos\gamma = a/b$、$\tan\gamma = c/a$

　　　2)　$\alpha = \sin^{-1}(a/b) = \cos^{-1}(c/b) = \tan^{-1}(a/c)$、　$\gamma = \sin^{-1}(c/b) = \cos^{-1}(a/b) = \tan^{-1}(c/a)$

Q10：下図の①②③の直角三角形の角度 α、β、γ、δ、ε、ζ を求めなさい。

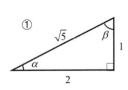
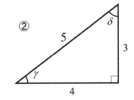
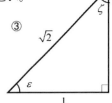

　A10：① $\alpha = \sin^{-1}(1/\sqrt{5}) = \cos^{-1}(2/\sqrt{5}) = \tan^{-1}(1/2) \fallingdotseq 26.57°$　$\beta = \sin^{-1}(2/\sqrt{5}) = \cos^{-1}(1/\sqrt{5}) = \tan^{-1}(2/1) \fallingdotseq 63.43°$

　　　② $\gamma = \sin^{-1}(3/5) = \cos^{-1}(4/5) = \tan^{-1}(3/4) \fallingdotseq 36.87°$　　　$\delta = \sin^{-1}(4/5) = \cos^{-1}(3/5) = \tan^{-1}(4/3) \fallingdotseq 53.13°$

　　　③ $\varepsilon = \sin^{-1}(1/\sqrt{2}) = \cos^{-1}(1/\sqrt{2}) = \tan^{-1}(1/1) = 45°$　　　$\xi = \sin^{-1}(1/\sqrt{2}) = \cos^{-1}(1/\sqrt{2}) = \tan^{-1}(1/1) = 45°$

【余談】　地球の大きさを測る

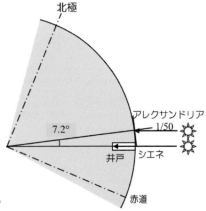

エラトステネス（紀元前 276 年頃〜196 年頃）はエジプトで活躍したギリシア人です。エラトステネスは、アレクサンドリアのほぼ真南にあるシエネ（今のアスワン付近）の町で、夏至の南中時に井戸の底まで太陽の光が差し込むことを知りました。同じ時刻に、アレクサンドリアでは太陽は真上より全角の 1/50 の位置にありました。アレクサンドリアからシエネまでの距離は 5000 スタディアです。これよりエラトステネスは地球の全周の長さを求めました。なお、1 スタディアは今の単位では 185m で、5000 スタディアは 925km です。

　エラトステネスはどのようにして地球の全周を求めたのでしょうか。全角の 1/50 を度数法による角度でいうと 360°/50=7.2° です。これはアレクサンドリアとシエネの緯度差になります。アレクサンドリアとシエネとの距離 925km を 50 倍すれば、地球の全周の長さが得られます。すなわち、地球の全周は　925×50=46,250 km となります。

【補足】紀元前 5 世紀のギリシア人は地球が球体であることを知っていました。なお、初めて地球の大きさをほぼ正確に求めたのがエラトステネスです。実際の地球は極全周で 40,000 km ですので、結果は実際より 6,310 km 大きく、誤差は 16%ですが、当時としては驚くほどの精度といえます。

2.3　覚えておくと便利な三角関数の定理とその応用

　ここでは覚えておくと良い 3 つの基本的な定理である正弦定理、余弦定理と加法定理を取り上げます。なお、定理や公式はただ覚えるだけでは意味ありません。大切なことは、これらの成り立ちを理解することです。

（1）正弦定理と三角測量

　右図の△ABC とこれに外接する円 O で、△ABC の各頂点 A、B、C の正弦（sin）と辺の長さ a、b、c と、円の半径 R には次の関係があります。

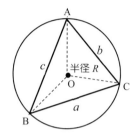

$$\frac{a}{\sin A} = \frac{b}{\sin B} = \frac{c}{\sin C} = 2R \qquad \cdots (2\text{-}5)$$

この正弦定理は、1 辺の長さと両端の角度から他の 2 辺の長さが分かるので、三角測量で使われます。

【証明】右図①で△BCD は BD が直径 $2R$ の直角三角形です。

∴ $\sin D = a / (2R)$ です。変形すると　$a / \sin D = 2R$　となります。

同じ円周角[1]なので∠A＝∠D です。∴ $a / \sin A = 2R$　となります。

∠A が鈍角の場合は右図②で、△BDC で　$\sin D = a / 2R$　です。

∠A $= 180° - $∠D [2]なので $\sin A = \sin D$ です。∴ $a / \sin A = 2R$ となります。∠B、∠C も同様です。よって式(2-5)が証明されました。

　[1]：「同じ円の同じ弧の円周角は等しい」という定理

　[2]：「内接する四角形の向かい合う内角の和は 180°」という定理

Q11：右図は、海岸の A、B 点の 2 点から遠くの山を見たものです。A 点から見る山頂（P 点）の仰角は 9° でした。A 点から 6.041km 離れた B 点から見る山頂の仰角は 8° でした。山頂の真下を C 点とすると水平角は∠CAB が 114°、∠CBA が 54° でした。以上の測定結果から A 点および B 点から山までの水平距離と山の高さを求めなさい。

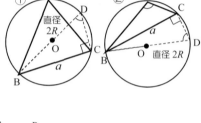

A11：右図で距離を $AC = \ell_A$、$BC = \ell_B$、$AB = d = 6.041$ とおきます。

　平面角を∠CAB $= \psi_A = 114°$、∠CBA $= \psi_B = 54°$ とおくと、∠ACB $= \theta = 180° - \psi_A - \psi_B = 12°$ です。

　△ABC で正弦定理より　$\dfrac{d}{\sin \theta} = \dfrac{\ell_A}{\sin \psi_B} = \dfrac{\ell_B}{\sin \psi_A}$ です。　これを ℓ_A と ℓ_B について解くと、

$\ell_A = d \sin \psi_B / \sin \theta = 6.041 \times \sin 54° / \sin 12° \fallingdotseq 23.506$km、$\ell_B = d \sin \psi_A / \sin \theta = 6.041 \times \sin 114° / \sin 12° \fallingdotseq 26.544$km を得ます。

　△PCA で仰角が∠PAC $= \varphi_A = 9°$ なので、山の高さは　$H_A = \ell_A \times \tan \varphi_A = 23.506 \times \tan 9° \fallingdotseq 3.723$km　となり、

　△PCB で仰角が∠PBC $= \varphi_B = 8°$ なので、山の高さは　$H_B = \ell_B \times \tan \varphi_B = 26.544 \times \tan 8° \fallingdotseq 3.731$km　となります。平均すると山の高さは　$H = (3.723 + 3.731) / 2 = 3.727$ km＝3727m となります。

【補足】前問 Q11 では地球が丸いことを考慮に入れていません。

　A 点を例に補正します。右図で、A 点から見えるのは P 点で、D 点は見えません。測定で得たのは AC＝PQ $= \ell_A = 23.506$ km と、PC＝AQ＝$H_A = 3.723$km です。

　△OQP で斜辺 OP を求め、OD の地球の極半径 $R = 6356.752$ km を差し引くと、PD つまり真の山の高さ $H_A{}'$ が求められます。

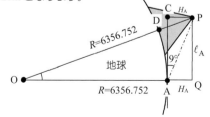

すなわち、 $\text{OP}=\sqrt{(R+H_A)^2+\ell_A^2}=\sqrt{(6356.752+3.723)^2+23.506^2}\fallingdotseq 6360.518\text{km}$ を得ます。
$H_A'=6360.518-6356.752=3.766\text{ km}=3766\text{m}$ となります。同様にして、 $H_B'=3.786\text{ km}=3786\text{m}$ となります。平均すると、山の高さは 3776m になりました。測定では 49m 低く見積もっていました。

また水平距離と弧の長さの誤差は AC と AD で 14m、BC と BD で 16m です。AB では 0.2mm 程度です。

（2）余弦定理と三角測量

三角形の角と 3 辺の長さの次の関係を余弦定理といいます。

$$a^2=b^2+c^2-2bc\cos A$$
$$b^2=c^2+a^2-2ca\cos B \qquad \cdots(2\text{-}6)$$
$$c^2=a^2+b^2-2ab\cos C$$

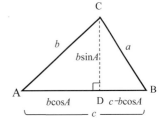

【証明】右上図で、点 C からの垂線の足を D とします。△ADC で $\text{CD}=b\sin A$ 、 $\text{AD}=b\cos A$ です。

△BCD で $\text{BD}=c-b\cos A$ です。BC を a とすると、ピタゴラスの定理より $a^2=(b\sin A)^2+(c-b\cos A)^2$ となります。変形すると、 $a^2=b^2\sin^2 A+c^2-2bc\cos A+b^2\cos^2 A$ となり、さらに整理すると、 $a^2=b^2(\sin^2 A+\cos^2 A)+c^2-2bc\cos A$ となります。なお、式(2-4)より $\sin^2 A+\cos^2 A=1$ ですから、 $a^2=b^2+c^2-2bc\cos A$ を得ます。∠B、∠C についても同様です。よって式(2-6)が証明されました。

【補足 1】例えば、∠C＝90°の直角の場合は $\cos C=0$ です。∴ $c^2=a^2+b^2$ のピタゴラスの定理になります。
【補足 2】この余弦定理は 2 辺の長さと挟角から残りの 1 辺の長さを求めることができるので、三角測量で用いられます。また、この余弦定理は 1 章のヘロンの公式の導出の際にも用いました。

Q12：右図は、高さ 100m の高台の P 点から A 点の港と沖合の B 点のヨットを見下ろしたものです。P 点から港を見下ろしたときの俯角は 15°でした。P 点から沖合のヨットの俯角は 5°でした。また、P 点から見た A 点と B 点の水平角は∠ACB＝30°でした。このとき、B 点のヨットは A 点の港からどの位の距離にあるかを求めなさい。

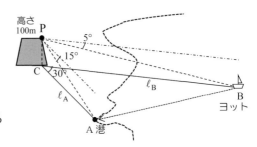

A12：P 点の真下の点を C 点とします。高さは $\text{PC}=h=100\text{ m}$ です。P 点から見る A 点の俯角は A 点から見る P 点の仰角と等しく、これを $\angle\text{PAC}=\varphi_A=15°$ とします。同様に、P 点から見る B 点の俯角は B 点から見る P 点の仰角と等しく、これを $\angle\text{PBC}=\varphi_B=5°$ とします。P 点から見る A 点と B 点の水平角は、C 点での水平角に等しく、これを $\angle\text{ACB}=\theta=30°$ とします。P 点から A 点までの水平距離を $\text{AC}=\ell_A$ とし、P 点から B 点までの水平距離を $\text{BC}=\ell_B$ とします。また、A 点から B 点までの距離を $\text{AB}=x$ とします。

まず水平距離 ℓ_A を求めます。△PAC で $\tan\varphi_A=h/\ell_A$ 、∴ $\ell_A=h/\tan\varphi_A=100/\tan15°\fallingdotseq 373.2\text{m}$ を得ます。同様に ℓ_B を求めます。△PBC で $\tan\varphi_B=h/\ell_B$ 、∴ $\ell_B=h/\tan\varphi_B=100/\tan5°\fallingdotseq 1143.0\text{m}$ を得ます。
ここで△ABC で余弦定理を使います。 $x^2=\ell_A^2+\ell_B^2-2\ell_A\ell_B\cos\theta$ です。これを x について解きます。すなわち、 $x=\sqrt{\ell_A^2+\ell_B^2-2\ell_A\ell_B\cos\theta}=\sqrt{373.2^2+1143.0^2-2\times373.2\times1143.0\times\cos30°}\fallingdotseq 840.8\text{m}$ を得ます。

【補足】地球が丸いことを考慮すると、俯角と仰角は一致しません。地球の中心 O との成す角だけ仰角が小さくなります。なお、AB 間の場合で 0.0076°ですので無視できます。また、AB 間の地球の大円弧と直線距離の差も 15mm 程度です。この程度の距離なら地球が丸いことによる誤差は無視できます。

（3）加法定理とその応用

加法定理は三角関数の演算の基本中の基本で頻繁に使います。

$$\sin(\alpha \pm \beta) = \sin\alpha\cos\beta \pm \cos\alpha\sin\beta$$
$$\cos(\alpha \pm \beta) = \cos\alpha\cos\beta \mp \sin\alpha\sin\beta$$

$\cdots$(2-7)

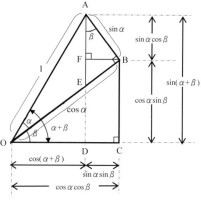

【証明】直角三角形 $\triangle AOB$ と $\triangle BOC$ を右図のように配置します。

　　　∠AOB＝α、∠BOC＝β とすると、∠AOC＝$\alpha+\beta$ になります。

　　　ここで、AO の長さを基準の"1"とします。

　　　1) $\triangle AOB$ で、斜辺が AO＝1、AB＝$\sin\alpha$、OB＝$\cos\alpha$ です。

　　　2) $\triangle BOC$ では、斜辺が OB＝$\cos\alpha$ なので、BC＝$\cos\alpha\sin\beta$、

　　　　　OC＝$\cos\alpha\cos\beta$ となります。

　　　3) $\triangle BAF$ は直角三角形で∠BAF＝β です。斜辺が AB＝$\sin\alpha$　∴AF＝$\sin\alpha\cos\beta$、BF＝$\sin\alpha\sin\beta$ です。

　　　4) $\triangle AOD$ は、斜辺が OA＝"1"で、AD が $\sin(\alpha+\beta)$ に相当し、OD が $\cos(\alpha+\beta)$ に対応します。

　　　　∴ $\sin(\alpha+\beta)=\sin\alpha\cos\beta+\cos\alpha\sin\beta$、$\cos(\alpha+\beta)=\cos\alpha\cos\beta-\sin\alpha\sin\beta$　となります。

以上で、式(2-7)で、$\alpha+\beta$ の場合の証明ができました。

次に直角三角形 $\triangle AOD$ と $\triangle BOA$ を右図のように配置します。

　　　∠AOD＝α、∠BOA＝β とします。∠BOC＝$\alpha-\beta$ になります。

　　　ここで、BO の長さを基準の"1"とします。

　　　1) $\triangle BOA$ で、斜辺が BO＝1、AB＝$\sin\beta$、AO＝$\cos\beta$ です。

　　　2) $\triangle AOD$ で、AD＝AO$\sin\alpha$＝$\sin\alpha\cos\beta$　となり、

　　　　　OD＝AO$\cos\alpha$＝$\cos\alpha\cos\beta$　となります。

　　　3) $\triangle BAF$ は∠BAF＝α の直角三角形で、AB＝$\sin\beta$ です。

　　　　∴ AF＝AB$\cos\alpha$＝$\cos\alpha\sin\beta$、BF＝AB$\sin\alpha$＝$\sin\alpha\sin\beta$ です。

　　　4) $\triangle BOC$ は、∠BOC＝$\alpha-\beta$ で、斜辺が BO＝1 です。

　　　　BC が $\sin(\alpha-\beta)$ に相当し、OC が $\cos(\alpha-\beta)$ に相当します。

　　　　∴ $\sin(\alpha-\beta)=\sin\alpha\cos\beta-\cos\alpha\sin\beta$、$\cos(\alpha-\beta)=\cos\alpha\cos\beta+\sin\alpha\sin\beta$　となります。

以上で、式(2-7)が証明されました。

Q13：$\sin 18°$ の値を求めなさい。

　【ヒント】$\sin\theta=\cos(90°-\theta)$ です。これより $\sin 36°=\cos 54°$ とおけます。なお、36°は 18°の 2 倍角、54°は 3 倍角です。2 倍角と 3 倍角は加法定理を応用すれば求められます。

　A13：加法定理から、$\sin 36°=\sin(18°+18°)=\sin 18°\cos 18°+\sin 18°\cos 18°=2\sin 18°\cos 18°$　となります。

　　　また、$\cos 54°=\cos(36°+18°)=\cos 36°\cos 18°-\sin 36°\sin 18°$　となり、さらに整理すると、

　　　$\cos 54°=(\cos 18°\cos 18°-\sin 18°\sin 18°)\cos 18°-(2\sin 18°\cos 18°)\sin 18°$　となります。

　　　ここで、式を分かりやすくするために、$\sin 18°=S$、$\cos 18°=C$ とおくと、

　　　$\sin 36°=\cos 54°$ は、$2SC=(CC-SS)C-2SCS$ となり、両辺から C を消去すると、$2S=(CC-SS)-2SS$

　　　となります。ここで、$SS+CC=1$ より $CC=1-SS$ を代入すると、$2S=(1-SS-SS)-2SS$ となります、

　　　整理すると、$4S^2+2S-1=0$ の二次方程式になります。これを解くと、

　　　$S=\dfrac{-1\pm\sqrt{5}}{4}$ となり、$S>0$ なので、$S=\sin 18°=\dfrac{-1+\sqrt{5}}{4}$ を得ます。

【補足】このように二次方程式に持ち込んで解くのが常套手段ですが、なお、

　　　3.3 節(2)で紹介する、正五角形を構成する二等辺三角形の頂角が 36°であること、その底辺と斜辺の長さの比が黄金比の 2：$\sqrt{5}+1$ であることを利用すると

　　　直ちに　$\sin 18°=\dfrac{1}{\sqrt{5}+1}=\dfrac{1}{\sqrt{5}+1}\times\dfrac{\sqrt{5}-1}{\sqrt{5}-1}=\dfrac{\sqrt{5}-1}{4}$　が得られます。

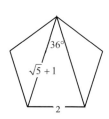

2.4 双曲線関数／sinh、cosh

（1）双曲線関数

右上図の点線が半径 1 の円 $x^2 + y^2 = 1^2$ です。

一方、実線の曲線は座標（$-1,0$）、（$1,0$）が頂点で、

$$x^2 - y^2 = 1^2 \qquad \cdots(2\text{-}8) \quad \text{です。}$$

この曲線上の A 点（x, y）において、曲線と x 軸と線分 OA で囲まれる領域の面積が $\theta/2$ であるときに、A 点の座標を（$\cosh(\theta), \sinh(\theta)$）として、これを双曲線関数 cosh と sinh と定義します。それぞれハイパボリックコサイン、ハイパボリックサインとよびます。また、sinh、cosh は指数関数 e^x を用いると次のように表せます。

$$\sinh(x) = \frac{e^x - e^{-x}}{2} \qquad \cdots(2\text{-}9)$$

$$\cosh(x) = \frac{e^x + e^{-x}}{2} \qquad \cdots(2\text{-}10)$$

右中図は y 軸を双曲線関数の sinh、cosh にとった図です。この $\sinh(x)$ と $\cosh(x)$ は三角関数ではありませんが、公式は次のように三角関数に良く似ています。

$$\cosh^2(x) - \sinh^2(x) = 1$$

$$\sinh(x_1 \pm x_2) = \sinh(x_1)\cosh(x_2) \pm \cosh(x_1)\sinh(x_2)$$

$$\cosh(x_1 \pm x_2) = \cosh(x_1)\cosh(x_2) \pm \sinh(x_1)\sinh(x_2)$$

$$\tanh(x) = \frac{e^x - e^{-x}}{e^x + e^{-x}} = \frac{\sinh(x)}{\cosh(x)}$$

【注意】$\cosh(x_1 \pm x_2)$ の右辺の符号に注意して下さい。

【補足】本書では扱いませんが、微分や積分においても三角関数と類似性があります。

（2）懸垂線

右下図はロープを垂らしたときにできる懸垂線です。式は次のようになります。

$$y = \frac{a(e^{x/a} + e^{-x/a})}{2} - a \qquad \cdots(2\text{-}11)$$

$$= a \times \cosh(x/a) - a$$

懸垂線と双曲線関数は相似形です。双曲線関数では、$x=0$ のときに $\cosh(0)=1$ になりますが、懸垂線の式（2-11）では右辺の第 2 項に $-a$ を入れて、$x=0$ のときに $y=0$ の原点を通るようにしてあります。この係数 a は、ロープの重さと引張力で決まる値で、ロープが重いと垂れ下がりが大きくなり、引張力が大きいと垂下がりが小さくなります。　→【参考】11 章と 14 章も参照して下さい。

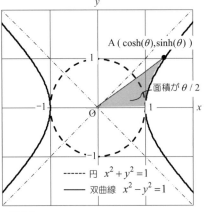

【注意】

半径が 1 の円の場合、角度 θ の扇形の面積が θ になります。

双曲線関数の場合は、曲線と x 軸と線分 OA で囲まれた領域の面積が $\theta/2$ になります。

ただし、双曲線関数の場合、弧度法による角度ではありません。領域の面積が $\theta/2$ であるということです。

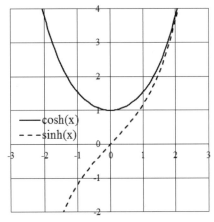

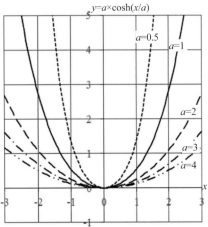

（3）懸垂線の長さ　※難しいと思う人は、この項は読み飛ばしてもかまいません

右図の懸垂線のロープの長さ L を求めてみましょう。

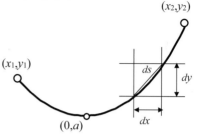

右図で、微小な部分の横の長さを dx、縦の長さを dy とすると、微小な部分では直線とみなせるので、斜めの紐の長さ ds は、ピタゴラスの定理より　$(ds)^2 = (dx)^2 + (dy)^2$ ‥(1)　となります。

これを変形すると　$\left(\dfrac{ds}{dx}\right)^2 = 1 + \left(\dfrac{dy}{dx}\right)^2$ ‥(2)　となります。

式(2)の右辺の $\dfrac{dy}{dx}$ は、式(2-11)の　$y = a\cosh(x/a) - a = \dfrac{a(e^{x/a} + e^{-x/a})}{2} - a$　を x で微分するという意味です。

式(2-11)を x で微分すると　$\dfrac{dy}{dx} = \dfrac{a\{(1/a)e^{x/a} + (-1/a)e^{-x/a}\}}{2} = \dfrac{e^{x/a} - e^{-x/a}}{2}$ ‥(3)　となります。この式(3)を式(2)の

右辺に戻すと　$1 + \left(\dfrac{dy}{dx}\right)^2 = 1 + \left(\dfrac{e^{x/a} - e^{-x/a}}{2}\right)^2 = 1 + \dfrac{e^{2x/a} - 2 + e^{-2x/a}}{4} = \dfrac{e^{2x/a} + 2 + e^{-2x/a}}{4} = \left(\dfrac{e^{x/a} + e^{-x/a}}{2}\right)^2$ ‥(4)　とな

り、これを式(2)に戻すと　$\left(\dfrac{ds}{dx}\right)^2 = 1 + \left(\dfrac{dy}{dx}\right)^2 = \left(\dfrac{e^{x/a} + e^{-x/a}}{2}\right)^2$ ‥(5)となり、よって　$\dfrac{ds}{dx} = \dfrac{e^{x/a} + e^{-x/a}}{2}$ ‥(6)となり

ます。さらに、　$ds = \dfrac{(e^{x/a} + e^{-x/a})}{2}dx$ ‥(7)と変形して変数 s と x を左右の辺に分離します。式(7)の形を変数分離といいます。これで左辺と右辺をそれぞれ独立に積分する準備ができました。式(7)の左辺は、積分すると懸垂線の長さになるという意味です。式(7)の右辺を $x_1 \sim x_2$ の区間で積分すると実際の懸垂線の長さ L を得ます。

$$L = \int_{x_1}^{x_2} ds = \int_{x_1}^{x_2} \dfrac{(e^{x/a} + e^{-x/a})}{2}dx = \left[\dfrac{a(e^{x/a} - e^{-x/a})}{2}\right]_{x_1}^{x_2} = \dfrac{a\left[e^{x_2/a} - e^{-x_2/a} - e^{x_1/a} + e^{-x_1/a}\right]}{2} \qquad \cdots(2\text{-}12)$$
$$= a\left[\sinh(x_2/a) - \sinh(x_1/a)\right]$$

【補足】 $e^{x/a}, e^{-x/a}$ を微分すると $(1/a)e^{x/a}, (-1/a)e^{-x/a}$ です。$e^{x/a}, e^{-x/a}$ を積分すると $ae^{x/a}, -ae^{-x/a}$ です。

【コラム】　サイクロイドとクロソイド

＜サイクロイド＞

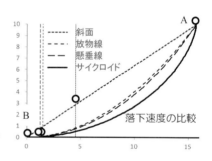

1 章でも取り上げましたが、車輪が回転するときの車輪上の点が描く軌跡がサイクロイドです。車輪の半径を r、回転角度を θ とすると、サイクロイドの軌跡は次式で与えられます。

$$x = r(\theta - \sin\theta)、\quad y = r(1 - \cos\theta) \qquad \cdots(2\text{-}13)$$

サイクロイドは、A 点から降下するときに最も速く B 点に到達する最速降下曲線として知られています。また、同じサイクロイドの降下曲線上のどの位置からスタートしても降下時間は同じになります。

＜クロソイド＞

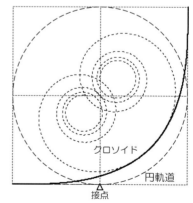

ジェットコースターのループや高速鉄道や高速道路のカーブがクロソイドです。もしも、高速道路のカーブを直線と円で作ると接点で曲率が急激に変化し、ここで大きな遠心力が掛かります。

一方、クロソイドは "ハンドルの切り角を一定に変化させる" ので、大きな遠心力が発生せず、安定して滑らかに曲がることができます。クロソイドは曲率半径を R、始点からの曲線長を L とすると、

$$R \times L = C^2 （C が一定） \qquad \cdots(2\text{-}14)$$

となります。C はクロソイドパラメータとよばれます。座標の漸化式は $C=1$ で、　$x_{K+1} = x_K + \Delta\theta\cos\theta_K^2$、$y_{K+1} = y_K + \Delta\theta\sin\theta_K^2$　です。

3．数列と級数／フィボナッチ数列と黄金比、根っこは同じ

　数の並びを"数列"といい、数列の和を"級数"といいます。数列の規則性を式で表したものを漸化式といいます。本章では「円周率」「フィボナッチ数列」「黄金比」を扱います。フィボナッチ数列は自然界でよくみられる形で、黄金比は古代ギリシアでは美のシンボルでした。これらは後半の 12 章でも取り上げますが、ここでは数学的な背景を学びます。では始めましょう。

3.1　数列と級数

（1）数列

＜等差数列＞

　数の並びを"数列"といいましたが、ランダムな並びではなく、そこに何らかの規則性があります。実際にやってみましょう。
　例題：次の数列の □ に入る数を求め、数列の規則性を説明し、数列を漸化式で表しなさい。
　　数列： $1, 2, 3, 4, 5,$ □ $, 7, 8,$ □ $, 10, 11,$ □ $, 13, 14, 15, 16, 17,$ □ $, 19, 20, 21, \cdots$
答えは左から順に 6 と 9 と 12 と 18 です。規則性は「1 つ前の項に 1 を加えると次の項になる」です。このような数列を"等差数列"といい、前後の差を"公差"といいます。"漸化式"は前後の項の関係を式で表したものです。この例題の漸化式は $a_{k+1} = a_k + 1$ です。k は数列の要素番号です。初項が $a_0 = 1$ です。a_0 から始めて a_1、a_1、$a_2 \cdots$ と順番に値を求めると上の数列が得られます。
　では、次の問題をやってみましょう。

Q1：次の数列の □ に入る数値を求めなさい。また、この数列の規則性と漸化式を求めなさい。
　　数列： □ $, 2, 5, 8, 11,$ □ $, 17, 20, 23, 29, 32, 35, 38, 41,$ □ $,$ □ $, 50, 53, 56, \cdots$

　　A1： -1、14、26、44、47 です。公差が "3" の "等差数列" で、漸化式は $a_{k+1} = a_k + 3$、初項は $a_0 = -1$

＜等比数列＞

　例題：次の数列の □ に入る数値を求めなさい。また、この数列の規則性と漸化式を求めなさい。
　　数列： $1, 2, 4,$ □ $, 16, 32,$ □ $, 128, 256, 512,$ □ $, 2048, 4096, 8192, 16384,$ □ $,$
答は左から順に 8、64、1024、32768 です。公比が "2" の "等比数列" で、漸化式は $a_{k+1} = a_k \times 2$ 、初項は $a_0 = 1$ です。

> 【余談】漸化式ではありませんが、上の数列は $a_k = 2^k$ とも書けます。k=10 のときに $a_{10} = 1024$ になります。コンピュータでは "2 進数" を使いますが、1024 が 1000 に近いので、これを 1000 を意味する "k（キロ）" で表します。例えば、メモリの単位はバイト（byte）ですが、1kbyte=1024byte のように使います。なお、k の 1000 倍は M（メガ）、さらに、G（ギガ）、T（テラ）、P（ペタ）と続きます。

Q2：次の数列の □ に入る数値を求めなさい。また、この数列の規則性と漸化式を求めなさい。
　　数列： $1, -\dfrac{1}{2}, \dfrac{1}{4},$ □ $, \dfrac{1}{16}, -\dfrac{1}{32},$ □ $, -\dfrac{1}{128}, \dfrac{1}{256},$ □ $, \dfrac{1}{1024}, -\dfrac{1}{2048}, \cdots$

　　A2：答えは $-\dfrac{1}{8}$、$\dfrac{1}{64}$、$-\dfrac{1}{512}$ です。公比が "$-\dfrac{1}{2}$" の "等比数列" です。漸化式は $a_{k+1} = -\dfrac{1}{2} \times a_k$、初項は $a_0 = 1$ です。

（2）級数と級数和

級数とは、数列を和の形式で表したものをいいます。早速、問題です。

例題：次の 1～100 までの等差級数の和 S を求めなさい。

級数：　　　$S = 1 + 2 + 3 + 4 + 5 + 6 + 7 + 8 + 9 + 10 + \cdots + 99 + 100$

答：　　　　$S = 5050$

解き方：　1～100 までの和なら力業でもできますが、1～1,000,000 となれば力業とはいきません。級数和を求めるときは工夫をします。

$$
\begin{array}{r}
S = 1 + 2 + 3 + 4 + 5 + 6 + 7 + 8 + 9 + 10 + \cdots + 99 + 100 \\
+)\ \ S = 100 + 99 + 98 + 97 + 96 + 95 + 94 + 93 + 92 + 91 + \cdots + 2 + 1 \\
\hline
2S = 101 + 101 + 101 + 101 + 101 + 101 + 101 + 101 + 101 + 101 + \cdots + 101 + 101 \\
\end{array}
$$

$$2S = 101 \times 100 = 10100$$

$$\therefore S = 5050$$

等差級数の和の公式　　$S = \dfrac{n(n+1)}{2}$　　　$\cdots$(3-1)

【余談】この問題には、ドイツの数学者であり物理学者であるヨハン・カール・フリードリヒ・ガウス（1777～1855）の有名な逸話があります。ガウスが 10 歳のとき、先生が難しい問題を与えたつもりでしたが、ガウスは法則性を見付けて即座に解答して、先生を驚かせたそうです。なお、実際の問題は『81297 から始まって 198 ずつ増えていく数を 100 個並べたときの合計はいくらか』のようです。

それでは問題をやってみましょう。

Q3：次の級数和を求めなさい。

$S = 1 - 2 + 3 - 4 + 5 - 6 + 7 - 8 + 9 - 10 + 11 - 12 + \cdots + 97 - 98 + 99 - 100$

A3：2 項ずつ組み合わせると-1 になります。よって、$S = (1-2) + (3-4) + \cdots + (99-100) = (-1) \times 50 = -50$ です。

次は、等比級数の和です。例題から入ります。

例題：　　$S = 1 + 2 + 4 + 8 + 16 + 32 + 64 + 128 + 256 + 512 + 1024 + 2048 + 4096 + 8195 + 16384 + 32768$

解き方：初項を M、公比を a として 1～n 項までの等比級数の和 S の式を立てます。

$$S = M + M \times a + M \times a^2 + \cdots + M \times a^{n-3} + M \times a^{n-2} + M \times a^{n-1} \cdots \text{(イ)}$$

両辺に公比 a を掛けます　$a \times S = M \times a + M \times a^2 + M \times a^3 + \cdots + M \times a^{n-2} + M \times a^{n-1} + M \times a^n$　$\cdots$(ロ)

(イ)-(ロ)とすると、右辺は打ち消し合って最初と最後の項だけが残ります。

すなわち　　$(1-a)S = M - M \times a^n$　となります。整理すると、等比級数の和の公式が得られます。

等比級数の和の公式　　$S = M \times \dfrac{a^n - 1}{a - 1}$　　　$\cdots$(3-2)

例題の級数に適用すると、初項が $M = 2^0 = 1$、公比が $a = 2$、最後の項は $32768 = 2^{15}$ です。

答えは　　$S = 1 \times (2^{15+1} - 1) / (2 - 1) = 65535$　となります。

Q4：次の級数は無限の等比級数です。この級数の和を求めなさい。

級数　$S = \dfrac{1}{2} + \dfrac{1}{4} + \dfrac{1}{8} + \dfrac{1}{16} + \dfrac{1}{32} + \dfrac{1}{64} + \dfrac{1}{128} + \dfrac{1}{256} + \dfrac{1}{512} + \dfrac{1}{1024} + \dfrac{1}{2048} + \cdots\cdots$

A4：知っている人は即座に"1"と答えられるでしょうが、念のため式(3-2)で確認します。

初項が $M = \dfrac{1}{2} = 0.5$、公比が $a = \dfrac{1}{2} = 0.5$、公比が $a < 1$ の場合、最後の項は $\left(\dfrac{1}{2}\right)^{\infty} = 0$ です。よって、

級数の和は　$S = 0.5 \times (0.5^{\infty} - 1)/(0.5 - 1) = 0.5 \times (-1)/(-0.5) = 1$　となります。

【補足】複利計算／ローンの元利均等返済

等比級数は銀行のローンの複利の元利均等返済の計算に使われます。

借入金を P、年金利を r とすると、公比は $1 + r$ です。金利を含めた価値は、1年後に $P \times (1+r)$、2年後に $P \times (1+r)^2$、3年後に $P \times (1+r)^3$、$\cdots$、n 年後には　$S_P = P \times (1+r)^n$　$\cdots$(イ)　になります。

一方、毎年の返済額を M とすると、初年度末の返済額の2年度末の価値は $M \times (1+r)$ であり、3年度末の価値は $M \times (1+r)^2$ であり、n 年度末には $M \times (1+r)^{n-1}$ になります。同様に、年度末の返済額の n 年度末の価値は $M \times (1+r)^{n-2}$ になります。3年度末の返済額の n 年後の価値は $M \times (1+r)^{n-3}$ になり、最後の n 年度末の返済額 M には金利がつきません。これらの和 S_M を式で表すと次のようになります。

$$S_M = M(1+r)^{n-1} + M(1+r)^{n-2} + M(1+r)^{n-3} + \cdots + M(1+r)^2 + M(1+r)^1 + M \quad \cdots(ロ)$$

この式は例題の式(イ)の右辺の項と順序が逆ですが内容は同じです。

よって、(ロ)の等比級数の和　$S_M = M \times \dfrac{(1+r)^n - 1}{(1+r) - 1} = M \times \dfrac{(1+r)^n - 1}{r}$　$\cdots$(ハ)　が得られます。

さて、借入金の n 年後の価値 S_P と、返済額の n 年間の合計の価値 S_M は同じでなければなりません。

つまり　$S_P = S_M$　です。式に展開すると、　$P \times (1+r)^n = M \times \dfrac{(1+r)^n - 1}{r}$　$\cdots$(ニ)　になります。

これを毎年の返済額 M について解くと　　$M = P \times \dfrac{(1+r)^n \times r}{(1+r)^n - 1}$　$\cdots$(ホ)　を得ます。

Q5：銀行から $P = 1000$ を年金利 5%（$r = 0.05$）で借り、15年で元利均等返済するときの、毎年の返済額 M を求めなさい。

A5：式(ホ)を使うと　$M = P \times \{(1+r)^n \times r\}/\{(1+r)^n - 1\} = 1000 \times (1.05^{15} \times 0.05)/(1.05^{15} - 1) = 96.3422876\cdots$ で、毎年の返済額が計算できます。

15年間の返済額の単純合計は　$M \times 15 = 96.3422876\cdots \times 15 = 1445.134314\cdots$ です。これは、最初の借入金 $P = 1000$ の約 1.445 倍です。15年間の金利を含めると $S_P = 1000 \times 1.05^{15} = 2078.928179\cdots$ であり、これは借入金 P の2倍以上ですが、返済額にも金利が含まれるので両者は等価です。

【補足】資本回収係数と償却年数

これらは建築ではしばしば使われます。例えば、建築で新たな省エネルギシステムを導入したとします。システム導入に必要な投資額が P です。一方、省エネルギシステムによる毎年の光熱費の節約額を M とします。この投資対効果の評価に資本回収係数 C と償却年数 n を使います。

＜資本回収係数＞

先の式(ニ)を、投資額 P と毎年の返済額 M の比率 M/P にしたものを資本回収係数 C といいます。

資本回収係数　　$C = \dfrac{M}{P} = \dfrac{(1+r)^n \times r}{(1+r)^n - 1}$　　$\cdots$(3-3)

＜償却年数＞

投資額 P と毎年の節約額 M と金利 r を既知とした場合に、先の式(ニ)を年数 n について解くと、償却年数 n が得られます。

償却年数　　$n = \dfrac{\log\{M/(M-rP)\}}{\log(1+r)} = \dfrac{\log\{C/(C-r)\}}{\log(1+r)}$　　$\cdots$(3-4)

【補足】この級数による計算は、経理で使われる減価償却とは違います。

➡ 対数については 5 章を参照して下さい。

3.2 円周率πを求めるアルキメデスの公式

次の無限級数の和 S は円周率 π になります。

無限級数の和　　$S = 4\left(\dfrac{1}{1} - \dfrac{1}{3} + \dfrac{1}{5} - \dfrac{1}{7} + \dfrac{1}{9} - \dfrac{1}{11} + \dfrac{1}{13} - \dfrac{1}{15} + \dfrac{1}{17} - \dfrac{1}{19} + \dfrac{1}{21} - \dfrac{1}{23} + \dfrac{1}{25} - \dfrac{1}{27} + \cdots\right)$

この式はライプニッツ（1664-1716）の公式とよばれ、分数では表せないはずの無理数πが分数の無限級数で表すことができています。ライプニッツの公式は、円周率を求める式の中で最も単純な公式です。なお、この公式は収束性が遅いので実用的ではありません。

　古代ギリシアの数学者であり物理学者であるアルキメデス（BC.287頃～BC.212頃）は、浮力の原理の発見者として有名ですが、アルキメデスはまた、円に内接と外接する２つの正多角形の周囲の長さから円周率πの値を求めることを考えました。どうやって求めたかをみていきましょう。

①円の直径を"1"とします。

　内接する正6角形の辺の長さは $a_0 = 0.5$ ∴ 周長は $L_{a,0} = a_0 \times 6 = 3.0$

　外接する正6角形の辺の長さは $b_0 = \dfrac{\sqrt{3}}{3}$ ∴ 周長は $L_{b,0} = b_0 \times 6 = 3.4641\cdots$

　これより、円周率πは 3.0～3.4641…… の間にあることが分かります。

②ここを出発点にして、正6角形から2倍の正12角形を作り、さらに、正24角形、正48角形、正96角形を作っていきます。

③これらの正多角形の周囲の長さを漸化式で表すと次のようになります。

　初項を、$L_{a,0} = 3.0$　$L_{b,0} = 3.4641016\cdots$ とします。

　円に内接する正多角形の周囲の長さ　　$L_{a,k+1} = \sqrt{L_{a,k} \times L_{b,k+1}}$　　　(1a)

　円に外接する正多角形の周囲の長さ　　$L_{b,k+1} = \dfrac{2 \times L_{a,k} \times L_{b,k}}{L_{a,k} + L_{b,k}}$　　　(1b)

　この式(1a)と式(1b)の漸化式は"アルキメデスの公式"とよばれます。

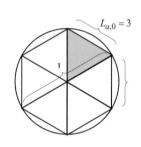

$L_{a,0} = 3$

$L_{b,0} = 2\sqrt{3} = 3.4641016\cdots$

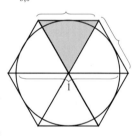

④アルキメデスの公式で円周率を求めていきます。L_b から先に計算します。

正6角形　　　　　　　　　　　　　　　　　　　　　　$L_{b,0} = \underline{3.4641016}\cdots$　　　　　　　$L_{a,0} = \underline{3.0}$

正12角形　$L_{b,1} = \dfrac{2 \times L_{a,0} \times L_{b,0}}{L_{a,0} + L_{b,0}} = \underline{3.2153903}\cdots$　$L_{a,1} = \sqrt{L_{a,0} \times L_{b,1}} = \underline{3.1058285}\cdots$

正24角形　$L_{b,2} = \dfrac{2 \times L_{a,1} \times L_{b,1}}{L_{a,1} + L_{b,1}} = \underline{3.1596599}\cdots$　$L_{a,2} = \sqrt{L_{a,1} \times L_{b,2}} = \underline{3.1326286}\cdots$

正48角形　$L_{b,3} = \dfrac{2 \times L_{a,2} \times L_{b,2}}{L_{a,2} + L_{b,2}} = \underline{3.1460862}\cdots$　$L_{a,3} = \sqrt{L_{a,2} \times L_{b,3}} = \underline{3.1393502}\cdots$

正96角形　$L_{b,4} = \dfrac{2 \times L_{a,3} \times L_{b,3}}{L_{a,3} + L_{b,3}} = \underline{3.1427144}\cdots$　$L_{a,4} = \sqrt{L_{a,3} \times L_{b,4}} = \underline{3.1410319}\cdots$

　このようにしてアルキメデスは円周率を3.14まで求めました。

Q6：上記に続けてアルキメデスの公式を使って正192角形、正384角形まで計算しなさい。

　A6：正192角形　$L_{b,5} = \dfrac{2 \times L_{a,4} \times L_{b,4}}{L_{a,4} + L_{b,4}} = \underline{3.1418730}\cdots$ 、$L_{a,5} = \sqrt{L_{a,4} \times L_{b,5}} = \underline{3.1414524}\cdots$

　　　正384角形　$L_{b,6} = \dfrac{2 \times L_{a,5} \times L_{b,5}}{L_{a,5} + L_{b,5}} = \underline{3.1416627}\cdots$ 、$L_{a,6} = \sqrt{L_{a,5} \times L_{b,6}} = \underline{3.1415576}\cdots$

　　さらに続けると、正768角形では　$\underline{3.1416101}\cdots$ と $\underline{3.1415839}\cdots$ となり、正1536角形では $\underline{3.1415970}\cdots$ と $\underline{3.1415904}\cdots$ と、円周率は3.14159まで求まります。

【補足】円周率を求めるアルキメデスの公式(1a)、式(1b)の導出

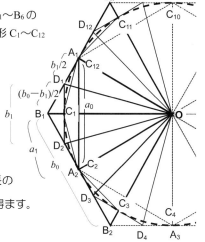

　右図で、円 O に内接する正 6 角形 $A_1 \sim A_6$ と、外接する正 6 角形 $B_1 \sim B_6$ の
1 辺の長さを a_0 , b_0 とします。辺の数を 2 倍にした内接する正 12 角形 $C_1 \sim C_{12}$
と外接する正 12 角形 $D_1 \sim D_{12}$ を作り、1 辺の長さを a_1 , b_1 とします。

1) $\triangle B_1 A_2 A_1$ と $\triangle B_1 D_2 D_1$ は相似な二等辺三角形で、$A_1 A_2 = a_0$、
　$B_1 A_1 = B_1 A_2 = b_0 / 2$ 、$D_1 D_2 = b_1$ 、$B_1 D_1 = B_1 D_2 = (b_0 - b_1) / 2$ です。
　対応する辺の長さの比は　$a_0 : b_1 = b_0 / 2 : (b_0 - b_1) / 2$ です。

2) $\triangle C_1 A_2 A_1$ と $\triangle D_1 C_1 A_1$ は相似な二等辺三角形で、$A_1 A_2 = a_0$、
　$C_1 A_1 = C_1 A_2 = a_1$ 、$D_1 A_1 = D_1 C_1 = b_1 / 2$ です。
　対応する辺の長さの比は、$a_0 : a_1 = a_1 : b_1 / 2$ です。

3)以上より、$a_1 = \sqrt{a_0 b_1 / 2}$ ‥(イ)、$b_1 = a_0 b_0 / (b_0 + a_0)$ ‥(ロ)となり、周長の

　漸化式 $L_{a,k+1} = \sqrt{L_{a,k} \times L_{b,k+1}}$ ‥(1a)、$L_{b,k+1} = \dfrac{2 \times L_{a,k} \times L_{b,k}}{L_{b,k} + L_{a,k}}$ ‥(1b) を得ます。

【忙中閑有り】　正方形から正三角形を折る（やや難問）

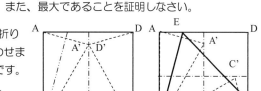

Q7：用意するものは正方形の紙 1 枚です。

　1)折り紙の要領で正方形から正三角形を作りなさい。
　　また、作った三角形が正三角形であることを証明しなさい。
　2)正方形から作れる最大の正三角形を示しなさい。また、最大であることを証明しなさい。

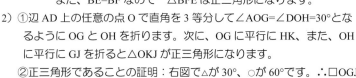

A7：1) 解 1：右の左図　①2 つ折りします。②A を折り
　線上の A'に合わせ、同様に D を折り線の D'に合わせま
　す。A'と D'は重なります。③△A'BC が正三角形です。
　【証明】A'B=BC=CA'　∴△A'BC は正三角形です。

1) 解 2：右の右図　①2 つ折りして、A を折り線に合わ
　せます。②同様に C をクロスした折り線に合わせます。
　③A'と C'の折り線と、辺との交点を E、F とすると△BFE が正三角形です。
　【証明】∠ABE=∠A'BE=∠CBF=∠C'BF=15°です。∴∠EBF=60°です。
　　　　また、BE=BF なので　△BFE は正三角形になります。

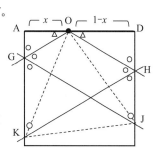

2) ①辺 AD 上の任意の点 O で直角を 3 等分して∠AOG=∠DOH=30°とな
　るように OG と OH を折ります。次に、OG に平行に HK、また、OH
　に平行に GJ を折ると△OKJ が正三角形になります。

　②正三角形であることの証明：右図で△が 30°、○が 60°です。∴□OGJH
　と□OGKH は等脚台形です。△OGK と△JHO において、OG=JH、
　GK=HO、また、∠OGK=∠JHO です。∴△OGK≡△JHO です。
　∴OK=OJ 、また∠GOH=120° で∠GOK+∠HOJ=60°、∴∠KOJ=60°、∴△OKJ は正三角形です。

　③内接する条件：AD=1 として、AO=x、OD=1-x として、AK≦1 かつ DJ≦1 が内接する条件です。
　AG=$x/\sqrt{3}$、OG=HJ=$2x/\sqrt{3}$ です。DH=$(1-x)/\sqrt{3}$ 、OH=GK=$2(1-x)/\sqrt{3}$ です。よって、
　AK=AG+GK=$(x/\sqrt{3})+2(1-x)/\sqrt{3}=(2-x)/\sqrt{3}$ ≦1、DJ=DH+HJ=$(1-x)/\sqrt{3}+2x/\sqrt{3}=(1+x)/\sqrt{3}$ ≦1
　これより、内接する条件　$2-\sqrt{3} \leq x \leq \sqrt{3}-1$ を得ます。

　④最大と最小：△OAK で、OA=x、AK=$(2-x)/\sqrt{3}$ です。OK の長さを ℓ とすると、ピタゴラスの定理よ
　り　$\ell^2 = x^2 + ((2-x)/3)^2 = \dfrac{4}{3}(x^2 - x + 1) = \dfrac{4}{3}\left((x-0.5)^2 + 0.75\right)$ の 2 次式が得られます。

　⑤これより、内接条件の範囲で、$2-\sqrt{3} = x$ または $x = \sqrt{3}-1$ のときに ℓ^2 が最大、つまり ℓ が最大となり
　また、$x = 0.5$ で ℓ が最小になります。解 2 が内接する最大の正三角形で、解 1 で A'を辺 AD まで平行
　移動した場合が内接する最小の正三角形です。

3.3 フィボナッチ数列と黄金比

（1）フィボナッチ数列

フィボナッチ数列（Fibonacci sequence）はイタリアの数学者フィボナッチ（1170 頃～1250 頃）が発見した数列です。規則性は "前 2 項の和が次の項の値になる" です。これを漸化式で表すと、

$a_1 = 1$、$a_2 = 1$、$k \geq 3$ では $a_{k-2} + a_{k-1} = a_k$ となります。

Q8：次の数列の □ を埋めなさい。

1、 1、 2、 3、 5、 □ 、 13、 21 、 □ 、 55、 □ 、144····

A8：左から順に 8、34、89 です。

【補足 1】フィボナッチ数列は、植物の葉の付き方など自然界にしばしばみられます。フィボナッチはこれを説明するのに、次のような問題を考えました。「1 つがいの兎は産まれて 2 か月すると毎月 1 つがいの兎を産む。そのつがいが同じように 2 か月すると毎月 1 つがいの兎を生む。兎は死ぬことはない。毎月のつがいの数はどうなるか」 この答えがフィボナッチ数列です。

【補足 2】右下図はフィボナッチ螺旋です。大きさが 1 の正方形 2 つから始めて、2、3、5、8、13、21、34、55 とだんだん大きくしていき、この正方形を半径とする円弧を繋げたものです。

【補足 3】下の左と中図のオウムガイの螺旋や、右の一段下のひまわりの一つ一つの花の並びの螺旋も同類でこれらを対数螺旋といいます。なお、ひまわりの螺旋は右回りと左回りが交差しています。この左右の螺旋の数がフィボナッチ数です。他に、マーガレット、デイジーなどにも同様の螺旋が表れます。

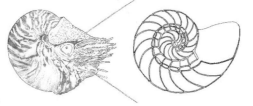

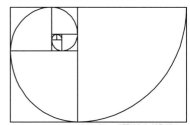

では問題です。

Q9：フィボナッチ数列は初項が 1、第 2 項が 1 です。それでは、

(イ) フィボナッチ数列の 144 の次の数はいくらですか。

(ロ) フィボナッチ数列の 17 番目の数は 1597 です。
　　 それでは 18 番目の数はいくらですか。

A9：フィボナッチ数列は

1, 1, 2, 3, 5, 8, 13, 21, 34, 55, 89, 144, 233, 377, 610, 987, 1597, 2584, 4181, 6765, 10946 , 17711 , 28657 ,···
よって、(イ)144 の次は 233、(ロ)18 番目は 2584 です。

【補足 3】フィボナッチ数列の面白い法則

・フィボナッチ数列を 2 で割った余りの数列

1, 1, 0, 1, 1, 0, 1, 1, 0, 1, 1, 0, 1, 1, 0, 1, 1, 0, 1, 1, 0, 1, 1, 0, 1, 1, 0, 1, 1, 0, 1, 1, 0, ······

3 項目、6 項目、9 項目、12 項目、15 項目···のように 3 項目ごとに 2 の倍数（整数）になります。
初項から順に、奇数、奇数、偶数、奇数、奇数、偶数···奇数が 2 つ続くと偶数になります。

・フィボナッチ数列を 3 で割った余りの数列

1, 1, 2, 0, 2, 2, 1, 0, 1, 1, 2, 0, 2, 2, 1, 0, 1, 1, 2, 0, 2, 2, 1, 0, 2, 2, 1, 1, 1, 2, 0, ······

4 番目、8 項目、12 項目、16 項目、20 項目····のように 4 項目ごとに 3 の倍数になります。

・同様に、素数の 5 の倍数になるのは 5 項目ごと、素数の 7 の倍数になるのは 8 項目ごとです。
確かめてください。

（2）黄金比 φ

右図で、棒 AB を C 点で $1:\phi$ に分割したときに、$1:\phi = \phi:1+\phi$ となるような分割を"黄金分割"といいます。

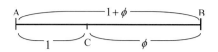

この黄金分割の φ の値を求めてみましょう。$1:\phi = \phi:1+\phi$ ですから、$\phi^2 = 1+\phi$ となります。

2次方程式 $\phi^2 - \phi - 1 = 0$ を解くと $\phi = \dfrac{1 \pm \sqrt{5}}{2}$ を得ます。$\phi > 0$ なので $\phi = \dfrac{1+\sqrt{5}}{2} = 1.6180339887\cdots$

この値 $1.6180339887\cdots$ を黄金比（golden number）といいます。

黄金比は $1+\sqrt{5}:2 = 1.6180339887\cdots$ の組み合わせ以外にも多々あります。下記の数列の前後の項の比は全て同じ黄金比になります。

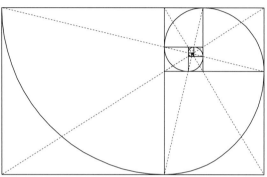

+	7	−	$3\sqrt{5}$	=	$0.2917960675\cdots$
−	4	+	$2\sqrt{5}$	=	$0.4721359550\cdots$
+	3	−	$\sqrt{5}$	=	$0.7639320225\cdots$
−	1	+	$\sqrt{5}$	=	$1.2360679775\cdots$
+	2			=	2
+	1	+	$\sqrt{5}$	=	$3.2360679775\cdots$
+	3	+	$\sqrt{5}$	=	$5.2360679775\cdots$
+	4	+	$2\sqrt{5}$	=	$8.4721359550\cdots$
+	7	+	$3\sqrt{5}$	=	$13.7082039325\cdots$

【補足1】上記の数列で、前後の項の比が上記の数列の前後の項の比が黄金比になるか試してみましょう

$$\frac{-4+2\sqrt{5}}{7-3\sqrt{5}} = \frac{-4+2\sqrt{5}}{7-3\sqrt{5}} \times \frac{7+3\sqrt{5}}{7+3\sqrt{5}} = \frac{-28-12\sqrt{5}+14\sqrt{5}+30}{49-45} = \frac{2+2\sqrt{5}}{4} = \frac{1+\sqrt{5}}{2}$$ ・・・確かに黄金比になります。

【補足2】フィボナッチ数列と黄金比

フィボナッチ数列を大きくすると前後の比が黄金比（ϕ=1.6180339887$\cdots$）に近づきます。

1、1、2、3、5、8、13、21、34、55、89、144、233、377、610、987、1597、2584・・・・・

6項と5項 8 / 5=1.6、15項と14項 610 / 377=1.168037$\cdots$ 18項と17項 2584 / 1597=1.1680338$\cdots$ です。

【補足3】黄金長方形と黄金螺旋（右上図）

・辺の長さの比が黄金比の長方形を黄金長方形といいます。
・黄金長方形から正方形を切り取ると、残った長方形がまた黄金長方形になります。
・フィボナッチ螺旋と同様の螺旋が描けます。これを黄金螺旋（正確にいうと黄金螺旋の近似螺旋）といいます。

【補足4】黄金比の例

・左のパルテノン神殿は全体の縦横比のみならず、部分の縦横比も黄金比です。

・右のミロのヴィーナスは、縦寸法だけでなく、あらゆる寸法比が黄金比です。

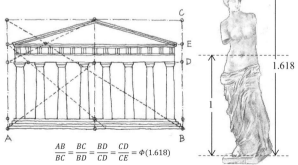

$$\frac{AB}{BC} = \frac{BC}{BD} = \frac{BD}{CD} = \frac{CD}{CE} = \Phi(1.618)$$

【補足 5】正五角形は黄金比の塊

　正五角形の中の二等辺三角形の斜辺と底辺の長さの比が全て黄金比φです。

【補足 6】黄金比であることの証明：

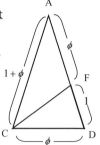

　　右図の△ACDと△CDFで、頂点の角度は∠CAD=∠DCF=36° です。底辺の角度は

　　∠ACD=∠ADC=∠CDF=∠CFD=72° です。∴△ACDと△CDFは相似形です。

　　ここで、辺の長さをDF=1とし、CD=CF=φとすると、AC=AD=1+φとなります。

　　対応する三角形の辺の長さの比 AC:CD=CD:DF を取ると　1+φ:φ=φ:1 です。

　　∴　φ²=1+φ　となり、　2次方程式 φ²−φ−1=0 を解くと

　　　　黄金比の　$\phi=\dfrac{1+\sqrt{5}}{2}$　を得ます。

【忙中閑有り】　黄金長方形を折り紙で作る（やや難問）

Q10：A4判の用紙のサイズは 210mm×296mm です。

　　　縦横比は　$1:\sqrt{2}$　です。これを白銀比といいます。

(1)このA4判の用紙を折り紙の要領で折って、縦横の比率が

　　黄金比 φ=1.61803398… になる黄金長方形を作りなさい。

(2)この長方形が黄金長方形であることを証明しなさい。

(3)A4用紙で作れる最大の黄金長方形を作りなさい。

```
A4用紙

  黄金長方形
```

A10：(1)右中図で、①A4判から正方形 ABCD を折ります。

　　　②これを EF で2つ折りにします。

　　　③∠BAF を AY で2つに折りにし、さらに F'G を折ります。

　　　④四角形 EF'GF が黄金長方形です。

(2)黄金長方形であることの証明

　　AE=1とすると EF=AD=2 です。四角形 AEFD の対角線は AF=$\sqrt{5}$ です。

　　また、先の③で2つに折った AF' もまた、AF'=$\sqrt{5}$ です。

　　AE=1なので、EF'=$\sqrt{5}-1$ です。よって EF':EF=$\sqrt{5}-1$:2 で黄金比です。

　　∴四角形 EF'GF は黄金長方形です。

(3)右下図で、先の(1)の③で折った AY を対角線とする四角形 AXYZ が

　　A4判の用紙で作れる最大の黄金長方形です。

【四角形 AXYZ が黄金長方形であることの証明】

　　△AEP と△FVP は直角三角形で、∠APE=∠FPV なので、残り角度も

　　∠PAE=∠PFV となります。この2つの角は四角形 AXYZ と黄金長方

　　形 FEF'G の対角線の角度です。∴四角形 AXYZ は黄金長方形です。

【四角形 AXYZ が最大の黄金長方形であることの証明】

　　（やや簡略な証明です）対角線 AY の点 Y を伸ばしてもはみ出してし

　　まいます。斜め上左にずらすと、もう一方の Z 点がはみ出してしまい

　　ます。すなわち、これ以上大きな黄金長方形は作ることができません。

　　∴四角形 AXYZ が、A4用紙で作ることができる最大の黄金長方形です。

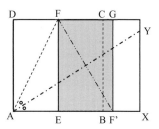

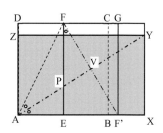

4. 確率と統計／回帰分析・調和分析

　本章では確率と統計を勉強します。例えば、コインを投げて 10 回続けて表が出たとします。さて、次の 11 回目に表が出る確率は・・・答えは "1/2" です。

　「確率論」は 17 世紀の科学者・数学者パスカル(1623-1662)がギャンブル好きの貴族から相談を受け、数学者フェルマー(1601-1665)と手紙で意見交換したことが始まりですが、実際は理論的に可能性（期待値）を分析する学問です。一方、「統計」は現実に生じた事象を分析する学問です。アンケート調査にしろ、実験にしろ、不確定な要因のために結果がばらつくのが普通ですが、理論値との乖離を分析したり、ばらつきを含んだ上での原因と結果の関係を定式化したり、結果がどの程度信頼できるかを確率的に判定するのが統計分析です。本章では、実験結果を分析するときの基本となる最小二乗法による回帰分析と周期的に変化する気温などを近似するのに使う調和分析（フーリエ級数）を取り上げます。

4.1　小手調べ／60 人のクラスに同じ誕生日の人がいる確率

　この節を勉強するにあたり、調査票（次ページの下にあります）を用意し、クラスの全員に誕生日を記入してもらい、これを回収しておきます。

＜確率（**Probability**）＞早速、問題から入ることにします。

Q1：学生数が 60 人のクラスとします。このクラスで同じ誕生日の人がいるでしょうか。いるとすれば、その確率はどのくらいでしょうか。次の選択肢で、どれが最も近いか "勘" を働かせて答えて下さい。　　　5 択　【　0%、　25%、　50%、　75%、　100%　】

＜解＞　回収した調査票を調べれば "いる／いない" の結果は分かりますが、ここでは理論的に確率を求めてみましょう。なお、いきなり 60 人で分析するのは大変なので、まず 2 人の場合、次に 3 人場合、4 人の場合・・・と徐々に人数を増やしていきます。

1）2 人の場合：1 人目の A さんと 2 人目の B さんが、同じ誕生日になる確率は？　なお、1 年は 365 日とします。

　答：A さんと B さんが同じ誕生日になる確率は $\dfrac{1}{365}$ です。これは簡単ですね。

2）3 人の場合：この場合は、A と B が同じ（C が違う）、A と C が同じ（B が違う）、B と C が同じ（A が違う）、A と B と C が同じ、というように色々な組み合わせがあり複雑です。4 人になるとさらに複雑になります。5 人の場合、6 人の場合・・・・どうしたら良いでしょうか。

　このような場合は、発想を変える（別な方法を考える）と、案外良い方法が見つかることがあります。そこで、同じ誕生日ではなく、逆に、同じ誕生日にならない確率を考えてみましょう。全体の確率を "1" として、同じ誕生日にならない確率を差し引けば、同じ誕生日になる確率が分かるという仕組みです。それでは試してみましょう。

＜2 人の場合＞　2 人が違う誕生日ということは、2 人目は 365 日のうちの 364 日のどれかということです。つまり、違うのは $\dfrac{364}{365}$ の確率です。よって、2 人が同じ誕生日の確率は $P_2 = 1 - \dfrac{364}{365} \fallingdotseq 0.0027$ です。

<3人の場合> 3人が違う誕生日ということは、2人目は364日のどれかで、3人目は残りの363日のどれかです。つまり、3人ともが違う誕生日の確率は $\frac{364}{365}\times\frac{363}{365}$ です。よって、3人のうちの誰かと誰かが同じ誕生日になる確率は $P_3 = 1 - \frac{364}{365}\times\frac{363}{365} \fallingdotseq 0.0082$ となります。

<4人の場合> 4人が違う誕生日ということは、先程の続きで4人目は残りの362日のどれかです。したがって、4人ともが違う誕生日の確率は $\frac{364}{365}\times\frac{363}{365}\times\frac{362}{365}$ です。よって、4人のうちの誰かと誰かが同じ誕生日になる確率は $P_4 = 1 - \frac{364}{365}\times\frac{363}{365}\times\frac{362}{365} \fallingdotseq 0.01636$ です。もう分かりましたね。では、少し飛ばして、

Q2：10人の場合に、誰かと誰かが同じ誕生日になる確率を求めなさい。

A2： $P_{10} = 1 - \frac{364}{365}\times\frac{363}{365}\times\frac{362}{365}\times\cdots\times\frac{357}{365}\times\frac{356}{365} \fallingdotseq 0.1169$　10人の場合の確率は約11.7%です。

<任意の人数 n の場合>

n 人の場合に、誰かと誰かが同じ誕生日の確率は次式で計算できます。

$P_n = 1 - \frac{364}{365}\times\frac{363}{365}\times\frac{362}{365}\times\cdots\times\frac{365-(n-2)}{365}\times\frac{365-(n-1)}{365} = 1 - \frac{364!}{(365-n)! \times 365^{n-1}}$

【補足】"!"は階乗です。 $1! = 1$、 $2! = 2\times1$、 $3! = 3\times2\times1$、 $4! = 4\times3\times2\times1$、 $5! = 5\times4\times3\times2\times1$ です。

$10\times9\times8\times7\times6$ は、 $10\times9\times8\times7\times6 = \frac{10\times9\times8\times7\times6\times5\times4\times3\times2\times1}{5\times4\times3\times2\times1} = \frac{10!}{5!} = 30240$ となります。

A1： 最初の問題Q1の60人（$n=60$）の場合は、

$P_{60} = 1 - \frac{364!}{(365-n)! \times 365^{n-1}} = 1 - \frac{364!}{(365-60)! \times 365^{59}} = 1 - \frac{364!}{305! \times 365^{59}} = 0.99412266\cdots$

理論上の確率は99.412266…%です。よってQ1で最も近いのは 100% となります。

実際の調査票の結果はどうだったでしょうか？

【参考1】同じ誕生日の人がいる確率は20人で41.1%、30人で70.6%、40人で89.1%、50人で97.0%です。

【参考2】同じ誕生日の人がいる確率が50%になるのは、21人で44.4%、22人で47.6%、23人で50.7% ですから、23人で50%を超えます。

【補足】 $364! = 364\times363\times362\times361\times\cdots\times11\times10\times9\times8\times7\times6\times5\times4\times3\times2\times1$ ですが、パソコンや電卓で階乗の計算をしても 364! は Error となって答えがでません。365^{59} も同様です。どうしてでしょうか。

これはコンピュータの桁数の制約の問題です。桁数の多い計算では桁あふれが生じ、大きな数や逆に小数以下にゼロが何桁も続く小さな数では指数の制限を越えて計算できなくなります。何桁まで計算できるかはパソコンや電卓の仕様やプログラムの仕様によりますが、一般的には69!か170!が限界です。

では、上記の $P_{60} = 1 - \frac{364!}{305! \times 365^{59}}$ はどうやって計算するかというと、数値が大きくならないように階乗やべき乗の関数を使わないで、 $P_{60} = 1 - \frac{364}{365}\times\frac{363}{365}\times\frac{362}{365}\times\cdots\times\frac{307}{365}\times\frac{306}{365}$ と左から順に分数の乗算をしていきます。電卓だと面倒ですが、コンピュータなら訳ありません。

【付録】 誕生日の調査シート

貴方の誕生日の"月"と"日"にマーキングして下さい。

月　1 2 3 4 5 6 7 8 9 10 11 12

日　1 2 3 4 5 6 7 8 9 10　11 12 13 14 15 16 17 18 19 20　21 22 23 24 25 26 27 28 29 30　31

4.2　統計（statistics）／最小二乗法によって回帰直線を求める

（1）最小二乗法とは

最小二乗法は実験結果の分析方法の基本となるものです。本節では例題を解きながら学んでいきます。

さて、右表は5人の数学と英語のテストの成績表です。右下図は成績の相関図です。

	数学の点数 (x)	英語の点数 (y)	(x^2)		(xy)	
1	8	9	⑤₁	64	⑦₁	72
2	5	7	⑤₂	25	⑦₂	35
3	9	8	⑤₃	81	⑦₃	72
4	3	6	⑤₄	9	⑦₄	18
5	5	5	⑤₅	25	⑦₅	25

合計 $(X)=\Sigma(x)=$ ① 30　　$(Y)=\Sigma(y)=$ ③ 35　　$(X^2)=\Sigma(x^2)=$ ⑥ 204　　$(XY)=\Sigma(xy)=$ ⑧ 222

平均 $\mu_X=$ ② 6.0　　$\mu_Y=$ ④ 7.0

データ数 $n=$ 5

回帰式を $y_{(est)}=Ax+B$ とすると

勾配 $A=\{n(XY)-(X)(Y)\}／\{n(X^2)-(X)(X)\}=$ ⑨ 0.5

切片 $B=\{(Y)-A(X)\}／n=$ ⑩ 4.0

＜平均値 average＞

数学の成績は、①合計値が $(X)\equiv\sum_{k=1}^{5}(x_k)=30$ で、データ数が $n=5$ なので、②平均値は $\mu_X=30\div5=6.0$ です。

英語の成績は、③合計値が $(Y)\equiv\sum_{k=1}^{5}(y_k)=35$ で、データ数が $n=5$ なので、④平均値は $\mu_Y=35\div5=7.0$ です。

＜回帰直線 linear regression＞

問題から入ります。

Q3：右図は数学と英語の成績を散布図で示しています。この図に、数学と英語の関係を示すであろう1本の直線を勘を働かして引きなさい。（答は次頁にあります）

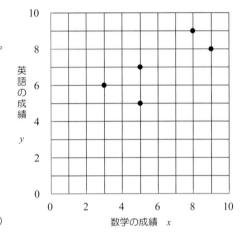

統計では、2つの要素の関係を表す直線を"回帰直線"といいます。この回帰直線を求める方法を"最小二乗法"といいます。実験結果の分析などでは極めて頻繁に用いられる方法です。

【注】本章では (X^2) や (XY) のように和を表すのに（ ）付きを使いますが、これは分かりやすくするためです。

では、右上の表を見ながら、最小二乗法による回帰直線を実際に求めてみましょう。

⑤各自の数学の点数の二乗 x_k^2 を求めます。これを⑥合計すると $(X^2)\equiv\sum_{k=1}^{5}(x_k^2)=204$ になります。

⑦数学の点数 x と英語の点数 y の積 $x_k y_k$ を求めます。⑧合計すると、$(XY)\equiv\sum_{k=1}^{5}(x_k y_k)=222$ です。

次に、回帰式 $y_{(est)}=Ax+B$ の勾配 A と Y 切片 B を求めます。

⑨勾配は　$A=\dfrac{n(XY)-(X)\times(Y)}{n(X^2)-(X)\times(X)}=\dfrac{5\times222-30\times35}{5\times204-30\times30}=\dfrac{60}{120}=0.5$

⑩y 切片は　$B=\dfrac{(Y)-A(X)}{n}=\dfrac{35-0.5\times30}{5}=\dfrac{20}{5}=4$

問題です。

Q4：今求めた回帰直線　$y_{(est)}=0.5x+4$　を右上図に描いて、Q3 で描いた直線と見比べなさい。

A4：答えは右図の y 切片が 4、勾配が 0.5 の直線です。

【重要な補足】右図の1点鎖線は元のデータの x と y の
平均値の $\mu_X = 6$ と $\mu_Y = 7$ を示します。最小二乗法に
よる回帰直線 $y_{(est)} = 0.5x + 4$ は、この x と y の平均
値 μ_X と μ_Y の交点の座標（6, 7）を必ず通ります。

【注意】Q3 で、勘で描いた直線といえども、この平均値
の座標を通っていなければ正解になりません。

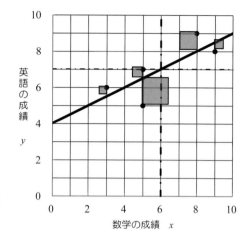

＜最小二乗法とは＞

"誤差の二乗和を最小"にするのが最小二乗法（least
squares method）です。右上図で、元データの座標 (x,y)
と回帰直線 $y_{(est)} = Ax + B$ の上の y 座標の差が誤差
$y_{(est)} - y$ です。この二乗、つまり、正方形の面積が
誤差の二乗 $(y_{(est)} - y)^2$ に相当します。この面積の合計を最小にするのが最小二乗法です。

問題です。

Q5：右表では、例題の 5 人
に新たに 3 人が加わりま
した。

1) 新たな 3 人の成績の座
標を右下図にプロット
しなさい。

2) 右表の①～⑧の空欄を
計算して埋めなさい。

3) 8 人の成績の回帰直線
の⑨勾配 A と⑩切片 B
を求めなさい。

4) 右下図に、数学と英語
の回帰直線を実線で描きなさい。

	数学の点数 (x)	英語の点数 (y)	(x^2)		(xy)	
1	8	9	⑤₁	64	⑦₁	72
2	5	7	⑤₂	25	⑦₂	35
3	9	8	⑤₃	81	⑦₃	72
4	3	6	⑤₄	9	⑦₄	18
5	5	5	⑤₅		⑦₅	
6	6	7	⑤₆		⑦₆	
7	8	8	⑤₇		⑦₇	
8	10	9	⑤₈		⑦₈	

合計 $(X) = \Sigma(x) =$ ①　$(Y) = \Sigma(y) =$ ③　$(X^2) = \Sigma(x^2) =$ ⑥　$(XY) = \Sigma(xy) =$ ⑧

平均　$\mu_X =$ ②　$\mu_Y =$ ④

データ数　$n =$ 8　　回帰式　$y_{(est)} = Ax + B$　とすると

勾配 $A = \{n(XY) - (X)(Y)\} / \{n(X^2) - (X)(X)\} =$ ⑨

切片 $B = \{(Y) - A(X)\} / n =$ ⑩

A5：1) の解は省略します。

2) 数学は、①合計値が $(X) = 54$、②平均値が $\mu_X = 6.75$ です。
英語は、③合計値が $(Y) = 59$、④平均値が $\mu_Y = 7.375$ です。
数学の成績の二乗は、⑤₅=25、⑤₆=36、⑤₇=64、
⑤₈=100 です。⑥合計値は $(X^2) = 404$ です。
数学と英語の成績の積は、⑦₅=25、⑦₆=42、⑦₇=64、
⑦₈=90、⑧合計値は、$(XY) = 418$ です。
なお、ここでは使いませんが、後で必要なので求めて
おきます。英語の成績の二乗和は、$\Sigma y^2 = (Y) = 449$ です。

3) 回帰式は、⑨勾配が $A = 0.50$、⑩切片が $B = 4.00$ です。

4) 回帰直線は、先の例題の答の A4 と同じです。

（同じになるように問題を作ってあります）
また、この回帰直線も平均値の座標（6.75, 7.375）を通ります。

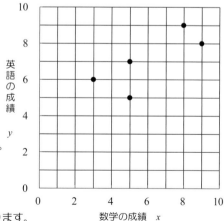

（2）統計に係わる基本事項

統計に係わる基本事項をまとめます。

ここで共通に使う記号は、n：データ数、x_k, y_k：データ値、k：番号、μ：平均値、π：円周率、N：確率密度、σ：標準偏差、T：偏差値 です。

＜正規分布 normal distribution＞ 平たくいえば "偏りがない分布" です。平均値を中心に左右対称でなだらかな分布を示します。工学、自然科学、社会科学のさまざまな分野で広く見られます。正規分布の確率密度関数 N の定義式を示します。

$$N(\mu,\sigma) = \frac{1}{\sqrt{2\pi}\cdot\sigma}\exp\left(-\frac{(x-\mu)^2}{2\sigma^2}\right) \qquad \cdots(4\text{-}1)$$

＜標準偏差 standard deviation＞ データがどのくらいばらついているかを表す指標が標準偏差です。

標準偏差 σ の定義式　$\sigma = \sqrt{\dfrac{1}{n}\displaystyle\sum_{k=1}^{n}(x_k-\mu)^2}$ $\qquad\cdots(4\text{-}2)$

平均値との差の二乗和をデータ数で割り、この平方根が標準偏差になります。

Q6： 前問 Q5 の数学と英語のそれぞれの標準偏差を求めなさい。

A6： 標準偏差の定義式(4-2)で求めても良いのですが、式(4-2)を以下のように変形するとより簡便に求めることができます。なお、標準偏差の二乗を分散（$V=\sigma^2$）といいます。分散 V で式を整理します

$$V = \frac{1}{n}\sum_{k=1}^{n}(x_k-\mu)^2 = \frac{1}{n}\sum_{k=1}^{n}\{(x_k^2)-2\mu(x_k)+\mu^2\} = \frac{1}{n}\left\{\sum_{k=1}^{n}(x_k^2)-2\mu\sum_{k=1}^{n}(x_k)+n\mu^2\right\} = \frac{1}{n}\left\{(X^2)-2\mu(X)+n\mu^2\right\}$$

$$\therefore\quad \sigma = \sqrt{V} = \sqrt{\frac{1}{n}\sum_{k=1}^{n}(x_k-\mu)^2} = \sqrt{\frac{1}{n}\{\sum_{k=1}^{n}(x_k^2)-2\mu\sum_{k=1}^{n}(x_k)+n\mu^2\}} = \sqrt{\frac{1}{n}\left\{(X^2)-2\mu(X)+n\mu^2\right\}} \qquad \cdots(4\text{-}2)'$$

式(4-2)'の各項は、Q5 の表で、数学では、⑥ $(X^2)=404$ 、② $\mu_X=6.75$ 、① $X=54$ の結果が得られています。また、英語では $(Y^2)=449$ 、② $\mu_Y=7.375$ 、③ $Y=59$ が得られています。また、データ数は $n=8$ です。これらの値を式(4-2)'に代入します。

数学の標準偏差 σ_X は　$\sigma_X = \sqrt{\dfrac{1}{n}\left\{(X^2)-2\mu(X)+n\mu^2\right\}} = \sqrt{\dfrac{1}{8}(404-2\times6.75\times54+8\times6.75^2)} \fallingdotseq 2.22$

英語の標準偏差 σ_Y は　$\sigma_Y = \sqrt{\dfrac{1}{n}\left\{(Y^2)-2\mu_y(Y)+n\mu_y^2\right\}} = \sqrt{\dfrac{1}{8}(449-2\times7.375\times59+8\times7.375^2)} \fallingdotseq 1.32$

この標準偏差の値から、数学のばらつきが英語よりも大きいことが分かります。

＜偏差値 standard score＞ 数学と英語の素点で比較すると不公平になることがありますが、これを偏差値に変換すると公平に評価できます。

右表は Q5 と同じ英語と数学の成績です。番号 1 と 3 は素点の合計では同点ですが、偏差値では番号 1 が上位になります。偏差値の定義式は

$$T_k = 50 + \frac{10(x_k-\mu)}{\sigma} \qquad \cdots(4\text{-}3)$$

番号	素点				偏差値			
	数学	英語	合計	順位	数学	英語	合計	順位
1	8	9	17	2	55.6	62.3	118.0	2
2	5	7	12	6	42.1	47.2	89.3	6
3	9	8	17	2	60.1	54.7	114.9	3
4	3	6	9	8	33.1	39.6	72.7	8
5	5	5	10	7	42.1	32.0	74.1	7
6	6	7	13	5	46.6	47.2	93.8	5
7	8	8	16	4	55.6	54.7	110.4	4
8	10	9	19	1	64.6	62.3	127.0	1
平均値	6.750	7.375			50.0	50.0		
二乗和	404	449			20,800	20,800		
標準偏差	2.22	1.32			10.0	10.0		
データ数	8				8			

【補足】 式(4-3)の偏差値は、平均値が 50、偏差値が 10 になるように基準化したものです。なお、偏差値には満点はありません。偏差値は 100 点を超えることもあれば、マイナス点もあります。

＜正規分布と標準偏差の関係＞

平均値を μ、標準偏差を σ とします。

$\mu \pm \sigma$ の範囲に 68.27% が含まれ、

$\mu \pm 1.5\sigma$ では　86.64% が含まれ、

$\mu \pm 2\sigma$ 　では　95.45% が含まれ、

$\mu \pm 3\sigma$ 　では　99.74% が含まれ

ます。

　　この標準偏差に含まれる範囲の割合は覚えておくとよい値です。

　　例えば、偏差値 60 は上位約 16%、偏差値 70 は上位約 2.3%になります。

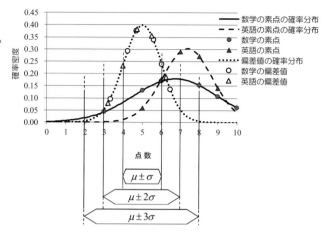

　　また、$\mu \pm 2\sigma = 95.45\%$ は統計の分析結果の信頼限界約 5%の判断基準にしばしば使われます。

【重要な補足】統計では母集団が何かが重要です。異なる母集団の統計結果を比較しても意味がありません。

【参考】最小二乗法による回帰直線の式の導出　　※難しいと思う人は読み飛ばしても構いません

1) 回帰式が　　　　$y_{(est)} = Ax + B$ 　··(1) になったとします。

2) 式(1)に k 番目の値 x_k 代入して得た推定値を $y_{k(est)}$ とします。

　　推定値 $y_{k(est)}$ と元の値 y_k との誤差 e_k は　　　　$e_k = y_{k(est)} - y_k = Ax_k + B - y_k$ 　··(2)　です。

3) 誤差の二乗を取ります。

$$e_k^{\ 2} = (Ax_k + B - y_k)^2 = A^2(x_k^{\ 2}) + 2AB(x_k) - 2A(x_k y_k) + B^2 - 2B(y_k) + (y_k^{\ 2}) \quad ··(3)$$

4) $k=1 \sim n$ までの誤差の二乗和 S_e を求めます。

$$S_e = \sum_{k=1}^{n} (e_k^{\ 2}) = A^2 \sum_{k=1}^{n} (x_k^{\ 2}) + 2AB \sum_{k=1}^{n} (x_k) - 2A \sum_{k=1}^{n} (x_k y_k) + nB^2 - 2B \sum_{k=1}^{n} (y_k) + \sum_{k=1}^{n} (y_k^{\ 2}) \quad ··(4)$$

5) ここで Σ を次のような記号に置き換え、式を単純化します。

$$(X^2) \equiv \sum_{i=1}^{n} (x_k^{\ 2}), \ (X) \equiv \sum_{i=1}^{n} (x_k), \ (XY) \equiv \sum_{k=1}^{n} (x_k y_k), \ (Y) \equiv \sum_{i=1}^{n} (y_k), \ (Y^2) \equiv \sum_{i=1}^{n} (y_k^{\ 2}) \quad \text{と置き換えます。}$$

$$S_e = A^2(X^2) + 2AB(X) - 2A(XY) + nB^2 - 2B(Y) + (Y^2) \quad ··(5) \text{ を得ます。}$$

6) 誤差の二乗和 " S_e " が最小となる式(1)の勾配 A と y 切片 B を見つけなければなりません。

　　このために式(5)を A と B で偏微分します。まず、式(5)を A で偏微分し、同様に式(5)を B で偏微分します。すると、次の 2 つの式を得ます。

$$\frac{\partial S_e}{\partial A} = 2A(X^2) + 2B(X) - 2(XY) \quad ··(6a), \qquad \frac{\partial S_e}{\partial B} = 2A(X) + 2nB - 2(Y) \quad ··(6b)$$

【補足】偏微分（partial differentiation）とは

　　　式(5)では A と B での 2 つの変数があります。これを式(6a)で変数 A で微分するときは B は定数とみなします。逆に式(6b)で、変数 B で微分するときは A は定数とみなします。このような微分を偏微分といいます。なお、偏微分が可能なのは、変数 A と変数 B が互いに独立である場合です。つまり A が決まっても B は自動的には決まらない場合です。

　　　また、偏微分の場合は $\dfrac{\partial S_e}{\partial A}$、$\dfrac{\partial S_e}{\partial B}$ のように微分記号に∂（ラウンドディ、ラウンドデルなどと呼びます）を使い、通常の微分と区別するのが数学上の決まりです。

7) 誤差の二乗和 S_e を最小とする解を得るために $\frac{\partial S_e}{\partial A} = 0$、$\frac{\partial S_e}{\partial B} = 0$ と
　置きます。すると、式（6a）と式（6b）は次のようになります（係数2
　は省略しています）。

$$A(X^2) + B(X) - (XY) = 0 \quad \cdots (7a)$$
$$A(X) + nB - (Y) = 0 \quad \cdots (7b)$$

　【補足】右図は式(6a)の係数 A と誤差の二乗和 S_e の図です。微分係
　　　　数は元の関数の勾配になります。微分係数=0 のときの接線は太
　　　　い破線で示されます。このときに、誤差の二乗和 S_e が最小にな
　　　　ることが分かります。

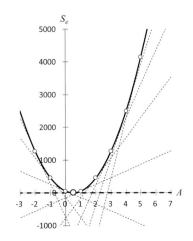

8) 式(7a)と式(7b)の連立方程式を A と B について解きます。
　式(7b)を B について解きます。　　$\therefore B = \frac{(Y) - A(X)}{n} \quad \cdots (4\text{-}4b)$

　式(7a)に代入して A を求めます。　$\therefore A = \frac{n(XY) - (X)(Y)}{n(X^2) - (X)(X)} \quad \cdots (4\text{-}4a)$

　式(4-4b)が最小二乗法による回帰直線の y 切片 B であり、式(4-4a)
　が勾配 A です。

　【補足】誤差の二乗和よりも、誤差の和を最小にする方が簡単に思
　　　　えます。でもなぜ、わざわざ二乗和にするのでしょか。
　　　　　右図で●印の4点を元のデータとします。最小二乗法による
　　　　回帰直線は1点鎖線で示される直線です。一方、誤差の和を最
　　　　小とする場合を考えます。すると、右図の細い実線で示される
　　　　直線は全て誤差の和を最小とする直線になります。他にも、誤
　　　　差の和を最小にする直線は無限に存在し、1つに決められませ
　　　　ん。つまり、誤差の和の最小では回帰直線は作れないのです。

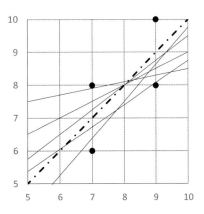

4.3　調和分析／フーリエ級数を用いた周期的に変化するデータの解析
（1）調和分析とは

　　周期的に変化するデータの分析に用いるのが調和分析（harmonic analysis）です。調和分析では周
期関数である三角関数（sin、cos）によるフーリエ級数を使います。この級数を考案したのがフラン
スの数学者フーリエ（1773-1830）です。

＜フーリエ級数を用いた調和分析の一般式＞

$$\theta = M_0 + M_1 \cos(\omega t) + M_2 \cos(2\omega t) + M_3 \cos(3\omega t) + M_4 \cos(4\omega t) + \cdots$$
$$+ N_1 \sin(\omega t) + N_2 \sin(2\omega t) + N_3 \sin(3\omega t) + N_4 \sin(4\omega t) + \cdots \qquad \cdots (4\text{-}5)$$

　ここに、θ：調和分析で回帰したデータ値、M_0：測定値の平均値、t：時刻
　　　　$\omega, 2\omega, 3\omega, 4\omega \cdots$：基本波、2次高調波、3次高調波、4次高調波の角速度
　　　　$\cos(\omega t), \cos(2\omega t), \cos(3\omega t), \cos(4\omega t) \cdots$：基本波および2次、3次、4次高調波の cos 成分
　　　　$\sin(\omega t), \sin(2\omega t), \sin(3\omega t), \sin(4\omega t) \cdots$：基本波および2次、3次、4次高調波の sin 成分
　　　　$M_1, M_2, M_3, M_4 \cdots$、$N_1, N_2, N_3, N_4, \cdots$：cos および sin の基本波および各高調波の振幅

　【余談】シンセサイザーではさまざまな音色の楽器をフーリエ級数で周波数分析しておきます。この周波数
　　　　分析は調和分析そのものです。この周波数分析した結果を合成すると、さまざまな楽器の音色を再現す
　　　　ることができます。人工的に合成すれば新しい音色を作ることもできます。

（2）調和分析の方法

　建築では時間で変化する気温などの分析に調和分析を使います。右下図で●印が測定データです。0時、4時、8時、12時、16時、20時の等間隔で6点の気温データがあります。このデータで調和分析をしてみましょう。

　調和分析では、基本波、2次高調波、3次高調波と次数を高めると徐々に元の測定値に近づきます。

　1日24時間を周期とする場合、基本波は24時間周期になります。2次高調波は1/2の12時間周期、3次高調波は1/3の8時間周期、4次高調波は1/4の6時間周期になります。

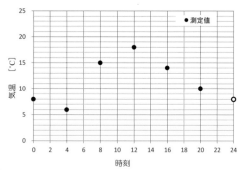

　右上図の場合、データ数は6点ですが、この場合は、1/3の8時間周期の3次高調波まで求めると元の測定値を通る曲線になります。また、1/4の6時間周期の4次高調波を求めるには、その周期の半分の3時間ごとの8点のデータが必要です。

【重要な注意】より高い次数の高調波まで求め元データに近づけるのが良いとは限りません。元データを通るということは元データの揺らぎや測定誤差を含むことになります。また、回帰曲線が元データを通っても、高調波では回帰曲線が暴れることがあります。

Q7：問題形式で解きながら調和分析をしてみましょう。下表は先の右上図の3時間ごとの気温の測定データです。この表の白抜きのところを埋めて下さい。

1)データの合計値は①71.00 です。

2)データ数は n=6 なので、平均値は② M_0 =11.83 ℃ です。

3)基本波の24時間周期の角速度、つまり、1日を360°として1時間で進む角度は③ ω = 360÷24 = 15 °/h です。

No	時刻	測定値	\multicolumn{6}{c}{基本波 ③ ω=15°/h}	時	\multicolumn{1}{c}{基本波}
	t	θ	\multicolumn{2}{c}{$\cos(\omega t)$}	\multicolumn{2}{c}{$\cos(\omega t)\times\theta$}	\multicolumn{2}{c}{$\sin(\omega t)$}	\multicolumn{2}{c}{$\sin(\omega t)\times\theta$}	t	M_0 +$M_1\times\cos(\omega t)$ +$N_1\times\sin(\omega t)$

n = 6 , 1

No	時刻 t	測定値 θ	$\cos(\omega t)$		$\cos(\omega t)\times\theta$		$\sin(\omega t)$		$\sin(\omega t)\times\theta$		時 t	基本波
1	0	8	④₁	1.000	⑤₁	8.00	⑧₁	0.000	⑨₁	0.00	0	⑫₁ 6.33
2	4	6	④₂		⑤₂	3.00	⑧₂	0.866	⑨₂	5.20	4	⑫₂ 8.33
3	8	15	④₃	-0.500	⑤₃		⑧₃	0.866	⑨₃	12.99	8	⑫₃ 13.83
4	12	18	④₄	-1.000	⑤₄	-18.00	⑧₄		⑨₄	0.00	12	⑫₄ 17.33
5	16	14	④₅	-0.500	⑤₅	-7.00	⑧₅	-0.866	⑨₅		16	⑫₅ 15.33
6	20	10	④₆	0.500	⑤₆	5.00	⑧₆	-0.866	⑨₆	-8.66	20	⑫₆
合計		① 71.00	合計		⑥ -16.50		合計		⑩ -2.60		24	⑫₇ 6.33
平均(M_0)=		② 11.83	振幅 (M_1)=		⑦ -5.500		振幅(N_1)=		⑪ -0.866			平均値
		合計÷6		振幅=合計÷(n/2)			振幅=合計÷(n/2)					⑬

4)各時刻 t の $\cos(\omega t)$ を求めます。

　0時は④₁=cos(15×0)=1.000、

　4時は④₂=☐、

　8時は④₃=cos(15×8)=-0.500、

　12時は④₄=cos(15×12)=-1.000、

　16時は④₅=cos(15×16)=-0.500、　20時は④₆=cos(15×20)=0.500

5)各時刻の $\cos(\omega t)$ に測定値 θ を乗じて $\cos(\omega t)\times\theta$ を求めます。0時は⑤₁=1.000×8=8.00、

　4時は⑤₂=0.500×6=3.00、8時は⑤₃=☐、12時は⑤₄=-1.000×18=-18.00、

　16時は⑤₅=-0.500×14=-7.00、20時は⑤₆=0.500×10=5.00

6)いま求めた時刻別の $\cos(\omega t)\times\theta$ を合計します。⑥合計=-16.50 を得ます。

7)これをデータ数 n の半分の $n/2$=3 で割って、⑦M_1=-5.500 を得ます。この M_1 は基本波の cos 成分の振幅です。

8)先の 4)と同様に、今度は各時刻 t の $\sin(\omega t)$ を求めます。0 時は $⑧_1=\sin(15×0)=0.000$、

4 時は $⑧_2=\sin(15×4)=0.866$、8 時は $⑧_3=\sin(15×8)=0.866$、12 時は $⑧_4=$ _____、

16 時は $⑧_5=\sin(15×16)=-0.866$、20 時は $⑧_6=\sin(15×20)=-0.866$

9)各時刻の $\sin(\omega t)$ に測定値 θ を乗じて $\sin(\omega t)×\theta$ を求めます。0 時は $⑨_1=0.000×8=0.00$、

4 時は $⑨_2=0.866×6=5.20$、8 時は $⑨_3=0.866×15=12.99$、12 時は $⑨_4=0.000×18=0.00$、

16 時は $⑨_5=$ _____、20 時は $⑨_6=-0.866×10=-8.66$

10)いま求めた時刻別の $\sin(\omega t)×\theta$ を合計します。⑩合計=-2.60 を得ます。

11)これをデータ数の半分の $n/2=3$ で割って、$⑪N_1=-0.866$ を得ます。この N_1 は基本波の sin 成分の振幅です。

12))最後に、平均値$②M_m=11.83$ に⑦ $M_1×$④ $\cos(\omega t)$ と⑪ $N_1×$⑧ $\sin(\omega t)$ を合成すると各時刻の基本波の調和分析結果が得られます。

0 時は　$⑫_1=②11.83-⑦(5.500)×④_1(1.000)-⑪(0.866)×⑧_1(0.00)=6.33$

4 時は　$⑫_2=11.83-5.500×0.500-0.866×0.866=8.33$

8 時は　$⑫_3=11.83-5.500×(-0.500)-0.866×0.866=13.83$

12 時は　$⑫_4=11.83-5.500×(-1.000)-0.866×0.000=17.33$

16 時は　$⑫_5=11.83-5.500×(-0.500)-0.866×(-0.866)=15.33$

20 時は　$⑫_6=$ _____

周期解析なので、24 時は 0 と等しく$⑫_7=6.33$ です。

13)調和分析の結果の平均値は⑬_____で、測定値の平均と一致することを確認します。

14)調和分析の結果をグラフにプロットします。

A7： $④_2=\cos(15×4)=0.500$

$⑤_3=-0.500×15=-7.50$

$⑧_4=\sin(15×12)=0.000$

$⑨_5=-0.866×14=-12.12$

$⑫_6=11.83-5.500×(0.500)-0.866×(-0.866)$
$=9.83$

⑬基本波の平均値=11.83

14)の基本波は右図の曲線になります。

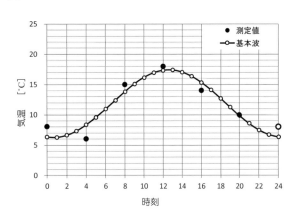

【補足 1】回帰式に任意の時刻を代入すれば、任意の時刻の気温を求めることができます。上図では 1 時間ごとの気温を求めています。

【補足 2】7)と 11)の振幅 M_m、N_m を求めるところで、合計値をデータ数の半分の $n/2=3$ で割りました。

なお、この例では 3 次の高調波まで求められますが、最後の次数の高調波の振幅の求め方が少し異なりますので、注意が要ります。

最終の高調波では、sin 成分がなく、cos 成分のみを求めます。また、この cos 成分の振幅を求めるときは、合計値をデータ数の n で割ります。

なお、14 章の総合演習の Q3 で、この続きの 2 次高調波と 3 次高調波を求めます。

5. 対数／人の感覚と音のデシベル

＜ヴェーバー・フェヒナーの法則＞

　ヴェーバー(1795-1878)はドイツの生理・心理学者で、刺激量とこれに対応する識別の閾値との関係は、刺激量の大きさとは関係なく一定の比率であることを発見しました。ヴェーバーの弟子のフェヒナー(1801-1887)は刺激量と人の感覚量は"対数"の関係になることを示しました。これをヴェーバー・フェヒナーの法則といいます。

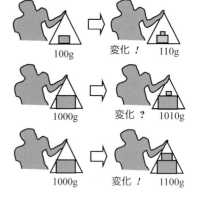

　本章では、音の問題を扱う上でなくてはならない対数とdB（デシベル）を取り上げます。対数は苦手とか、感覚的に分かりにくいという人もいるかと思いますが、コツさえ掴めば対数は便利と感じるはずです。

5.1　指数と対数

（1）対数とすると何が便利になるのか

　右図で点線の曲線は指数関数で　$y=2^x$、$y=3^x$、$y=5^x$、$y=10^x$ です。例えば、指数関数は $x=6$ では $y=10^6=1,000,000$ となりグラフに収まり切らず、はみ出してしまいます。

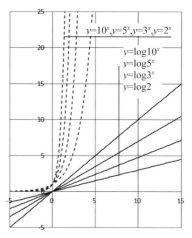

　これを対数関数で表すと　$y = \log 2^x$、　$y = \log 3^x$、　$y = \log 5^x$、$y = \log 10^x$ となり、例えば、$x=15$ でも $y = \log 10^{15} = 15$　となり、グラフに納まり、しかも直線です。対数は指数関数的に大きくなる数を小さな数値で表すことができるのが利点の１つです。

（2）実数と指数と対数の関係

　大きな数　10,000,000,000,000,000,000,000　がどのくらいの数であるかは直ぐには分からないでしょう。これを指数で表すと 10^{22} となり、22 がゼロの数を表していて理解しやすくなります。ちなみに、10^{22} は SI 単位では 10 Z(ゼタ)、日本の単位では百垓(ガイ)です。

　先の例の 10,000,000,000,000,000,000,000 を指数で表すと 10^{22} ですが、対数で表すと $\log_{10}10^{22}=22$ となります。なお、log の記号は英語の logarithm から取ったものです。

　実数と指数と対数の関係を一般式で表すと次のようになります。

$$\text{指数}\ \ A = B^C \quad \Leftrightarrow \quad \text{対数}\ \ \log_B A = C \quad \cdots (5\text{-}1)$$

　左側が指数で、A が元の実数で、B を底（てい：base）、C をべき指数（exponent）といいます。右側が対数で、B を対数の底（てい：base）、C を対数（logarithm）といいます。A が元の実数で、この A が log の中で使われるときに数学では A を真数（antilogarithm）といいます。真数は正の値でなければなりません。なお、英語の anti-は反・非・対・不などの意味ですので、真数とは対数と対になる数の意味になります。

実数⇔指数⇔対数の関係は、実際の数値で見ると分かりやすいと思います。

Q1：次の式の関係で A、B、C に該当する数値を求めなさい。

1) $1000 = 10^3$ ⇔ $\log_B A = C$ 　　　　　答 $A = 1000 = 10^3$、$B = 10$、$C = 3$

2) $0.0001 = 10^{-4}$ ⇔ $\log_B A = C$ 　　　　答 $A = 0.0001 = 10^{-4}$、$B = 10$、$C = -4$

3) $32 = 2^5$ ⇔ $\log_B A = C$ 　　　　　　答 $A = 32 = 2^5$、$B = 2$、$C = 5$

Q2：次の□に入る対数の値を求めなさい。

$10 = 10^1$	→ $\log_{10} 10$	→ $\log_{10} 10^1 = \boxed{}$	答 1
$100 = 10^2$	→ $\log_{10} 100$	→ $\log_{10} 10^2 = \boxed{}$	答 2
$1000 = 10^3$	→ $\log_{10} 1000$	→ $\log_{10} 10^3 = \boxed{}$	答 3
$0.1 = 10^{-1}$	→ $\log_{10} 0.1$	→ $\log_{10} 10^{-1} = \boxed{}$	答 -1
$0.01 = 10^{-2}$	→ $\log_{10} 0.01$	→ $\log_{10} 10^{-2} = \boxed{}$	答 -2
$0.001 = 10^{-3}$	→ $\log_{10} 0.001$	→ $\log_{10} 10^{-3} = \boxed{}$	答 -3

（3）覚えておくべき対数の公式

＜真数の掛け算は、対数では足し算＞ 　　$\log_{10}(A \times B) = \log_{10} A + \log_{10} B$ 　　　　・・・(5-2)

＜真数の割り算は、対数では引き算＞ 　　$\log_{10}(A \div B) = \log_{10} A - \log_{10} B$ 　　　　・・・(5-3)

＜真数のべき乗は、対数の倍数＞ 　　　　$\log_{10} A^n = n \times \log_{10} A$ 　　　　　　　・・・(5-4)

【証明】 $A = 10^p$、$B = 10^q$ とすると、$p = \log_{10} A$、$q = \log_{10} B$ です。

　　式(5-2)： $\log_{10}(A \times B) = \log_{10}(10^p \times 10^q) = \log_{10} 10^{p+q} = p + q = \log_{10} A + \log_{10} B$ 　です。

　　式(5-3)： $\log_{10}(A \div B) = \log_{10}(10^p \div 10^q) = \log_{10} 10^{p-q} = p - q = \log_{10} A - \log_{10} B$ 　です。

　　式(5-4)： $\log_{10} A^n = \log_{10}(A \times A \times A \cdots \times A) = \log_{10} A + \log_{10} A + \log_{10} A + \cdots + \log_{10} A = n \log_{10} A$ 　のように
　　　　　　 n 回繰り返すと考えれば理解しやすいと思います。
　　　　　　【補足】n は整数でなくても式(5-4)は成立します。例えば、$\log_{10} A^{0.5} = 0.5 \times \log_{10} A$ 　です。

【補足1】常用対数と自然対数

　　　　対数の底が 10 の場合を常用対数といいます。本章の音の対数の dB ではこの常用対数を使います。
　　　　常用対数では、$\log A$ のように底の 10 を省略して表すことができます。

　　　　一方、数学でよく使うのが e^x や $\log_e A$ のような底が e の自然対数です。
　　　　自然対数の場合は $\log_e$ の代わりに $\ln$ を使って $\ln A$ と表すこともできます。

　　　　次式で、常用対数 ⇔ 自然対数を相互に変換することができます。

　　　　$\log_{10} A = \dfrac{\log_e A}{\log_e 10} \fallingdotseq 0.4342944819 \times \log_e A$、 $\log_e B = \dfrac{\log_{10} B}{\log_{10} e} \fallingdotseq 2.302585093 \times \log_{10} B$

　　　　なお、$\log_{10} e = \log_{10} 2.71828182845905\cdots \fallingdotseq 0.4342944819\cdots$、
　　　　　　　$\log_e 10 = \log_{2.71828182845905\cdots} 10 \fallingdotseq 2.302585093\cdots$

【補足2】ネイピア数

　　　　自然対数の底の $e = 2.71828182845905\cdots$ をネイピア数といいます。ネイピア数は英国の数学者で対数の
　　　　研究をしたネイピア（1550-1617）に因んで付けられました。

（4）覚えておくべき常用対数の値／log2 と log3

それでは真数が 2 や 3、4、5 などの 10 より小さい場合の対数値はどのようになるのでしょうか。電卓を使うと $\log_{10}2 \fallingdotseq 0.3010299957\cdots$、$\lg_{10}3 \fallingdotseq 0.4771212547\cdots$ が得られます。2 や 3 は 10^0 と 10^1 の間、つまり 10 の 0 乗と 1 乗の間です。2 は 10 の約 0.301 乗、3 は 10 の約 0.477 乗になります。

$$\text{実数 2 は} \quad 2 \fallingdotseq 10^{0.301} \quad \rightarrow \quad \log_{10}10^{0.301} = 0.301 \qquad \text{実数 3 は} \quad 3 \fallingdotseq 10^{0.477} \quad \rightarrow \quad \log_{10}10^{0.477} = 0.477$$

$$\text{実数 4 は} \quad 4 \fallingdotseq 10^{0.602} \quad \rightarrow \quad \log_{10}10^{0.602} = 0.602 \qquad \text{実数 5 は} \quad 5 \fallingdotseq 10^{0.699} \quad \rightarrow \quad \log_{10}10^{0.699} = 0.699$$

次の 4 つの常用対数の値は覚えておくべきです。

$$\log_{10}1 = 0$$
$$\log_{10}2 \fallingdotseq 0.3010 \fallingdotseq 0.301 \fallingdotseq 0.30$$
$$\log_{10}3 \fallingdotseq 0.4771 \fallingdotseq 0.477 \fallingdotseq 0.48$$
$$\log_{10}10 = 1$$

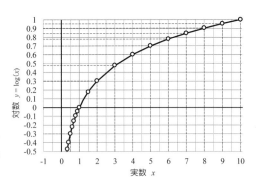

【補足 1】 音のデシベルでは 10 の 2 乗や 10 の 3 乗なども使いますが、それよりも log2、log3、log4 などを使う頻度が高いのでこの辺りをしっかり覚えておいて下さい。

【補足 2】 $\log_{10}2$ と $\log_{10}3$ の値は小数以下 3 桁（0.301、0.477）くらいまで覚えると、有効数字も十分にあり良いでしょう。なお、$\log_{10}4$、$\log_{10}5$、$\log_{10}6$、$\log_{10}8$、$\log_{10}9$ これらの log 値は覚える必要はありません。1 と 2 と 3 と 10 の 4 つの log の値から簡単に導くことができるからです。

では実際に試してみましょう。

Q3：次の常用対数の値を求めなさい。なお、$\log_{10}2 = 0.301$、$\log_{10}3 = 0.477$ とします。

1) $\log_{10}4 =$ 　　　　　　　答 $\log_{10}4 = \log_{10}(2 \times 2) = \log_{10}2 + \log_{10}2 = 0.301 + 0.301 = 0.602$

2) $\log_{10}5 =$ 　　　　　　　答 $\log_{10}5 = \log_{10}(10 \div 2) = \log_{10}10 - \log_{10}2 = 1 - 0.301 = 0.699$

3) $\log_{10}6 =$ 　　　　　　　答 $\log_{10}6 = \log_{10}(2 \times 3) = \log_{10}2 + \log_{10}3 = 0.301 + 0.477 = 0.778$

4) $\log_{10}8 =$ 　　　　　　　答 $\log_{10}8 = \log_{10}2^3 = 3 \times \log_{10}2 = 3 \times 0.301 = 0.903$

5) $\log_{10}9 =$ 　　　　　　　答 $\log_{10}9 = \log_{10}(3 \times 3) = \log_{10}3 + \log_{10}3 = 0.477 + 0.477 = 0.954$

【注意】 $\log_{10}3$ を約 0.5 として計算するのはダメです。これでは $\log_{10}9$ が 1 になってしまいます。

対数で 1 は $\log_{10}10$ です。原理的に 1 でない $\log_{10}9$ を 1 とすると、本質を見誤る恐れがあります。

計算は $\log_{10}9 = \log_{10}3 + \log_{10}3 \fallingdotseq 0.48 + 0.48 = 0.96$ で求め、最後の結果を丸めるのは OK です。

Q4：次の常用対数の値を求めなさい。なお、$\log_{10}2 = 0.301$、$\log_{10}3 = 0.477$ とします。

1) $\log_{10}(1/5) =$ 　　　　　答 $\log_{10}(1/5) = \log_{10}(2 \div 10) = 0.301 - 1 = -0.699$

2) $\log_{10}(1/3) =$ 　　　　　答 $\log_{10}(1/3) = \log_{10}1 - \log_{10}3 = 0 - 0.477 = -0.477$

3) $\log_{10}0.25 =$ 　　　　　答 $\log_{10}0.25 = \log_{10}(1/4) = \log_{10}1 - \log_{10}4 = 0 - 0.602 = -0.602$

4) $\log_{10}0.5 =$ 　　　　　答 $\log_{10}0.5 = \log_{10}(1/2) = \log_{10}1 - \log_{10}2 = 0 - 0.301 = -0.301$

5) $\log_{10}1.5 =$ 　　　　　答 $\log_{10}1.5 = \log_{10}(3/2) = \log_{10}3 - \log_{10}2 = 0.477 - 0.301 = 0.176$

6) $\log_{10}25 =$ 　　　　　　答 $\log_{10}25 = \log_{10}(100/4) = \log_{10}100 - \log_{10}4 = 2 - 0.602 = 1.398$

以上のように、1 と 2 と 3 と 10 の log で組み立てることで色々な log の値を簡単に求めることができます。なお、7、11 などの素数の常用対数の値 $\log_{10}7 \fallingdotseq 0.845$、$\log_{10}11 \fallingdotseq 1.041$ は電卓で求めます。

5.2　音の dB（デシベル）

（1）物理量としての音

　音の強さ I とは「単位時間に単位面積を通過する音のエネルギ」で単位は[W/m²]です。また、音は波で空気の圧力変化であり、これを音圧 P といい単位は[Pa]です。両者には次の関係があります。

$$I = P^2 / (\rho c) \qquad \cdots (5\text{-}5)$$

　　　　なお、ρ：空気の密度[kg/m³]、c：音速[m/s]

　人が聴くことができる最も小さな音を最小可聴値といい、音の強さで $I_o = 10^{-12}$ [W/m²]、音圧では $P_o = 2 \times 10^{-5}$ [Pa]です（いずれも 1000Hz のときの値です）。これは 1 気圧(=1013hPa)の 100 億分の 2 という極めて小さなものです。人の会話は通常 60dB（→dB については次項）で、耳をつんざく大音響は 100dB といわれていますが、実に $10^6 \sim 10^{10}$ 倍（百万倍～百億倍）の音を人は聞き分けています。

（2）対数でレベル表示した音の dB

　音の強さ I [W/m²]や音圧 P [Pa]は純粋な物理量です。しかし、ヴェーバー・フェヒナーの法則によると人の感覚が対数に従うことから、これに合わせるために、音の物理量を対数で換算したものを、音の強さのレベル、音圧レベルといい、単位に dB（デシベル）を使います。このときの dB の基準になるのが先の最小可聴値 I_o、P_o です。

音の強さのレベル L_I　　　　$L_I = 10\log(I / I_o)$ 　　　　　　　　$\cdots (5\text{-}6)$

音圧レベル L_P　　　　　　　$L_P = 10\log(P / P_o)^2 = 20\log(P / P_o)$ 　　$\cdots (5\text{-}7)$

　通常の会話や大音響が最小可聴値の $10^6 \sim 10^{10}$ 倍（1,000,000～10,000,000,000）にもなり、これを物理量で扱うと桁数が大きくなり混乱します。これを対数で換算した dB にすると、10^6 が 60dB、10^{10} が 100dB と小さな桁数になり、分かりやすい数字になります。これが対数を使う利点です。

【補足 1】対数のままの B（ベル）とすると数値が小さく小数になるので 10 倍した dB を使います。

【補足 2】同じ音ならば、音の強さの dB と音圧の dB は同じ値、すなわち、$L_I = L_P$ になります。

【補足 3】dB の単位記号 B は電話を発明したベル（1847-1922）に因んで付けられました。ベルは、聾者教育にも熱心で、ヘレン・ケラーに家庭教師アン・サリバンを紹介したのもベルです。

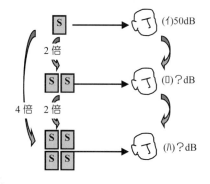

理屈はこのくらいにして、問題を解いてみましょう。

Q5：右図で、(イ)は音源 S が 1 つで、このときの音の強さは 50dB です。(ロ)は音源 S が 2 つの場合で、(ハ)は音源 S が 4 つの場合です。音源 S は全て同じ強さとします。また、音源 S から受音者までの距離も同じとします。

　それでは、(ロ)と(ハ)の音の強さの dB を求めなさい。

A5：(イ)で聞こえる音の強さを I [W/m²]とします。

　　　このとき　$L_{I(イ)} = 10\log(I / I_o) = 50$ 　[dB] です。

　(ロ)音源 S が 2 つ、つまり音の強さの物理量は 2 倍の $2 \times I$ です。

　　　よって、$L_{I(ロ)} = 10\log(2 \times I / I_o) = 10\log 2 + 10\log(I / I_o) \fallingdotseq 3.01 + 50 = 53.01 \fallingdotseq 53$[dB] になります。

　(ハ)の場合は、音源 S が 4 つ、つまり音の強さの物理量は 4 倍の $4 \times I$ です。

　　　よって、$L_{I(ハ)} = 10\log(4 \times I / I_o) = 10\log 4 + 10\log(I / I_o) \fallingdotseq 6.02 + 50 = 56.02 \fallingdotseq 56$ [dB] になります。

【補足】A5 の各式で 10log(I / I_o) = 50 [dB]は共通です。差が出るのは 10log2 = 3.01 と 10log4 = 6.02 のところです。物理量の音の強さ I が 2 倍、3 倍、4 倍 あるいは、1/2、1/3、1/4 に変化するとき、これを dB に置き換えると、±10log2、±10log3、±10log4、つまり足し算あるいは引き算で変化します。このことが分かれば、なにも公式(5-6)で計算するまでもなく、(ロ)は 50+3.01=53.01≒53 dB、(ハ)は 50+6.02=56.02≒56 dB と答えが導かれます。

Q6：1) 60dB と 60dB の音を合わせると何 dB になりますか。
　　 2) 70dB と 70dB の音を合わせると何 dB になりますか。

A6：実数である物理数が 2 倍になると、対数では log2≒0.301 大きくなり、dB では 3.01dB 大きくなります。よって dB は、1) 63.01dB、2) 73.01dB になります。
【補足】もしも、60dB の音のスピーカが 3 台になると、10log3≒4.77[dB]大きくなるので 64.77dB です。70dB のスピーカが 3 台になると 74.77dB、80dB のスピーカが 3 台になると 84.77dB です。

【補足】物理量である音の強さ I [W/m²]は、音源が 2 倍になれば音の強さは 2 倍の 2×I [W/m²]、3 倍になれば 3 倍の 3×I [W/m²]、4 倍になれば 4 倍の 4×I [W/m²]、半分の 1/2 になれば 1/2 の 0.5×I [W/m²]、1/4 になれば 1/4 の 0.25×I [W/m²]という具合に必ず比例関係です。
一方、対数の dB では、
① 50dB の音源が 2 倍になると 3.01dB 大きくなり、3 倍になると 4.77dB だけ大きくなり、4 倍になると 6.02dB 大きくなります。
逆に、50dB の音源が半分の 1/2 になると-3.01dB だけ小さくなり、1/3 になると-4.77dB だけ小さくなり、1/4 になると-6.02dB だけ小さくなります。
② 50dB の音源が 2 倍になると 3.01dB 大きくなり、60dB が 2 倍になっても 3.01dB だけ大きくなり、70dB が 2 倍になっても 3.01dB 大きくなるだけです。
逆に、50dB の音源が半分の 1/2 になると-3.01dB だけ小さくなり、60dB が半分になっても-3.01dB だけ小さくなり、70dB が半分になっても-3.01dB 小さくなるだけです。
この物理量と対数の①と②の関係をよく理解し、感覚的に身体に染みこませることが大切です。

（3）距離減衰／距離の二乗則

　右図で、音は中心の音源から立体的に球面状に拡散しながら伝わります。音源のパワーを W_P[W]とすると、距離 d[m]における音の強さ I [W/m²]は次式で与えられます。

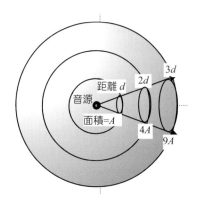

$$I = W_P / (4\pi d^2) \qquad \cdots (5\text{-}8)$$

距離 d[m]の時の音の dB の $L_{I(d)}$ は、次式で与えられます。

$$L_{I(d)} = 10\log(I / I_o) = 10\log\left(W_P / (4\pi d^2) / I_o\right) \qquad \cdots (5\text{-}9)$$
$$= 10\log W_P - 10\log(4\pi) - 20\log d - 10\log I_o$$

なお、I_o は音の強さの最小可聴値です。

　音源からの距離が 2 倍になると球面状の表面積は 2×2 の 4 倍となり、距離が 3 倍になると球面状の表面積は 3×3 の 9 倍です。逆に、音の強さは距離の二乗に反比例して 1/4、1/9 と小さくなります。これを距離の二乗則といいます。
　音の強さの dB では、距離が 2 倍の d = 2 では-6.02dB だけ小さくなり、距離が 3 倍の d = 3 では-9.54dB だけ小さくなります。逆に、距離が半分の d = 0.5 では+6.02dB だけ大きくなります。

（4）音の透過損失

　本項では、音の透過損失を取り上げます。右図で、壁に入力する
音の強さを I [J/m²] とします。一方、透過した音の強さを I_τ [J/m²]と
するとき、入力音と透過音の強さの比率が透過率 τ です。

　　　　透過率　　　　$\tau = I_\tau / I$　　　$\cdots$(5-10)

一方、音の dB では、透過損失 T_L [dB] を次式で定義します。

　　　　透過損失　　　$T_L = 10 \times \log(1/\tau) = 10\log 1 - 10\log \tau = 0 - 10\log \tau = -10\log \tau$　[dB]　　　$\cdots$(5-11)

例えば、透過率が $\tau = 0.5$、つまり音の強さが半分になるときの透過損失 T_L [dB]は

　　$T_L = 10 \times \log(1/0.5) = 10 \times \log 1 - 10 \times \log 0.5 = 10 \times \log 1 - 10 \times \log(1/2) \fallingdotseq 0 - (-3.01) \fallingdotseq 3[dB]$　です。

透過率が 0.5=1/2、つまり半分は、透過損失では 3dB になります。

【補足】透過損失の log では、透過率の逆数($1/\tau$)を取っています。逆数を取ることで、透過損失の値が正の値
　　　になります。もしも、log の真数に τ そのままの値を取ると、透過損失が負の値で表示されます。
　　　式(5-12)は透過損失のレベル値が正の値になるように透過率の逆数で定義されています。

例題：右図で、壁の透過損失を 20dB とします。入射音の強さを 70dB
　　　とすると、
　　　①透過音の強さは何 dB でしょうか。
　　　②透過音の強さの物理量は何分の 1 になるのでしょうか。
　　　③透過率 τ はいくつでしょうか。
答：入射音を 70 dB とすると、透過損失が 20 dB なので、
　　　① 透過音は　70-20 = 50 [dB]　になります。
　　　② 10dB で物理量は 1/10 ですから、20 dB では 1/10 の 1/10 です。つまり、透過音の音の強さ
　　　　の物理量は 1/100 になります。
　　　③物理量で透過音の強さが 1/100 になるので、透過率は　$\tau = 1/100 = 0.01 = 1\%$ です。

Q7：右図では、透過損失 20dB の壁が 2 枚あります。
　　　左からの入射音の音の強さを 70dB とすると、
　　　① 2 枚の壁を透過した透過音は何 dB ですか、
　　　② 透過音の物理量の音の強さは何分の 1 に減
　　　るのでしょうか。

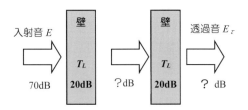

　　A7：①入射音を 70 dB とすると、壁 1 枚の透過損失が 20 dB なので、中間の位置では 50dB になります。
　　　　さらに、もう一枚の壁で 20dB 減りますから、2 枚の壁を透過した音は 30dB になります。
　　　　②壁 1 枚で 20dB 減るということは、音の強さは物理量で 1/100 になります。
　　　　さらに、もう一枚の壁の透過損失が 20dB なので、物理量はさらに 1/100 になります。1/100 の
　　　　1/100 で、都合 1/10000 になります。

　　【補足】Q7 では 2 枚の壁の構造的な結合や空気的な結合（共鳴）を無視しています。
　　　　実際は、このような要素も考慮に入れる必要があります。

5.3　暗算で解ける音の dB 合成と暗算では解けない音の dB 合成

（1）暗算で解ける音の dB 合成

　音の問題では　$10\log 2 ≒ 3.01$、$10\log 3 ≒ 4.77$　この 2 つの値を覚えておくと、多くの問題が暗算で解けます。

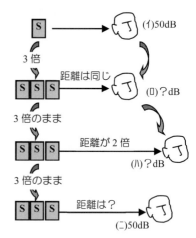

Q8：右図で、(イ) 音源 S が 1 つです。このとき聞こえる音の
　　強さを 50dB とします。

　　(ロ)　距離は同じで、音源 S が 3 倍です。

　　(ハ)　音源からの距離が 2 倍に遠くなりました。

　　では、(ロ)と(ハ) で聞く音の強さのレベルは何 dB ですか。

　　なお、音源 S は全て同じ強さとします。

　　A8：(ロ)音源 S が 3 倍になったので、$10\log 3 ≒ 4.77$dB だけ
　　　　大きくなります。よって、$50 + 4.77 = 54.77$ dB です。

　　　　(ハ)では、距離が 2 倍に拡がったので音のエネルギは 1/4 になり、$10\log(1/4) ≒ -6.02$ dB だけ小さくな
　　　　ります。(ロ)と差し引き $+4.77 - 6.02 = -1.25$ dB だけ小さくなり、$50 - 1.25 = 48.75$ dB になります。

Q9：右上図で(ニ)は、(ハ)と同じ音源が 3 倍ですが、(ニ)で聞く音の強さは(イ)と同じ 50dB でした。
　　では、(ニ)は音源からどの位の距離だったのでしょうか。

　　A9：音源が 3 倍で $+4.77$dB 大きくなったので、-4.77dB だけ小さくなるような距離 d を求めればよいの
　　　　です。すなわち $10\log d^2 = 4.77$、これを解くと $\log d = 4.77/20 = 0.2385$　∴ $d = 10^{0.2385} ≒ 1.732$ です。

　　　　【別解】上記のこの解き方はもちろん正しいのですが、音源が 3 倍なので、距離減衰が 1/3、つまり
　　　　　　　　距離の二乗則で、距離を $\sqrt{3} ≒ 1.732$ にすれば良いと考えると、暗算で解けます。

　　　　【補足】数学や物理を解く上で大切なことは、解き方を考えることです。解き方さえ分かれば、あと
　　　　　　　　は自然と（計算ミスさえしなければ）正しい答えが得られます。

（2）暗算では解けない音の dB 合成

例題：右図は、2 つの音源があって、それぞれの音の
　　　強さは 50dB と 60dB です。2 つを合わせた音の強
　　　さの dB を求めなさい。

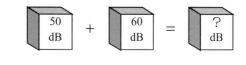

解答：この問題は暗算ではできません。2 倍、3 倍などではないからです。このような場合は、"原理原則に戻
　　る"、つまり、音の物理量である音の強さ I [W/m²]に戻って考えます。

　1) まず、50dB と 60dB の音の強さの物理量[W/m²]の比を求めます。10dB 違うということは、音の強さの物
　　　理量が 10 倍違うということです。50dB の音の強さの物理量 I_{50} を基準にすると、60dB の音の強さの物理
　　　量 I_{60} は 10 倍、つまり $I_{60} = 10 \times I_{50}$ です。

　2) 音の強さの物理量を合成します。$I_{50} + I_{60} = I_{50} + 10 \times I_{50} = 11 \times I_{50}$、つまり 50dB の物理量の 11 倍です。

　3) 合成した音の強さの物理量 $11 \times I_{50}$ を dB に換算します。

　　　すなわち　$L_{50+60} = 10\log(11 \times I_{50}/I_o) = 10\log 11 + 10\log(I_{50}/I_o)$　です。

　　　右辺の第 2 項は $L_{50} = 10\log(I_{50}/I_o) = 50$ dB です。合成した音 L_{50+60} の dB は右辺の第 1 項の
　　　$10\log 11 ≒ 10.41$dB だけ大きくなります。よって、$10.41 + 50 = 60.41$ dB を得ます。

　　　【補足】$10\log 11 ≒ 10.41$ の対数値を覚えていれば別ですが、普通は電卓などで値を得ます。

Q10：右図で、2 つの音源の音の強さは 50dB と 70dB です。2 つの音源を合わせた音の dB を求めなさい。

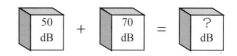

A10：1) 50dB と 70dB の物理量の音の強さの比率を求めます。20dB 違うということは 100 倍の違いです。

【注意】20 倍ではありません。10dB で 10 倍のさらに 10dB で 10 倍、つまり、100 倍です。

50dB の音の強さの物理量を I_{50} とすると、70dB は $I_{70} = 100 \times I_{50}$ になります。

2) 音の強さの物理量を合成します。$I_{50} + I_{70} = I_{50} + 100 \times I_{50} = 101 \times I_{50}$ と、101 倍になります。

3) 音の強さの物理量 $101 \times I_{50}$ を dB に換算します。

$$L_{50+70} = 10\log(101 \times I_{50} / I_o) = 10\log 101 + 10\log(I_{50} / I_o)$$

$L_{50} = 10\log(I_{50} / I_o) = 50\,\text{dB}$ よりも $10\log 101 \fallingdotseq 20.04\text{dB}$ だけ大きくなります。

よって、50dB と 70dB の 2 つを合わせた音の強さは $20.04 + 50 = 70.04$ dB になります。

【補足】$10\log 101 \fallingdotseq 20.04$ の値を覚える必要はありません。電卓などで値を得ればよいのです。

【注意】$10\log 101$ の値は概ね 20 ですが 20 ではありません。dB の値が 20 となるのは $10\log 100$ のときです。101 倍と 100 倍の違いを明確にするために、小数以下 2 桁まで求めました。

【補足】異なる音の強さのレベル dB の L_1、L_2、L_3、$\cdots$、L_n の dB 合成は次式で計算することができます。

$$L = 10\log(10^{L_1/10} + 10^{L_2/10} + 10^{L_3/10} + \cdots + 10^{L_n/10}) \quad \cdots(5\text{-}12)$$

なお、$10^{L/10}$ とすることで dB が物理量の比率に換算されます。なお、式(5-12)を丸暗記しても意味ありません。音の物理量と対数の dB との関係を考えると、A8、A9 のように、自然と式(5-12)が誘導されます。A8 や A9 のような方法を本書はお勧めします。こうすることが、本質を理解することに繋がり、応用が利き、色々な問題を解決できるようになります。

Q11：右図は、距離 d における 50dB の音源と、同じ音源で距離が 2 倍の $2d$ の 2 つの音源があります。2 つの音源を合わせた音の強さの dB を求めなさい。

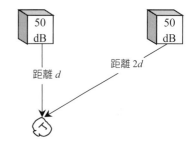

A11：右の音源は距離が 2 倍なので、音の強さの物理量は左の 1/4 になります。右と左と合わせた音の強さの物理量は、左を基準に考えると $1+1/4=5/4$ 倍になります。左右を合成した音の強さのレベルは、左の音源を基準にすると、

$$\Delta L = 10\log(5/4) = 10\log 5 - 10\log 4 \fallingdotseq 6.99 - 6.02 = 0.97\,\text{dB}$$

だけ大きくなります。よって、2 つを合わせた音の強さのレベルは $50 + 0.97 = 50.97\,\text{dB}$ になります。

【補足】合成して 5/4 倍になることが分かれば暗算で解けます。

【コラム】 地震のマグニチュード

地震の大きさを表すマグニチュードに対数が使われています。地震のエネルギ E [J] とマグニチュード M との関係は $\log_{10} E = 4.8 + 1.5M$ です。これをエネルギ E について解くと $E = 10^{4.8+1.5M}$ となります。マグニチュード M が 1 大きいと地震のエネルギ E は $10^{1.5} \fallingdotseq 31.62$ 倍になり、マグニチュード M が 2 大きいと地震のエネルギは $10^{1.5 \times 2} = 10^3 = 1000$ 倍になるという式です。

逆に、マグニチュード M について解くと $M = (\log_{10}(E) - 4.8)/1.5$ となります。因みに、100W の電灯を 1 時間点灯するとエネルギは E=100[W]×3600[s]=360000 [J] です。マグニチュードに換算してみます。

$M = (\log_{10}(360000) - 4.8)/1.5 = 0.5042\cdots \fallingdotseq 0.5$ となります。

5.4 点音源と線音源

（1）点音源と線音源の違い

波長に較べて音源の長さが小さいスピーカのような音源は"点音源"とみなします。5.2(3)で示したように、点音源の音は球面状に拡散します。一方、高圧電線の風切り音のように、音源の長さが長い場合は"線音源"になります、右下図のように音は円筒面状に拡散します。

【補足1】人が聞こえる音は周波数が 20〜20,000Hz です。

音速÷周波数が波長ですから、音速を 340m/s（15℃）とすると、聞こえる音の波長は 17mm〜17m になります。

【補足2】花火は点音源です。ですから遠く離れていても１つ１つの音として区別できます。２つの小石を池に投げ入れてできる波紋は、重なり合いつつも混ざることはなく、元の円形の波紋が見てとれます。池の表面ですが点音源と同じ拡散現象です。一方、長い板を横に揺らすと平行な波が生じます。これは線音源と同じ拡散現象です。

なお、線音源も距離が大きく離れると点音源とみなせます。

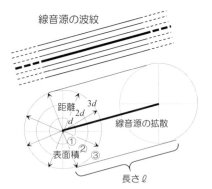

線音源の波紋

距離 $3d$ $2d$ d
表面積 ① ② ③
線音源の拡散
長さ ℓ

（2）音源の強さ（パワー）と音の強さの関係

音源の強さ（パワー）と、距離 d で聞く音の強さとは次式の関係があります。

点音源の場合　　$I_P = W_P / (4\pi d^2)$　　　···(5-8)再

ただし、W_P：点音源の音源パワー[W]、I_P：距離 d[m]で聴く音の強さ[W/m²]

線音源の場合　　$I_L = W_L / (2\pi d)$　　　···(5-13)

ただし、W_L：線音源の音源パワー[W/m]、I_L：距離 d[m]で聴く音の強さ[W/m²]

また、物理量の音の強さ I [W/m²]と音の強さのレベル L [dB] との関係は次式です。

点音源の場合　　$L_P = 10\log(I_P / I_o) = 10\log(W_P / (4\pi d^2) / I_o)$　　　···(5-14)

線音源の場合　　$L_L = 10\log(I_L / I_o) = 10\log(W_L / (2\pi d) / I_o)$　　　···(5-15)

ただし、I_o：最小可聴値=10^{-12}[W/m²]

【補足】点音源と線音源の音源の強さ（パワー）の単位

・点音源のパワーW_Pの単位は[W]です。これを距離 d[m]で拡散した球面の表面積 $4\pi d^2$ [m²]で割ると音の強さ $I_P = W_P / (4\pi d^2)$ [W/m²]になります。

・線音源のパワーW_Lの単位は[W/m]です。これに線の長さ ℓ [m]を掛けると$W_L\ell$ [W]になります。さらに、距離 d[m]での円筒状の表面積 $2\pi d\ell$ [m²]で割ると ℓ が消えて、音の強さ $I_L = W_L / (2\pi d)$ [W/m²]になります。

（3）点音源と線音源の距離減衰の比較

右図で、点音源と線音源の距離減衰を比較します。どちらも距離 20m で 70dB です。では問題です。

Q12：音源から 10m、20m、30m、40m、50m、60m、100m、200m と離れた場所での音の強さの dB を求め、点音源と線音源の音源の強さ（パワー）を求め、距離減衰を比較しなさい。

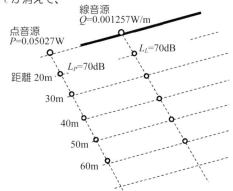

線音源
Q=0.001257W/m
点音源
P=0.05027W
L_L=70dB
L_P=70dB
距離 20m
30m
40m
50m
60m

A12：1)距離 d=20m、音の強さのレベル L_P=L_L=70dB として音の強さのレベル L から物理量 W を求めます。

- 点音源：式(5-14)より、 $L_P = 10\log\left(W_P/(4\pi d^2)/I_o\right)$

$$\therefore\ W_P = 10^{L_P/10}\times 4\pi d^2 \times I_o = 10^7 \times 4\pi \times 20^2 \times 10^{-12} \fallingdotseq 0.05027[\text{W}]$$

- 線音源：式(5-15)より、 $L_L = 10\log\left(W_L/(2\pi d)/I_o\right)$

$$\therefore\ W_L = 10^{L_L/10}\times 2\pi d \times I_o = 10^7 \times 2\pi \times 20 \times 10^{-12} \fallingdotseq 0.001257[\text{W/m}]$$

2)先に求めた音源パワー W_P、W_L と、距離 d=10、20、30、40、50、60、100m を式(5-15)、式(5-16)に代入すると、各距離の音の強さのレベル L_P、L_L を求めることができます。

3)結果は下表のとおりです。距離 d=40 で、点音源は 6.2dB と早く減衰しますが、線音源は 3.01dB の減衰となかなか減衰しません。逆に、近い距離 10m では点音源の騒音が大きくなります。

			音源からの距離 d[m]	10	20	30	40	50	60
点音源	音源の強さP [W]	0.05027	音の強さ L_E [dB]	76.02	70.00	66.48	63.98	62.04	60.46
線音源	音源の強さQ [W/m^2]	0.001257	音の強さ L_E [dB]	73.01	70.00	68.24	66.99	66.02	65.23

【距離減衰の別解】次のように考えると距離減衰がより簡単に解けます。

点音源は距離の2乗ですから距離が2倍離れると音の強さは 1/4 で 10log(1/4)≒6.02dB 小さくなり、距離が3倍になると音の強さは 1/9 で 10log(1/9)≒9.54dB 小さくなります。

線音源は距離の1乗なので距離が2倍離れると音の強さは 1/2 で 10log(1/2)≒3.01dB 小さくなり、距離が3倍になると音の強さは 1/3 で 10log(1/3)≒4.77dB 小さくなります。

【補足】道路を走る車の騒音

車の騒音源はエンジンやタイヤです。これらの点音源が離散的に集まったのが道路騒音です。右図で道路から20m離れた点での音の強さの dB を求めてみます。

1台1台の車の音源の強さは全て70dB とします。また、車は 10m ごとに延々と続くものとします。なお、上下2車線を想定しますが、問題の簡略化のため道路幅は無視します。

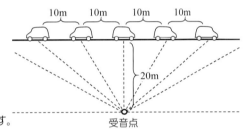

＜離散点音源＞		道路からの距離	$d_V=$	**20**	m		個々の音源パワー $P=$		0.05027	W
横方向の距離 dH			0	10	20	30	40	50	60	100	500
音源からの距離 d	m		20.00	22.36	28.28	36.06	44.72	53.85	63.25	102.0	500.4
音のエネルギ密度 E	0.001W/m^2		0.010000	0.008000	0.005000	0.003077	0.002000	0.001379	0.001000	0.000385	0.000016
個々の受音レベル L_E	dB		70.00	69.03	66.99	64.88	63.01	61.40	60.00	55.85	42.03
エネルギ密度の累計 ΣE	0.001W/m^2		0.010000	0.026000	0.036000	0.042154	0.046154	0.048912	0.050912	0.055309	0.061249
離散音源のレベル $L_{E(P)}$	dB		70.00	74.15	75.56	76.25	76.64	76.89	77.07	77.43	77.87

		道路からの距離	$d_V=$	**40**	m		個々の音源パワー $P=$		0.05027	W
音源からの距離 d	m		40.00	41.23	44.72	50.00	56.57	64.03	72.11	107.7	501.6
音のエネルギ密度 E	0.001W/m^2		0.002500	0.002353	0.002000	0.001600	0.001250	0.000976	0.000769	0.000345	0.000016
エネルギ密度の累計 ΣE	0.001W/m^2		0.002500	0.007206	0.011206	0.014406	0.016906	0.018857	0.020396	0.024141	0.029835
離散音源のレベル $L_{E(P)}$	dB		63.98	68.58	70.49	71.59	72.28	72.75	73.10	73.83	74.75

【解説】個々の車の距離減衰したエネルギ密度 E を求め、これを累積した ΣE によって音の強さのレベル $L_{E(P)}$ を求めます。結果は、道路からの距離 20m、車1台で 70dB が、左右 100m（21台）の道路騒音では 77.43dB です。これは 21 台分ですが、dB の増加分を横方向がゼロとして台数に換算すると $10^{0.743}\fallingdotseq5.5$ 台相当です。ほぼ無限とみなせる左右 500m（101台）で 77.87dB ですが、これは $10^{0.787}\fallingdotseq6.1$ 台相当です。道路からの距離 40m では、車1台で 63.98dB です。左右 100m（21台）で 73.83dB は $10^{0.985}\fallingdotseq9.7$ 台相当、左右 500m（101台）で 74.75dB は $10^{1.077}\fallingdotseq12$ 台相当になっています。なお、道路からの距離 20m の1台で 70dB を基準にすると、左右 0m の 63.98dB は $10^{-0.602}\fallingdotseq0.25$ 台相当、左右で 100m（21台）の 73.83dB は $10^{0.383}\fallingdotseq2.4$ 台相当、左右 500m（101台）の 74.75dB は $10^{0.475}\fallingdotseq3$ 台相当になります。

6. ＋－×÷で解く微分方程式

苦手を克服する／微分の"微"でビビらない

　数学が苦手、なかでも微分積分がイヤという人は多いでしょう。本章では苦手な微分積分のさらに先にある"微分方程式"を取り上げます。でも、難しくありません。数学は本来、素直で単純な原理で成り立っています。いままでは簡単なことを難しいと思いこんでいたに過ぎません。

　世の中の様々な現象、特に変化がある現象を説明する手段として微分方程式は欠かせません。建築の世界でも分野によっては微分方程式を使います。

　難しそうに見える微分方程式ですが、簡単に解く方法があります。本章では微分方程式を解くのに微分積分は一切使いません。不思議に思われるかも知れませんが、微分も積分も使わずに解けるのです。使うのは ＋－×÷ だけです。これなら誰でもできるでしょう。

　種明かしは？！？！ ・・・ 実際にやってみれば分かります。なお、途中で諦めずに、難しくないのでそうはならないと思いますが、最後までついて来て下さい。この章を終える頃には、皆さんは微分方程式が苦手どころか、得意になっているハズです。

　では始めましょう。

6.1　方程式／暖房したときの室温は何度？

　問題を解きながら学んでいきましょう。なお、下記の　　　　を埋めながら進めます。

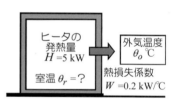

　【問題：Q1】右図は、ヒータを使って部屋を暖房する場合です。ヒータの発熱量を $H=5\,\text{kW}$ とします。部屋が暖まり室温が上がると熱が外に逃げていきますが、この室の熱損失係数を $W=0.2\,\text{kW/℃}$ とします。熱損失係数 W は建物の断熱性能のことです。外の気温は $\theta_o = 0\,℃$ とします。この条件で室温 θ_r を求めるという問題です。

　この部屋で起きている現象を方程式で表すと次式のようになります。

　　　　方程式　　　　$H + W(\theta_o - \theta_r) = 0$　　　・・・(6-1)

左辺の第1項はヒータの発熱量 H を表し、第2項は外気と室内との温度差 $(\theta_o - \theta_r)$ によって逃げていく熱を表します。逃げていく熱は外気と室内との温度差 $(\theta_o - \theta_r)$ に熱損失係数 W を乗じた値になります。熱損失係数 W は建物の断熱性能のことで、値が大きいと熱が逃げやすくなります。右辺の"=0"は、ヒータの発熱量と熱損失量が"バランスしている（熱平衡）"ことを表します。

　では、室温 θ_r の値を求めてみましょう。式(6-1)を室温 θ_r について変形すると、下式が得られます。この式に、外気温度 $\theta_o = 0\,℃$、ヒータの発熱量 $H=5\,\text{kW}$、建物の熱損失係数を $W=0.2\,\text{kW/℃}$ の値を代入すれば、室温 θ_r が得られます。すなわち、

$$\theta_r = \theta_o + \frac{H}{W} = \boxed{}\ [℃]$$

【答】$\theta_r = 0 + \dfrac{5}{0.2} = 25\ ℃$

室温は $\theta_r = 25℃$ になりました。ここまでは難しくないですね。さて、次の問題です。

6.2 微分方程式／暖房を始めたあとの室温の変化は？

（1）方程式と微分方程式の共通点と相違点

【問題：Q2】寒い冬の朝、暖房をオンにしても、部屋は直ぐには暖まりませんね。

Q2(1)：室温 θ_r はどのように上がっていくのでしょうか。

Q2(2)：ヒータをつけっぱなしにしておくと、室温 θ_r はいったい何℃まで上がるのでしょうか。

このような変化する現象を扱うのが"**微分方程式**"です。
ここで、先の方程式と微分方程式を並べてみます。

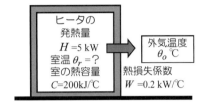

方程式　　　　　$H + W(\theta_o - \theta_r) = 0$　　　　・・・(6-1)再

微分方程式　　　$H + W(\theta_o - \theta_r) = C\dfrac{d\theta_r}{d\tau}$　　　・・・(6-2)

２つの式の"共通点"と"相違点"は何でしょうか。
左辺はどちらも同じです。違うのは右辺です。

方程式(6-1)の右辺は"= 0"です。この"= 0"は、"発熱量と熱損失量がバランスしている"、"熱平衡状態にある"、あるいは、"安定している"、"変化しない"などを表します。

微分方程式(6-2)の右辺は"$= C\dfrac{d\theta_r}{d\tau}$"です。これは室温 θ_r が時間 τ で**変化する**こと、また、その温度変化の程度を表します。別ないい方をすれば、"発熱量と熱損失量がバランス◻◻◻◻"、"熱平衡状態◻◻◻◻"、あるいは、"安定◻◻◻◻"、"過渡状態にある"、ことを表します。

【答】バランスしていない、熱平衡状態にない、安定でない、です。

（2）微分方程式は変化する物理現象を表したもの

方程式と微分方程式の違いは、"**変化しない**"か"**変化する**"かの違いだけです。
式(6-2)の右辺の"C"は熱容量で、部屋が暖まりやすいか暖まりにくいかの特性を表します。
$\dfrac{d\theta_r}{d\tau}$ は"微分項"です。d は数学の記号で微分（differential）を表し、"目に見えないくらいの微小な"という意味です。τ は時間で、$\dfrac{d\theta_r}{d\tau}$ は"**微小な時間に室温が微小に変化する割合**"を意味します。熱容量 C と温度変化 $\dfrac{d\theta_r}{d\tau}$ は反比例関係にあります。例えば、コンクリートの建物は熱容量 C が大きいので温まりにくく冷めにくい、つまり $\dfrac{d\theta_r}{d\tau}$ の変化が小さくなります。一方、木造の建物は熱容量 C が小さいので温まりやすく冷めやすい、つまり $\dfrac{d\theta_r}{d\tau}$ の変化が大きくなります。

ところで、どうしても数学記号の"微分"の表記には馴染めないという人は、$C\dfrac{d\theta_r}{d\tau}$ の代わりに日本語で書いても構いません。それでは $C\dfrac{d\theta_r}{d\tau}$ を日本語に訳してみましょう。

①

【答】①に入る日本語訳の例

『微小な時間に室温が微小に変化する。また、その変化の度合いは熱容量 C で決まる。』

日本語に訳してみていかがでしたか。日本語で書くとダラダラと長くなります。また、正確に表現することは難しく、人によって書き方が違うのも困りものです。

一方、数学記号の $C\dfrac{d\theta_r}{d\tau}$ を使うと、短く分かりやすく表現できます。また、誰が書いても同じになります。数学記号は世界共通で、万国共通の**数学語**といっても良いでしょう。ですから世界中で数学語つまり数式を使うのです。

（3）多くの微分方程式は解けない

微分方程式　$H+W(\theta_o-\theta_r)=C\dfrac{d\theta_r}{d\tau}$　ですが、ややこしい数学的手続きを施すと

$$\theta_r = \theta_o + \frac{H}{W}\left(1-e^{-(W/C)\tau}\right) \qquad \cdots(6\text{-}3) \qquad と解けます。（→付 6.4 節付 5）$$

ただし、この微分方程式は、例外的に解くことができる微分方程式の形の一つです。

実は、**"多くの微分方程式は解けない"** のです。高校や大学も初めの頃までは解ける問題しか扱わないので、どんな方程式でも解けるものと思っているかも知れませんが、そうではないのです。

また、解けないのは何も微分方程式に限ったことではありません。普通の方程式でも解けないものはいくらでもあります。（→14 章 Q6 [補足]、10 章末【コラム】）

では、解けない微分方程式を使うのはなぜでしょうか？　それは、微分方程式が **"物理現象を分かりやすく説明するのに便利"** だからです。つまり、微分方程式は、それが表す物理現象の **"意味"** が大切なのです。

でも解けないと困ります。では、解けない微分方程式をどうやって解くのでしょうか、しかも、簡単に。種明かしは **"数値解析的に解く"** です。では実際にトライしてみましょう。

6.3　微分方程式を解く

（1）解く前の準備／微分方程式から差分方程式へ

ここで、数値解析的に解くために、微分方程式を差分方程式に置き換えます。すなわち、

微分方程式　$H+W(\theta_o-\theta_r)=C\dfrac{d\theta_r}{d\tau}$　　　$\cdots(6\text{-}2)$再

これを、差分方程式に変えると次のようになります。

差分方程式　$H+W(\theta_o-\theta_r)=C\dfrac{\Delta\theta_r}{\Delta\tau}$　　　$\cdots(6\text{-}4)$

微分の "d" は目にも見えない微小ですから、コンピュータといえども計算できません。これを目に見える有限な大きさにしたのが差分 "Δ" です。微分方程式を差分方程式に変換するのは、数値解析するために "有限な目に見えるくらいの大きさにします" という数学上の約束事です。

【補足】差分にも色々な方法がありますが、式(6-4)は最もシンプルな前進差分（陽解法）いう方法です。

さて、式(6-4)では、現在の室温が θ_r であり、時間 $\Delta\tau$ の間の室温の変化量が $\Delta\theta_r$ です。

ここで、$\Delta\tau$ 時間後の室温を $\theta_r{}^{*}$ とすると　$\Delta\theta_r = \theta_r{}^{*}-\theta_r$　となります。

これを式(6-4)に戻すと、次のようになります。

$$H + W(\theta_o - \theta_r) = C\frac{\theta_r^* - \theta_r}{\Delta\tau} \qquad \cdots (6\text{-}4)'$$

これを室温 θ_r^* について整理すると、次のようになります。

$$\theta_r^* = \theta_r + \frac{H + W(\theta_o - \theta_r)}{C}\Delta\tau \qquad \cdots (6\text{-}5)$$

　式(6-5)では、未知数は左辺の室温 θ_r^* のみです。右辺の現在の室温 θ_r、外気温度 θ_o、ヒータの発熱量 H、壁の熱損失係数 W、室の熱容量 C は既知です。計算時間間隔 $\Delta\tau$ も自分で決められますから右辺は全て既知です。よって、この右辺に実際の数値を代入して計算すると、$\Delta\tau$ 時間後の室温 θ_r^* が得られます。

これで準備は整いました。それでは実際に解いてみましょう。

（2）室温変動の数値解析

　習うより 慣れろ！　実際に解いてみます。

＜与条件＞　問題 Q2 の条件は、ヒータの発熱量が H =5 kW、室の熱損失係数が W=0.2 kW/℃、室の熱容量が C=200 kJ/℃=200 kWs/℃、外気温が θ_o=0℃ です。

　時間間隔は 1 分ごと（60 秒ごと）、すなわち、$\Delta\tau$ =60s と決めます。以上が与条件です。

＜初期条件＞　室温 θ_r は未知数ですが、差分方程式ではこの未知数の最初の条件を決めます。これを初期条件といいます。ここでは、室温の初期条件は外気と同じ θ_r =0℃ とします。

1) 60 秒後（1 分後）の室温を求めましょう。

　式(6-5)に、室温の初期条件 θ_r =0℃ および他の与条件を代入します。

すなわち　$\theta_r^* = \theta_r + \dfrac{H + W(\theta_o - \theta_r)}{C}\Delta\tau = \boxed{\qquad ① \qquad}$ ℃

なお、室温 θ_r^* は四捨五入して小数 2 桁目まで求めることにします。

　　【答①】　$\theta_r^* = 0 + \dfrac{5 + 0.2(0-0)}{200} \times 60 = 1.50$　$\cdots$【注】結果だけでなく計算過程も書くようにして下さい。

　初め 0℃ の室温が 60 秒後（1 分後）に θ_r^* =1.50℃ になりました。

2) さらに 60 秒後（通算 2 分後）の室温を求めてみましょう。

　先の 1)で求めた室温 θ_r^* =1.50℃ を、今度は既知の室温 θ_r として式(6-5)に代入します。この他の条件は変わっていません。よって、

$\theta_r^* = \theta_r + \dfrac{H + W(\theta_o - \theta_r)}{C}\Delta\tau = \boxed{\qquad ② \qquad}$ ℃　【答②】$\theta_r^* = 1.50 + \dfrac{5 + 0.2(0-1.50)}{200} \times 60 = 2.91$

3) さらに 60 秒後（通算 3 分後）の室温を求めてみましょう。

$\theta_r^* = \theta_r + \dfrac{H + W(\theta_o - \theta_r)}{C}\Delta\tau = \boxed{\qquad ③ \qquad}$ ℃　【答③】$\theta_r^* = 2.91 + \dfrac{5 + 0.2(0-2.91)}{200} \times 60 = 4.24$

4) さらに 60 秒後（通算 4 分後）の室温を求めてみましょう。

$\theta_r^* = \theta_r + \dfrac{H + W(\theta_o - \theta_r)}{C}\Delta\tau = \boxed{\qquad ④ \qquad}$ ℃　【答④】$\theta_r^* = 4.24 + \dfrac{5 + 0.2(0-4.24)}{200} \times 60 = 5.49$

5) さらに 60 秒後（通算 5 分後）の室温を求めてみましょう。

$\theta_r^* = \theta_r + \dfrac{H + W(\theta_o - \theta_r)}{C}\Delta\tau = \boxed{\qquad ⑤ \qquad}$ ℃　【答⑤】$\theta_r^* = 5.49 + \dfrac{5 + 0.2(0-5.49)}{200} \times 60 = 6.66$

差分ではこのように一歩一歩計算を進めます。さらに計算を進めます。

6) さらに 60 秒後（通算 6 分後）の室温 $\theta_r{}^* = \theta_r + \dfrac{H + W(\theta_o - \theta_r)}{C}\Delta\tau =$ ⑥ [　　　] ℃

7) さらに 60 秒後（通算 7 分後）の室温 $\theta_r{}^* = \theta_r + \dfrac{H + W(\theta_o - \theta_r)}{C}\Delta\tau =$ ⑦ [　　　] ℃

8) さらに 60 秒後（通算 8 分後）の室温 $\theta_r{}^* = \theta_r + \dfrac{H + W(\theta_o - \theta_r)}{C}\Delta\tau =$ ⑧ [　　　] ℃

9) さらに 60 秒後（通算 9 分後）の室温 $\theta_r{}^* = \theta_r + \dfrac{H + W(\theta_o - \theta_r)}{C}\Delta\tau =$ ⑨ [　　　] ℃

10) さらに 60 秒後（通算 10 分後）の室温 $\theta_r{}^* = \theta_r + \dfrac{H + W(\theta_o - \theta_r)}{C}\Delta\tau =$ ⑩ [　　　] ℃

【答】⑥7.76℃、⑦8.79℃、⑧9.76℃、⑨10.67℃、⑩11.53℃です。
余裕のある人はさらに計算を進めて下さい。

このように前の答えを次々とバトンタッチしながら計算すれば、15 分後に 15.11℃、20 分後に 17.73℃、25 分後に 19.67℃、30 分後に 21.09℃、60 分後に室温 $\theta_r{}^*$ =24.39℃ を得ます。
いかがですか。難しくないでしょう。多少手間はかかりますが、どんなに難しそうに見える微分方程式も ＋－×÷ だけで必ず解けます。

では、いま求めた室温 θ_r を下図のグラフにプロットし、線で結んでみましょう。

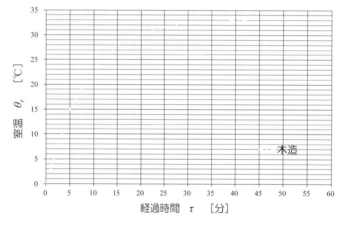

計算しながらプロットすると、変化の様子がより実感できます。また、途中で計算ミスしたとしても、いち早くミスに気づくことができます。

答えの曲線は A5 の解答の図の実線の曲線と同じです。

（3）到達温度／再び方程式と微分方程式

ところで、究極の室温、つまり無限に時間が経過したときの到達温度はどうなるのでしょうか？室温は無限に上がる、ということはありません。原理的には無限回数の計算を繰り返せば答えが得られますが、手計算では無理ですし、コンピュータといえども無限回数を繰り返すわけにはいきません。では、どうやって求めればよいのでしょうか？

実は、簡単に求める方法があります。ここで、再び方程式の登場です。
先に 6.1 節で、方程式(6-1) $H + W(\theta_o - \theta_r) = 0$ を室温 θ_r について解きました。

$$\theta_r = \theta_o + \frac{H}{W} = 0 + \frac{5}{0.2} = 25.0 \ \text{℃}$$ 【解】これで Q2(2)の答えが求まりました。

この室温 θ_r =25.0℃ が室温の到達点です。これ以上に室温が上がることはありません。
ではなぜ、方程式を解くと室温の到達点が得られるのでしょうか。

ここで、方程式と微分方程式の違いを思い出して下さい。微分方程式は変化を表しますが、どんどん時間が経過していくと、もはやこれ以上は室温が上がることはない状態になります。

そうです。変化しなくなります。変化しない場合は、右辺を"= 0"と表すのでしたね。つまり、微分方程式において変化しなくなったときの微分項は、時間 $\tau \to \infty$ では $\dfrac{d\theta_r}{d\tau} \to 0$ になります。

　　　よって　　$H + W(\theta_o - \theta_r) = C\dfrac{d\theta_r}{d\tau}$　➔　$H + W(\theta_o - \theta_r) = 0$　　　になります。

これから分かるように、**方程式は、微分方程式の究極の状態を表した"形"なのです。**

Q3：今度は、建物の構造や性能、つまり、熱損失係数 W と建物の熱容量 C を変えてみます。
　　　A：コンクリート造（RC）：熱容量 $C = 200$ kJ/℃、熱損失係数 $W = 0.2$ kW/℃
　　　B：コンクリート造＋断熱（RC＋断熱）：熱容量 $C = 200$ kJ/℃、$W = 0.15$ kW/℃
　　　C：木造：熱容量 $C = 100$ kJ/℃、熱損失係数 $W = 0.15$ kW/℃　とします。

　　A(RC)は前問の Q2 と同じです。B(RC＋断熱)では熱損失係数を A の 3/4 に小さくしました。断熱材の熱容量は小さいので無視し、A と同じとしました。C(木造)は、熱容量が小さくなりますので、A や B の半分にしました。木造は木材の断熱性が良いので、B と同じにしました。
　　なお、その他の条件、ヒータの発熱量 $H = 5$ kW、外気温度 $\theta_o = 0$℃、室温の初期値 $\theta_r = 0$℃ は共通とします。

　　計算する前に推論して下さい。
　　　A(RC)、B(RC＋断熱)、C(木造)の 3 つで、
　　　Q3(1)：室温が早く上がるのはどれですか。
　　　Q3(2)：室温がゆっくりと上がるのはどれですか。
　　　Q3(3)：到達温度が最も高いのはどれですか。
　　　Q3(4)：到達温度が最も低いのはどれですか。

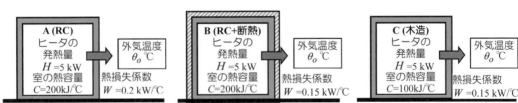

Q4：上記の A(RC)、B(RC＋断熱)、C(木造)の 3 つの建物の室温上昇を計算で求めなさい。
　　　計算時間間隔は、若干計算精度が落ちますが、$\Delta\tau = 300$ s（5 分間隔）で計算します。
　　　暖房開始後 20 分～30 分位まで求めなさい。余裕のある人は 60 分まで求めなさい。
　　　温度は小数以下 3 桁で四捨五入して小数以下 2 桁まで求めなさい。
Q5：結果を次頁の表にまとめ、また、室温の変化を次頁の図にプロットしなさい。
Q6：A(RC)、B(RC＋断熱)、C(木造)の 3 つの建物の到達温度を求め、次頁の表に記入しなさい。

それでは始めましょう。

表　A(RC)、B(RC＋断熱)、C(木造) の室温変化の比較

	建物	A	B	C	
		RC造	RC＋断熱	木造	
ヒータ	H	5.0	5.0	5.0	kW
総熱損失係数	W	0.20	0.15	0.15	kW/℃
熱容量	C	200	200	100	kJ/℃
計算時間間隔	$d\tau$	300	300	300	s
外気温度	T_o	0	0	0	℃
τ（秒）	（分）	θ_r	θ_r	θ_r	
0	0				℃
300	5				℃
600	10				℃
900	15				℃
1200	20				℃
1500	25				℃
1800	30				℃
2100	35				℃
2400	40				℃
2700	45				℃
3000	50				℃
3300	55				℃
3600	60				℃
到達温度	到達温度				℃

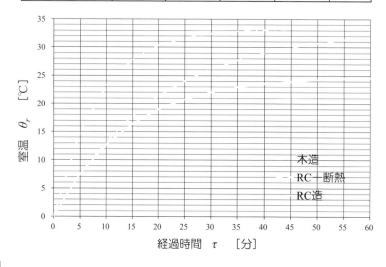

【答と解説】

A3(1)：室温が早く上がるのは　　　　　　　　熱容量が小さい　C(木造)です。

A3(2)：室温がゆっくりと上がるのは　　　　　熱容量が大きい　A(RC)と B(RC＋断熱)です。

　　　厳密にいうと、B が少し早いのですが、暖房開始後はほぼ同じです。

A3(3)：到達温度が最も高いのはどれですか。　　　B(RC＋断熱)と C(木造)です。

　　　到達温度は　$\theta_r = \theta_o + \dfrac{H}{W}$ で求めますが、H/W の比で決まり、この Q3 では B と C が同じです。

A3(4)：到達温度が最も低いのはどれですか。　　　H/W で比率が小さい A(RC)です。

【答：A5】

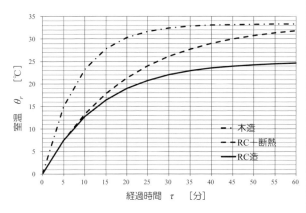

【答：A4,A6】温度の単位は℃です。

建物	A	B	C
	RC造	RC＋断熱	木造
（分）	θ_r	θ_r	θ_r	
0	0.00	0.00	0.00	℃
5	7.50	7.50	15.00	℃
10	12.75	13.31	23.25	℃
15	16.43	17.82	27.79	℃
20	19.00	21.31	30.28	℃
25	20.80	24.02	31.65	℃
30	22.06	26.12	32.41	℃
35	22.94	27.74	32.83	℃
40	23.56	29.00	33.06	℃
45	23.99	29.98	33.18	℃
50	24.29	30.73	33.25	℃
55	24.50	31.32	33.29	℃
60	24.65	31.77	33.31	℃
到達温度	25.00	33.33	33.33	℃

付6.4　微分方程式を解く上での補足

（付1）数学モデルとは

　ここまでで難しそうな微分方程式も訳なく解くことができました。
さて、微分方程式を解く以上に大切なことがあります。それは物理現象を
分析し、数式化することです。このことをモデル化といい、できた数式を
数学モデルといいます。
では、問題 Q1 と問題 Q2 の数学モデルを構築してみましょう。

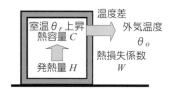

＜問題 Q1＞　発熱量 H によって室温 θ_r が上昇し、内外の温度差 $(\theta_o-\theta_r)$ によって熱損失 $W(\theta_o-\theta_r)$ が生じ
ますが、この熱損失の大きさを決めるのが熱損失係数 W です。普通は、W は外壁・屋根・窓など部位ごと
に求めますが、ここでは問題を簡略にするために、全部位の積和の断熱性能として扱っています。
　モデル化の基本は“熱平衡（バランス）”です。発熱量（＋）と熱損失量（－）が丁度バランスする（差し
引き0）と考えます。よって数学モデルは　　　$H+W(\theta_o-\theta_r)=0$　　　・・・(6-1)再　となります。

＜問題 Q2＞　発熱量 H によって室温 θ_r が“徐々に上昇する”という問題です。
　モデル化の基本は“熱平衡（バランス）”です。発熱量（＋）と熱損失量（－）が丁度バランスする（差し
引き0）とする基本は問題 Q1 と同じですが、室温が徐々に上昇します。これを微分項で表します。

　よって数学モデルは　　　$H+W(\theta_o-\theta_r)=C\dfrac{d\theta_r}{d\tau}$　　　・・・(6-2)再　となります。

　ところで熱損失ですが、初めは温度差 $(\theta_o-\theta_r)$ が小さいので熱損失量 $W(\theta_o-\theta_r)$ も小さく、室温の上昇と
ともに熱損失が大きくなります。一方、発熱量 H は一定です。よって常に、発熱量 H ＞ 熱損失量 $W(\theta_o-\theta_r)$
です。モデル化の基本の熱平衡（バランス）はどうなったのでしょうか。

　実は、発熱量と熱損失の差 $\Delta=H-W(\theta_o-\theta_r)$ は、建物の躯体を暖めるのに使われます。これを右辺の微
分項が表しています。つまり室の熱容量×室温の時間変化が $C\dfrac{d\theta_r}{d\tau}$ になります。だから、暖房をオンにし
ても直ぐには室内は暖まらないのです。建物の躯体を暖めるのに使った熱を合わせると熱平衡（バランス）
は保たれています。また、建物の熱容量 C が大きいと室内はなかなか暖まらず、建物の熱容量 C が小さいと
室内は直ぐに暖まります。この建物の熱容量 C と室温の時間変化 $\dfrac{d\theta_r}{d\tau}$ は反比例の関係になります。

（付２）差分方程式の解の安定条件と計算精度

　数値解析のために微分方程式を差分方程式に置き換えました。本章で使った差分の解法は前進差分（陽解法ともいう）とよばれる解法です。シンプルで分かりやすい方法です。

しかし、計算時間間隔 $\Delta\tau$ が長いと解が発散することがあります。発散しないための条件は $\Delta\tau < \dfrac{C}{W}$ です。また、差分は数学的な近似解法です。ですから解析的に解いた精解値と若干の誤差が出ます。計算精度を保つためには発散しない条件のさらに半分以下、つまり、$\Delta\tau < \dfrac{C}{W} \div 2$ でなければなりません。

問題 Q2 の A(RC)で発散せず、かつ計算精度を保つ条件は $\Delta\tau < \dfrac{C}{W} \div 2 = \dfrac{200}{0.2} \div 2 = 500$ 秒（8 分 20 秒）です。

　次図は、時間間隔 $\Delta\tau$ をいろいろ変えて問題 Q2 の A（RC）を試算した結果です。

$\Delta\tau$=1 分：誤差は最大で 0.275℃です。良い精度で解が求まっています。さらに、時間間隔を $\Delta\tau$=10 秒に縮めると、誤差は 0.044℃ まで小さくなります。その代わり計算回数が 6 倍に増えます。

$\Delta\tau$=5 分：問題はありませんが、精度はやや落ちます。

$\Delta\tau$=10 分と $\Delta\tau$=15 分：発散はしていませんが、なかり精度が落ちています。

$\Delta\tau$=20 分と $\Delta\tau$=30 分：解が明らかに発散（振動）しています。

　【補足 1】Q2 では C（木造）を扱っています。木造のように熱容量 C が小さいと、時間間隔は $\Delta\tau <$ 333 秒と小さくしなければなりません。

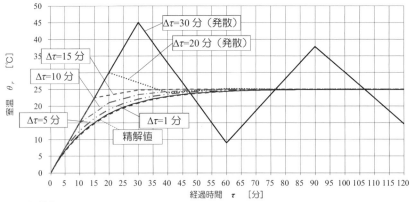

【補足 2】いろいろな差分

　　微分方程式の連続関数を、$\Delta\tau$ ごとのように離散的に解くのが差分法です。差分法には本章の前進差分（陽解法）の他に、後退差分や中央差分などがあります。前進差分では $\Delta\tau$ の条件によって発散することがありますが、後退差分や中央差分では発散することなく安定的に解を求めることができます。

　　例えば、後退差分では、$H + W(\theta_o - \theta_r^{*}) = C\dfrac{\theta_r^{*} - \theta_r}{\Delta\tau}$ と、左辺の室温に $\Delta\tau$ 後の室温に θ_r^{*} を取ります。

　　発散しない代わり後退差分では $\Delta\tau$ 後の室温に θ_r^{*} を未知数とする方程式を解かねばなりません。

　　なお、後退差分については 14 章総合演習の Q4 で取り上げます。

【補足 3】コンピュータによる計算と桁あふれ

　　コンピュータは計算の全てを ＋－×÷ で処理します。どんなに難しい計算でもそうです。なぜならば、コンピュータは ＋－×÷ の計算機能しか持たないからです。

　　また、コンピュータの計算では桁あふれがあります。コンピュータが記憶できる桁数に制約があるからです。例えば、1÷3×3 を計算すると、1÷3=0.3333333 となり、最後の 3 以下が桁落ちします。この途中結果を 3 倍しても　3333333×3=0.9999999　となり 1 にはなりません。コンピュータで計算する場合は、桁落ちのことも考えなければなりません。なお、電卓などでは 1÷3×3=1　と表示されますが、これは、電卓が表示するときに補正しているのです。

（付３）微分方程式を解析的に解く　　※ 難しいと思う人は読み飛ばしてもかまいません

　微分方程式の中には解析的に解けないものが沢山ありますが、下記の式(6-2)は、基本的な微分方程式の形の１つで、変数分離という方法で解析的に解くことができます。

$$H + W(\theta_o - \theta_r) = C\frac{d\theta_r}{d\tau} \qquad \cdots (6\text{-}2)\text{再}$$

この式(6-2)で変数は、室温 θ_r と時間 τ の２つです。この２つの変数を、左辺に時間 τ 、右辺に室温 θ_r になるように分離します。すなわち

$$d\tau = \frac{C}{H + W(\theta_o - \theta_r)}d\theta_r \qquad \cdots (1)$$

左辺と右辺それぞれを積分の形にします。

$$\int d\tau = \int \frac{C}{H + W(\theta_o - \theta_r)}d\theta_r \qquad \cdots (2)$$

式(2)の左辺と右辺をそれぞれ独立に積分します。

$$\tau = -\frac{C}{W}\ln\left|H + W(\theta_o - \theta_r)\right| + K \quad \cdots (3)$$

右辺の K は積分したときに現れる積分定数です。

また、式(3)の右辺の対数の中が絶対値になっています。絶対値の中の正負により、２つの解があることになります。すなわち、

　　式(3)の絶対値の中が＋の場合　　$\tau = -\dfrac{C}{W}\ln\left(H + W(\theta_o - \theta_r)\right) + K$ 　　　　　$\cdots (4_{イ})$

　　式(4)の絶対値の中が－の場合　　$\tau = -\dfrac{C}{W}\ln\left(-H - W(\theta_o - \theta_r)\right) + K$ 　　　　$\cdots (4_{ロ})$

ここでは式($4_{イ}$)で進めます。

式($4_{イ}$)の右辺第2項の積分定数 K ですが、初期条件から決めることができます。

問題 Q2 では、時刻 $\tau = 0$ のときに室温 $\theta_r = \theta_o$ でした。これを式($4_{イ}$)に代入します。

　　$0 = -\dfrac{C}{W}\cdot\ln\left(H + W(\theta_o - \theta_o)\right) + K$ 　　となり、整理すると、　　$K = \dfrac{C}{W}\ln(H)$ 　　$\cdots (5)$ 　を得ます。

式(5)の K を式(4-1)に代入すると、　$\tau = -\dfrac{C}{W}\ln\left(H + W(\theta_o - \theta_r)\right) + \dfrac{C}{W}\ln(H)$ 　　　　　$\cdots (6)$ 　となります。

整理すると　　$-\dfrac{W}{C}\tau = \ln\left(H + W(\theta_o - \theta_r)\right) - \ln(H)$ 　　さらに、右辺の対数 ln どうしの引き算を整理して

$-\dfrac{W}{C}\tau = \ln\dfrac{H + W(\theta_o - \theta_r)}{H}$ 　となり、対数を指数関数に直すと　$e^{-(W/C)\tau} = \dfrac{H + W(\theta_o - \theta_r)}{H}$ 　となり、

室温 θ_r の式に整理すると、　　$\theta_r = \theta_o + \dfrac{H}{W}\left(1 - e^{-(W/C)\tau}\right)$ 　　$\cdots (7_{イ})$ 　を得ます。

この式(7)が、微分方程式(2)を解析的に解いた形です。

　また、($4_{ロ}$) を、時刻 $\tau = 0$ のときの室温の初期値を問題 Q2(2) の到達温度 $\theta_{ro} = \theta_o + \dfrac{H}{W}$ とし、$\tau \geqq 0$ では暖房を止めて $H = 0$ として解くと

$$\theta_r = \theta_{ro} - \frac{H}{W}\left(1 - e^{-(W/C)\tau}\right) \qquad \cdots (7_{ロ}) \quad \text{を得ます。}$$

式($7_{イ}$)は暖房を開始して室温が上昇する場合で、式($7_{ロ}$)は暖房を止めて室温が降下する場合です。

式($7_{イ}$)、式($7_{ロ}$)に任意の時刻 τ を代入すると、そのときの室温 θ_r が得られます。

【補足】対数計算については、5章を参照下さい。

【微分⇔積分の関係】

　　$C\,(\text{定数}) \Leftrightarrow x$ 、$2x \Leftrightarrow x^2$ 、$3x^2 \Leftrightarrow x^3$ 、$abx^{b-1} \Leftrightarrow ax^b$ 、$\dfrac{1}{x} \Leftrightarrow \ln|x|$ 、$\dfrac{c}{ax+b} \Leftrightarrow \dfrac{c}{a}\ln|ax+b|$

　　なお、$\ln = \log_e$ であり、e は自然対数の底（ネイピア数）で $e = 2.71828\cdots$ です。

7．行列で解くつるかめ算

　小学校で算数、中学校で連立方程式を学びました。行列については、高等学校は年度によって学んだ人と学ばなかった人がいますが、大学では線形代数で行列を学びます。

　行列を学ばなかった人もここで覚えてください。行列は連立方程式を解く上でなくてはならない道具です。本章の例題にも出てきますが、4元連立方程式で、しかも係数は全て簡単な整数という問題でも手計算で解こうとすると、早い人でも15分くらいは掛かるでしょう。研究や実務で解く問題では10元、20元は当たり前、100元連立方程式を解くこともあります。こうなるともはや手計算は無理で、コンピュータを利用するのですが、このときに威力を発揮するのが行列です。

　それでは早速始めましょう。

7.1　小手調べ／つるかめ算を算数・連立方程式・行列の3つの方法で解く

　小手調べということで問題から入っていきましょう。

Q1：つるかめ算：鶴と亀が合わせて25匹（羽）、足の数の合計が70本でした。さて、鶴と亀はそれぞれ何匹（何羽）でしょうか。

　　算数・連立方程式・行列の3つの方法で解きなさい。

A1(1)【算数】

　算数の解き方は色々な考え方がありますが、ここでは次のように解くことにします。

　仮に、25の全てが鶴とすると、足の数は 2×25=50 となり、20本足りません。

　鶴1羽を亀1匹に入れ替えると、足が2本増えます。全体で足が20本足りないので、 20÷2= 10 となります。すなわち、亀が10匹です。鶴が 25-10= 15 羽 です。

　＜検算＞　鶴が15羽で足の数が 2×15= 30 本、亀が10匹で足の数が 4×10= 40 本、合わせて 15+10 =25 匹（羽）で、足の数は 30+40= 70 本‥‥‥ご明算！

A1(2)【連立方程式】

　鶴が x 羽、亀が y 匹 とします。

　　　　　匹（羽）数　　　　$x+ y = 25$　　　‥(1)
　　　　　足の数　　　　　$2x+4y = 70$　　　‥(2)

ここまでは誰がしても同じでしょう。この先からの解き方にはいくつかありますが、ここでは次のように解くことにします。

　(1)より　$y = 25 - x$　を得ます。これを式(2)の y に代入すると、$2x + 4(25 - x) = 70$ となります。

　整理すると　$-2x + 100 = 70$　→　$2x = 30$　∴　$x = 15$、鶴が15羽です。

　これを式(1)に代入すると　$15 + y = 25$　∴　$y = 10$、亀が10匹です。

では、いよいよ"行列"で解いてみましょう。

A1(3)【“行列”で連立方程式を解く】　行列の基本的なことは、➔7.3 節を見て下さい。

１）まず、連立方程式を行列で表すことから始めます。

連立方程式の変数 x の列、変数 y の列、定数の列を縦に揃えて並べます。

$$\text{連立方程式}\quad \begin{array}{l} 1x + 1\,y = 25 \\ 2x + 4\,y = 70 \end{array} \qquad \cdots(1)$$

２）式(1)から、（係数）と（変数）と（定数）に分け、次のようにします。

$$\text{行列で表した連立方程式}\quad \begin{pmatrix} 1 & 1 \\ 2 & 4 \end{pmatrix} \times \begin{pmatrix} x \\ y \end{pmatrix} = \begin{pmatrix} 25 \\ 70 \end{pmatrix} \qquad \cdots(2)$$

$\begin{pmatrix} 1 & 1 \\ 2 & 4 \end{pmatrix}$ が “係数行列”、$\begin{pmatrix} x \\ y \end{pmatrix}$ が “変数行列” で縦に並べます。$\begin{pmatrix} 25 \\ 70 \end{pmatrix}$ が “定数行列” です。

式(2)は　（係数行列）×（変数行列）＝（定数行列）　になっています

【補足】行列の横方向を “行”（横書きの文章の行と同じで、上から 1 行目、2 行目…）
　　　　行列の縦方向を “列”（列柱と同じで、左から 1 列目、2 列目…）

３）係数行列の “逆行列” を求めます。

逆行列は連立方程式を半分解いた形です。元の係数行列と逆行列の関係は、

$$\text{元の係数行列}\quad \begin{pmatrix} a & b \\ c & d \end{pmatrix} \;\rightarrow\; \text{逆行列}\quad \frac{1}{ad-bc}\begin{pmatrix} d & -b \\ -c & a \end{pmatrix} \quad \text{です。}$$

なお、$\dfrac{1}{ad-bc} = \dfrac{1}{1\times4-1\times2} = \dfrac{1}{2}$　です。では、実際に逆行列を求めてみましょう。

$$\text{元の係数行列}\quad \begin{pmatrix} 1 & 1 \\ 2 & 4 \end{pmatrix} \;\rightarrow\; \text{逆行列}\quad \frac{1}{2}\begin{pmatrix} 4 & -1 \\ -2 & 1 \end{pmatrix} \text{となります。} \begin{pmatrix} 4/2 & -1/2 \\ -2/2 & 1/2 \end{pmatrix} \text{でも同じです。}$$

４）方程式を解くための式の変形

ここで、係数行列を (A)、変数行列を (X)、定数行列を (C)、逆行列を $(A)^{-1}$ とします。

$(A)\times(X)=(C)$　の連立方程式を解くために　$(X)=(A)^{-1}\times(C)$　と変形します。

$$\therefore \qquad \begin{pmatrix} x \\ y \end{pmatrix} = \frac{1}{2}\begin{pmatrix} 4 & -1 \\ -2 & 1 \end{pmatrix} \times \begin{pmatrix} 25 \\ 70 \end{pmatrix} \qquad \cdots(3)$$

この式の変形は、普通の方程式で　$A\times X=C$ を、$X=\dfrac{C}{A}=A^{-1}\times C$　とするのと同じですが、

逆行列は逆数の形を借りているだけで逆数ではありません。

５）逆行列の列と定数行列の列の対応する要素同士を掛け算してその和を求めます（積和といいます）。例題では、逆行列が 2 行 2 列で、定数行列が 2 行 1 列なので 2 組しかありません。実際にやってみます。

$$\begin{pmatrix} x \\ y \end{pmatrix} = \frac{1}{2}\begin{pmatrix} 4 & -1 \\ -2 & 1 \end{pmatrix} \times \begin{pmatrix} 25 \\ 70 \end{pmatrix} = \frac{1}{2}\begin{pmatrix} 4\times25+(-1)\times70 \\ (-2)\times25+1\times70 \end{pmatrix} = \frac{1}{2}\begin{pmatrix} 30 \\ 20 \end{pmatrix} = \begin{pmatrix} 30/2 \\ 20/2 \end{pmatrix} = \begin{pmatrix} 15 \\ 10 \end{pmatrix} \qquad \cdots(4)$$

右端の行列の結果が答えです。すなわち、鶴が $x=15$ 羽、亀が $y=10$ 匹です。

【補足】逆行列と定数行列の積を、変数を使って示しておきます。

なお、ここで逆行列の代わりに行列 (B) を使いますが、これは行列 (B) として行列要素を変数 b で表すことで他と区別しやすくするためです。

$$\frac{1}{k}\begin{pmatrix} b_{11} & b_{12} \\ b_{21} & b_{22} \end{pmatrix} \times \begin{pmatrix} c_{11} \\ c_{21} \end{pmatrix} = \frac{1}{k}\begin{pmatrix} b_{11}\times c_{11}+b_{12}\times c_{21} \\ b_{21}\times c_{11}+b_{22}\times c_{21} \end{pmatrix} = \begin{pmatrix} (b_{11}\times c_{11}+b_{12}\times c_{21})/k \\ (b_{21}\times c_{11}+b_{22}\times c_{21})/k \end{pmatrix}$$

➔ より一般的な説明については、7.3 節を読んで下さい。

7.2 行列は便利な道具

行列がどのくらい便利であるかは、次の問題を解いてみると分かります。

Q2：つるかめ算：　鶴と亀が合わせて100匹（羽）、足の合計が234本でした。

　　さて、鶴と亀はそれぞれ何匹（何羽）でしょうか。

　　算数・連立方程式・行列の3つの方法で解いてください。

A2(1)【算数】　解答は省略します。

A2(2)【連立方程式】　鶴が x 羽、亀が y 匹 とします。

匹（羽）数　　　　$x + y = 100$　　　$\cdots$(1)

足の数　　　　　$2x + 4y = 234$　　　$\cdots$(2)

以下は省略します。

A2(3)【行列で解く連立方程式】

上の連立方程式の式(1)、式(2)を見ると、x と y の係数は前問 Q1 と同じです。違いは定数だけです。つまり、Q1 とは定数行列の違いだけで、逆行列までは同じです。

よって、　　　　$\begin{pmatrix} x \\ y \end{pmatrix} = \dfrac{1}{2}\begin{pmatrix} 4 & -1 \\ -2 & 1 \end{pmatrix} \times \begin{pmatrix} 100 \\ 234 \end{pmatrix}$　　　$\cdots$(3)

ここで、逆行列と定数行列の掛け算をします。

（逆行列の1行目）×（定数行列の1列目）は　　　$4 \times 100 + (-1) \times 234 = 400 - 234 = 166$

（逆行列の2行目）×（定数行列の1列目）は　　　$(-2) \times 100 + 1 \times 234 = -200 + 234 = 34$

よって、答えは　　$\begin{pmatrix} x \\ y \end{pmatrix} = \dfrac{1}{2}\begin{pmatrix} 166 \\ 34 \end{pmatrix} = \begin{pmatrix} 83 \\ 17 \end{pmatrix}$　　　$\cdots$(4)

すなわち、鶴が $x=83$ 羽、亀が $y=17$ 匹です。

【補足】算数・連立方程式・行列による連立方程式の違い

算数：最も理解しやすいのが算数でしょう。しかし、算数は問題ごとに解き方を考えなければなりません。算数を解いてみていかがでしたか。案外と難しく、面倒なのが算数です。

連立方程式：連立方程式を立てるまでが思考の過程で、計算はほぼ機械的です。ただし、どのような手順で計算すると合理的かは、その都度考える必要があります。

行列：連立方程式を立てるまでは同じです。それを行列に変換し、さらに、逆行列と係数行列の掛け算で解を求めますが、この間の計算手順は一本道で疑義を挟む余地がありません。

また、Q1 と Q2 の例もそうですが、14章 Q4 では何度も同じ逆行列を使い回しています。このような解き方は研究や実務で頻繁にあります。行列はきわめてシステマチックでコンピュータ向きの解き方といえます。また、未知数が多い・少ないも、コンピュータではほとんど関係しません。

Q3：江戸時代の数学書「塵劫記」からの「絹盗人算（きぬぬす人を知る事）」という問題です。

　　絹の反物を盗んだ盗賊たちが、盗んだ反物を何反ずつ分けるか相談しています。全員に8反ずつ分けるには7反足りません。そこで7反ずつ分けることにしたら今度は8反余ります。盗人は何人で、盗んだ反物は何反でしょうか。

A3：盗人の人数を n 人、盗んだ反物の数を t 反とします。

8反ずつ分けた場合は　　　$t - 8n = -7$　　　$\cdots$(1)

7反ずつ分けた場合は　　　$t - 7n = 8$　　　$\cdots$(2)

【補足】この連立方程式は、式(2)-式(1)とすれば　$n = 15$ となり、よって $t = 113$ と簡単に解けますが、本章は行列の練習なので、行列を使って解いて下さい。

これを行列で表します。　　$\begin{pmatrix} 1 & -8 \\ 1 & -7 \end{pmatrix} \times \begin{pmatrix} t \\ n \end{pmatrix} = \begin{pmatrix} -7 \\ 8 \end{pmatrix}$　　・・・(3)

係数行列の"逆行列"を求めます。元の係数行列と逆行列の関係は、

元の係数行列 $\begin{pmatrix} a & b \\ c & d \end{pmatrix} \rightarrow$　逆行列は　$\dfrac{1}{ad-bc}\begin{pmatrix} d & -b \\ -c & a \end{pmatrix}$　でした。

$\dfrac{1}{ad-bc} = \dfrac{1}{1\times(-7)-(-8)\times1} = \dfrac{1}{1} = 1$ です。よって、逆行列は　$\begin{pmatrix} -7 & 8 \\ -1 & 1 \end{pmatrix}$　となります。

式(3)を変形すると次のようになります。　　$\begin{pmatrix} t \\ n \end{pmatrix} = \begin{pmatrix} -7 & 8 \\ -1 & 1 \end{pmatrix} \times \begin{pmatrix} -7 \\ 8 \end{pmatrix}$　・・・(4)

式(4)を計算すると　　$\begin{pmatrix} t \\ n \end{pmatrix} = \begin{pmatrix} (-7)\times(-7)+8\times8 \\ (-1)\times(-7)+1\times8 \end{pmatrix} = \begin{pmatrix} 49+64 \\ 7+8 \end{pmatrix} = \begin{pmatrix} 113 \\ 15 \end{pmatrix}$・・・(5)

すなわち、盗んだ反物は 113 反、盗人は 15 人でした。

7.3　行列の基本

後先になりましたが、ここで行列に関する基本事項をおさらいしておきます。

（1）行列とは

<行列>　連立方程式の係数行列、定数行列、変数行列が
行列の形式で表されていますが、行列（matrix）とは、
独立した数または変数の集まりです。（　）または [ ] で括
って、縦横に整然と並べて表示します。

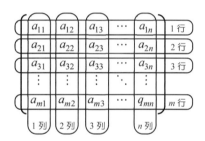

<行と列>　右上の行列は m 行 n 列の行列です。
行（row）は横の並びで、横書きの文章の行と同じです。
列（column）は縦の並びで、列柱というのと同じです。
なお、行列の行数 m と列数 n の数が同じとは限りません。Q1、Q2 では係数行列は 2 行 2 列の
正方行列ですが、変数行列と定数行列は 2 行 1 列でした。

<要素>　行列の 1 つ 1 つの数あるいは変数を行列の要素（element）といいます。
a_{23} は 2 行 3 列目の要素です。

<行列式>　行列式（determinant）とは正方行列（行と列の数が同じ行列）の場合に、その行列全
体の数値的な意味を扱うものです。Q1、Q2 の逆行列の頭に係数が出てきましたが、この係数の
分母が行列式の値です。行列と区別するため行列式では｜｜で括るか det( ) と表記します。

（2）行列の演算
<スカラー積>

スカラーとは単純な数値のことです。Q1 で　$\dfrac{1}{2}\begin{pmatrix} 4 & -1 \\ -2 & 1 \end{pmatrix} = \begin{pmatrix} 4/2 & -1/2 \\ -2/2 & 1/2 \end{pmatrix}$ とか、$\dfrac{1}{2}\begin{pmatrix} 166 \\ 34 \end{pmatrix} = \begin{pmatrix} 84 \\ 17 \end{pmatrix}$

で使っています。頭の係数 $\dfrac{1}{2}$ がスカラーです。

＜行列と行列の積＞

　Q1 の解の(5)の補足で、最後に解を求めるときに、逆行列と定数行列の乗算を示しました。

　ここでは一般的な、行列 (A) ×行列 $(B)=$ 行列 (C) を示します。なお、行列と行列の掛け算では、先の m 行 $\underline{n}$ 列の行列 (A) の列数 $\underline{n}$ と、後の $\underline{n}$ 行 k 列の行列 (B) の行数 $\underline{n}$ が同じでなければなりません。掛け算した結果の積の行列 (C) は（m 行 k 列）になります。

$$\begin{pmatrix} a_{11} & a_{12} & a_{13} & a_{14} \\ a_{21} & a_{22} & a_{23} & a_{24} \\ a_{31} & a_{32} & a_{33} & a_{34} \end{pmatrix} \times \begin{pmatrix} b_{11} & b_{12} & b_{13} \\ b_{21} & b_{22} & b_{23} \\ b_{31} & b_{32} & b_{33} \\ b_{41} & b_{42} & b_{43} \end{pmatrix} = \begin{pmatrix} c_{11} & c_{12} & c_{13} \\ c_{21} & c_{22} & c_{23} \\ c_{31} & c_{32} & c_{33} \end{pmatrix}$$

行列 (A) の行と行列 (B) の列の対応する要素同士の積和を取ります。また、行列 (A) の i 行目と行列 (B) の j 列目の積和が、行列 (C) の i 行 j 列目の要素 C_{ij} になります。

$$c_{11} = a_{11}b_{11} + a_{12}b_{21} + a_{13}b_{31} + a_{14}b_{41} \quad c_{12} = a_{11}b_{12} + a_{12}b_{22} + a_{13}b_{32} + a_{14}b_{42} \quad c_{13} = a_{11}b_{13} + a_{12}b_{23} + a_{13}b_{33} + a_{14}b_{43}$$

$$c_{21} = a_{21}b_{11} + a_{22}b_{21} + a_{23}b_{31} + a_{24}b_{41} \quad c_{22} = a_{21}b_{12} + a_{22}b_{22} + a_{23}b_{32} + a_{24}b_{42} \quad c_{23} = a_{21}b_{13} + a_{22}b_{23} + a_{23}b_{33} + a_{24}b_{43}$$

$$c_{31} = a_{31}b_{11} + a_{32}b_{21} + a_{33}b_{31} + a_{34}b_{41} \quad c_{32} = a_{31}b_{12} + a_{32}b_{22} + a_{33}b_{32} + a_{34}b_{42} \quad c_{33} = a_{31}b_{13} + a_{32}b_{23} + a_{33}b_{33} + a_{34}b_{43}$$

【注】通常の掛け算は $A \times B = B \times A$ ですが、行列ではそうではなく、行列 (A) ×行列 $(B) \neq$ 行列 (B) ×行列 (A) です。行列の乗算では順序を入れ替えると、答えが違ってしまいます。下記の例で確認して下さい。

　　簡単な例で示します。　$\begin{pmatrix} 1 & 2 \\ 3 & 4 \end{pmatrix} \times \begin{pmatrix} 1 & 1 \\ 1 & 1 \end{pmatrix} = \begin{pmatrix} 1\times1+2\times1 & 1\times1+2\times1 \\ 3\times1+4\times1 & 3\times1+4\times1 \end{pmatrix} = \begin{pmatrix} 3 & 3 \\ 7 & 7 \end{pmatrix}$

　　　　　　　　　　　　$\begin{pmatrix} 1 & 1 \\ 1 & 1 \end{pmatrix} \times \begin{pmatrix} 1 & 2 \\ 3 & 4 \end{pmatrix} = \begin{pmatrix} 1\times1+1\times3 & 1\times2+1\times4 \\ 1\times1+1\times3 & 1\times2+1\times4 \end{pmatrix} = \begin{pmatrix} 4 & 6 \\ 4 & 6 \end{pmatrix}$

【補足】行列には割り算はありません。

（3）逆行列の意味と性質

　逆行列の求め方は、次節 7.4 で取り上げますが、ここでは逆行列の意味について整理します。

＜逆行列の意味＞

　逆行列（inverse matrix）は、連立方程式を半分解いた形です。

　係数行列を (A) とすると、逆行列は $(A)^{-1}$ です。逆行列を使って連立方程式を解くときは、

　　$(X) = (A)^{-1} \times (B)$ として求めますが、$(X) = (B) \times (A)^{-1}$ としてはいけません。

　【補足】Q1、Q2 では、定数行列が 2 行 1 列で、逆行列が 2 行 2 列なので掛け算が成立しません。

　行列の掛け算で順序を変えると答えが違ってきますが、係数行列と逆行列の掛け算に限って、順序を変えても同じ結果になります。また、掛け算の結果の行列は単位行列 (E) になります。

　　$(A) \times (A)^{-1} = (A)^{-1} \times (A) = (E)$　　　これは逆行列の検算に使えます。

単位行列とは斜めの要素が 1 で他の要素が全て 0 の行列です。

　　【参考】Q1 の例で試してみます。係数行列が $\begin{pmatrix} 1 & 1 \\ 2 & 4 \end{pmatrix}$、逆行列が $\begin{pmatrix} 4/2 & -1/2 \\ -2/2 & 1/2 \end{pmatrix}$ でした。

　　$\begin{pmatrix} 1 & 1 \\ 2 & 4 \end{pmatrix} \times \begin{pmatrix} 4/2 & -1/2 \\ -2/2 & 1/2 \end{pmatrix} = \begin{pmatrix} 1\times4/2+1\times(-2/2) & 1\times(-1/2)+1\times(1/2) \\ 2\times4/2+4\times(-2/2) & 2\times(-1/2)+4\times1/2 \end{pmatrix} = \begin{pmatrix} 2-1 & -1/2+1/2 \\ 4-4 & -1+2 \end{pmatrix} = \begin{pmatrix} 1 & 0 \\ 0 & 1 \end{pmatrix}$

　　$\begin{pmatrix} 4/2 & -1/2 \\ -2/2 & 1/2 \end{pmatrix} \times \begin{pmatrix} 1 & 1 \\ 2 & 4 \end{pmatrix} = \begin{pmatrix} 4/2\times1+(-1/2)\times2 & 4/2\times1+(-1/2)\times4 \\ (-2/2)\times1+1/2\times2 & (-2/2)\times1+(1/2)\times4 \end{pmatrix} = \begin{pmatrix} 2-1 & 2-2 \\ -1+1 & -1+2 \end{pmatrix} = \begin{pmatrix} 1 & 0 \\ 0 & 1 \end{pmatrix}$

7.4　逆行列を求める

　行列で連立方程式を解くときのポイントは逆行列です。逆行列は公式で求める方法と掃き出し法によって求める方法があります。

（1）逆行列を求める公式

＜2×2 の行列の場合＞

$$係数行列　(A) = \begin{pmatrix} a_{11} & a_{12} \\ a_{21} & a_{22} \end{pmatrix}、行列式　k = a_{11} \cdot a_{22} - a_{12} \cdot a_{21}、逆行列　(A)^{-1} = \frac{1}{k} \begin{pmatrix} a_{22} & -a_{12} \\ -a_{21} & a_{11} \end{pmatrix}$$

＜3×3 の行列の場合＞

$$係数行列　(A) = \begin{pmatrix} a_{11} & a_{12} & a_{13} \\ a_{21} & a_{22} & a_{23} \\ a_{31} & a_{32} & a_{33} \end{pmatrix}、行列式　\begin{aligned} k = &a_{11} \cdot a_{22} \cdot a_{33} + a_{12} \cdot a_{23} \cdot a_{31} + a_{13} \cdot a_{21} \cdot a_{32} \\ &- a_{11} \cdot a_{23} \cdot a_{32} - a_{12} \cdot a_{21} \cdot a_{33} - a_{13} \cdot a_{22} \cdot a_{31} \end{aligned}$$

$$逆行列　(A)^{-1} = \frac{1}{k} \begin{pmatrix} a_{22}a_{33} - a_{23}a_{32} & a_{13}a_{32} - a_{12}a_{33} & a_{12}a_{23} - a_{13}a_{22} \\ a_{23}a_{31} - a_{21}a_{33} & a_{11}a_{33} - a_{13}a_{31} & a_{13}a_{21} - a_{11}a_{23} \\ a_{21}a_{32} - a_{22}a_{31} & a_{12}a_{31} - a_{11}a_{32} & a_{11}a_{22} - a_{12}a_{21} \end{pmatrix}$$

4×4 の行列の公式もありますが、複雑ですので、ここでは省略します。

（2）一般的な逆行列の求め方／掃き出し法

　一般的・汎用的な逆行列の求め方である掃き出し法（sweep out method）を以下に示します。
下記の 3 行 3 列の係数行列を例に、この逆行列を求めてみます。

1）係数行列を左に、右に 3 行 3 列の対角要素が 1 で他が 0 の行列（単位行列という）を並べて書きます。
　　なお、右端の 3 行 1 列の行列は、逆行列を求めるのには関係しません。あとで説明します。

$$係数行列　\begin{pmatrix} 1 & 1 & 1 \\ 1 & 2 & 4 \\ 1 & -1 & 0 \end{pmatrix} \; \blacktriangleright \; \left(\begin{array}{ccc|ccc|c} 1 & 1 & 1 & 1 & 0 & 0 & 25 \\ 1 & 2 & 4 & 0 & 1 & 0 & 55 \\ 1 & -1 & 0 & 0 & 0 & 1 & 5 \end{array} \right)$$

　掃き出し法の最終形は 8）に示すとおりです。係数行列が単位行列に変わり、元の単位行列が逆行列になっています。

　8）に至るために、2）～7）のプロセスでは。行と行との足し算・引き算などの操作をして、係数行列を徐々に単位行列にして行きます。

2）まず、係数行列の 1 行 1 列目の要素を $a_{11} = 1$ にするのですが、既に"1"になっているので、先に進みます。

3）係数行列 2 行目と 3 行目の 1 列目の要素 a_{21} と a_{31} の値が "0" になるようにします。
　　（2 行目）-（1 行目）　→　新たな 2 行目とすることで、　$a_{21} = 0$ になります。
　　（3 行目）-（1 行目）　→　新たな 3 行目とすることで、　$a_{31} = 0$ になります。

$$\blacktriangleright \; \left(\begin{array}{ccc|ccc|c} 1 & 1 & 1 & 1 & 0 & 0 & 25 \\ 0 & 1 & 3 & -1 & 1 & 0 & 30 \\ 0 & -2 & -1 & -1 & 0 & 1 & -20 \end{array} \right)$$

4）係数行列 2 行 2 列目の要素を $a_{22} = 1$ にするのですが、既に "1" になっているので、先に進みます。

5）係数行列 1 行 2 列目 a_{12} と、3 行 2 列目の要素 a_{32} の値が "0" になるようにします。

（1 行目）−（2 行目）　→　新たな 1 行目とすることで、　$a_{12} = 0$　になります。

（3 行目）＋（2 行目）×2　→　新たな 3 行目とすることで、　$a_{32} = 0$　になります。

$$\rightarrow \begin{pmatrix} 1 & 0 & -2 & -2 & -1 & 0 & -5 \\ 0 & 1 & 3 & -1 & 1 & 0 & 30 \\ 0 & 0 & 5 & -3 & 2 & 1 & 40 \end{pmatrix}$$

6）係数行列の 3 行 3 列目の　$a_{33} = 1$　にするために、3 行目を 1/5 にします。

$$\rightarrow \begin{pmatrix} 1 & 0 & -2 & 2 & -1 & 0 & -5 \\ 0 & 1 & 3 & -1 & 1 & 0 & 30 \\ 0 & 0 & 1 & -3/5 & 2/5 & 1/5 & 8 \end{pmatrix}$$

7）最後に、係数行列 1 行 3 列目と 2 行 3 列目要素の a_{13} と a_{23} の値が "0" になるようにします。

（1 行目）＋（3 行目）×2　→　新たな 1 行目とすることで、　$a_{13} = 0$　になります。

（2 行目）−（3 行目）×3　→　新たな 2 行目とすることで、　$a_{23} = 0$　になります。

$$\rightarrow \begin{pmatrix} 1 & 0 & 0 & 4/5 & -1/5 & 2/5 & 11 \\ 0 & 1 & 0 & 4/5 & -1/5 & -3/5 & 6 \\ 0 & 0 & 1 & -3/5 & 2/5 & 1/5 & 8 \end{pmatrix}$$

8）以上で逆行列　$\begin{pmatrix} 4/5 & -1/5 & 2/5 \\ 4/5 & -1/5 & -3/5 \\ -3/5 & 2/5 & 1/5 \end{pmatrix} = \dfrac{1}{5}\begin{pmatrix} 4 & -1 & 2 \\ 4 & -1 & -3 \\ -3 & 2 & 1 \end{pmatrix}$　を得ます。

【補足 1】ところで、右端に網掛けをした 3 行 1 列の行列ですが、1）の段階では、定数行列の値でした。
それが逆行列を求める操作と同時にすると、7）の最終段階では、連立方程式の解になります。
つまり、逆行列を求めるプロセスは連立方程式の解を求めるプロセスだったのです。

【補足 2】それならば、連立方程式の解を求めるために逆行列を求める必要はないように思われます。
でも、なぜ、わざわざ逆行列を求めるのでしょうか。
理由は、逆行列は使い回しができるからです。例えば、Q1 と Q2 は同じつるかめ算なので逆行列は共通です。違いは定数行列だけです。このような場合、一度、逆行列を求めておけば、あとは、逆行列と定数行列の積を求めるだけで解が容易に得られます。このように逆行列を 1 度求めておいて繰り返し計算するという問題は多々あります。14 章の総合演習の Q4 がまさにこのような例です。

【補足 3】逆行列を求める途中で対角要素が "0" になる場合
逆行列を求める途中で、係数行列の対角要素が "0" になる場合があります。このような場合は、行の計算順番を入れ替えて進めれば逆行列が求まります。

【補足 4】逆行列が求まらないケース：次の連立方程式は逆行列が求まりません。

$$1x + 2y \qquad\ \ = 3 \qquad\qquad (1)$$
$$2x \qquad\ + 3z = 2 \qquad\qquad (2)$$
$$4y - 3z = 4 \qquad\qquad (3)$$

この連立方程式は、{式(2)＋式(3)}÷2 とすると、$1x + 2y = 3$　となり、式(1)と同じになってしまいます。つまり、上記の式(1)(2)(3)は 3 元連立方程式ではなかったということです。
このようなケースの係数行列は正則ではないといい、逆行列が存在しません。

【補足 5】逆行列が求まるならば、元の係数行列は正則行列であるといい、連立方程式の解が存在します。

【補足 6】正則でない場合は、①解が存在しない、②解が特定できない、のどちらかです。

Q4：変則つるかめ算

　　鶴と亀が合わせて 25 匹（羽）、足の合計が 55 本（奇数！）でした。しかし、よくよく見ると、鶴のうちの何羽かが一本足で立っていました。2 本足の鶴よりも、1 本足の鶴のほうが 5 羽多くいました。1 本足の鶴と、2 本足の鶴と、亀、それぞれ何匹（何羽）でしょうか。

A4(1)【算数】

　　仮に、全てが鶴であるとすると、1 本足の鶴が 5 羽多いので、1 本足の鶴を 15 羽、2 本足の鶴が 10 羽となります。足の数は　1×15+2×10＝35 です。これであると、55－35＝20、足の数が 20 本足りません。そこで、1 本足と 2 本足の鶴一組（2 羽）と亀一組（2 匹）を入れ替えることにします。こうすると、一組で足は　4×2－(1+2)＝5　だけ増えます。

　　足の数が 20 本足りなかったので　20÷5＝4　（組）だけ亀が増えます。

　　よって、亀は　4×2＝8　（匹）です。　鶴は　25－8＝17　（羽）ですが、1 本足の鶴が 5 羽多いので、1 本足の鶴が 11（羽）、2 本足の鶴が 6（組）となります。

　　【補足】算数は一見簡単そうに見えますが、少しひねられると、どうやって解くかを問題ごとに考えなければなりません。3 つの解法の中で面倒で、案外難しいのが算数です。

A4(2)【連立方程式】

　　1 本足の鶴が x（羽）、2 本足の鶴が y（羽）、亀が z（匹）とします。

頭数	$x+ y+ z=25$	$\cdots(1)$
足の数	$1x+2y+4z=55$	$\cdots(2)$
1 本足が 5 羽多い	$x- y \quad\quad = 5$	$\cdots(3)$

　　以下は省略します。

A4(3)【行列】

　　上の連立方程式の式(1)、式(2)、式(3)を行列に変換します。

$$\begin{pmatrix} 1 & 1 & 1 \\ 1 & 2 & 4 \\ 1 & -1 & 0 \end{pmatrix}\begin{pmatrix} x \\ y \\ z \end{pmatrix}=\begin{pmatrix} 25 \\ 55 \\ 5 \end{pmatrix} \quad\cdots(4)$$

　　係数行列の逆行列を求めます。なお、前節 7.4(2) の行列が、この問題と同じ係数行列なので、

逆行列は $\dfrac{1}{5}\begin{pmatrix} 4 & -1 & 2 \\ 4 & -1 & -3 \\ -3 & 2 & 1 \end{pmatrix}$ です。よって、連立方程式は $\begin{pmatrix} x \\ y \\ z \end{pmatrix}=\dfrac{1}{5}\begin{pmatrix} 4 & -1 & 2 \\ 4 & -1 & -3 \\ -3 & 2 & 1 \end{pmatrix}\times\begin{pmatrix} 25 \\ 55 \\ 5 \end{pmatrix} \quad\cdots(5)$

これを計算します。$\begin{pmatrix} x \\ y \\ z \end{pmatrix}=\dfrac{1}{5}\begin{pmatrix} 4\times25+(-1)\times55+2\times5 \\ 4\times25+(-1)\times55+(-3)\times5 \\ (-3)\times25+2\times55+1\times5 \end{pmatrix}=\dfrac{1}{5}\begin{pmatrix} 100-55+10 \\ 100-55-15 \\ -75+110+5 \end{pmatrix}=\dfrac{1}{5}\begin{pmatrix} 55 \\ 30 \\ 40 \end{pmatrix}=\begin{pmatrix} 11 \\ 6 \\ 8 \end{pmatrix}$

　　1 本足で立っている鶴が x=11 羽、2 本足で立っている鶴が y=6 羽、亀が z=8 匹です。

Q5：変則つるかめ算

　　鶴と亀が合わせて 333 匹（羽）、足の合計が 777 本でした。なお、鶴の中で 1 本足で立っている鶴が 2 本足で立っている鶴よりも 55 羽多くいました。1 本足の鶴と、2 本足の鶴と、亀、それぞれ何匹（何羽）でしょうか。

A5：答えのみを記します。

　　1 本足で立っている鶴が 133 羽、2 本足で立っている鶴が 78 羽、亀が 122 匹です。

【付録】 表計算ソフトによって連立方程式を解く

パソコンの表計算ソフトには、逆行列や行列の掛け算などの機能が用意されていますので、これを使えば連立方程式を簡単に解くことができます。

なお、表計算ソフトを使う前に、次の W、X、Y、Z を未知数とする4元連立方程式を手計算で解いて下さい。また、その所要時間を計って下さい。

$$4W +4X -2Y +1Z =10$$
$$3W -4X +1Y +3Z =10$$
$$2W +5X +2Y -2Z =10$$
$$1W -5X +1Y +4Z =10$$

苦労して結果を得た後に表計算ソフトを使うと、ありがたさが実感できると思いますが、このことはとても大切なことです。

行列の理論や原理を知らなくても表計算ソフトを使うと誰でも結果を得ることができます。例えば、

- 定数行列の範囲"C22:C25"を 10,20,30,40 と打ち替えると その瞬間に −5,10,15,20 と答えが求まります。
- さらに"C7"の係数行列を−8 に変えると、その瞬間に逆行列が自動的に修正され答えが −8,0,28,5 と求まります。

しかし、この便利さの裏には同時に思わぬ落とし穴が潜んでいるかもしれません。

- 入力ミスや操作ミスをして間違った結果を得ても気がつかないで、結果を鵜呑みにする。
- 表計算の逆行列などの仕掛けを、をうっかり壊してしまう。

表計算ソフトではよくあることです。本章を勉強した上で表計算ソフトを使うべきです。

行	A	B	C	D	E	F	G
2		連立方程式	4*W +4*X −2*Y +1*Z	=	10		
3			3*W −4*X +1*Y +3*Z	=	10		
4			2*W +5*X +2*Y −2*Z	=	10		
5			1*W −5*X +1*Y +4*Z	=	10		
7		係数行列　A	4	4	-2	1	
8			3	-4	1	3	
9			2	5	2	-2	
10			1	-5	1	4	
12		逆行列　A^{-1}	0.02777778	0.41666667	-0.01666667	-0.32777778	
13			0.11111111	-0.33333333	0.13333333	0.28888889	
14			-0.13888889	-0.08333333	0.28333333	0.23888889	
15			0.16666667	-0.50000000	0.10000000	0.63333333	
17		検算（$A \times A^{-1}$）　E	1.000	0.000	0.000	0.000	
18		（単位行列）	0.000	1.000	0.000	0.000	
19			0.000	0.000	1.000	0.000	
20			0.000	0.000	0.000	1.000	
22		定数行列　C	10				
23			10				
24			10				
25			10				
27		答えの行列　X	W =	1			
28			X =	2			
29			Y =	3			
30			Z =	4			

32. ＜範囲 "C7:F10" に係数行列A と 範囲 "C22:C25" に定数行列C を入力する。＞

34. ＜逆行列の求め方＞
35. ① 逆行列A^{-1}の結果を出力する範囲 "C12：F15" を選ぶ。
36. ② 「数式」→「数学/三角」→「MINVERSE」 を選ぶ
37. ③ 逆行列を求める数学関数 「MINVERSE」 で、
38. 　　元の配列に、係数行列Aの範囲 "C7：F10" を選ぶ。
39. ④ "Shift"+"Ctrl"+"Enter" を押す。
40. ⑤ 範囲 "C12：F15" に逆行列A^{-1}が求まる。

42. ＜検算：係数行列Aと逆行列A^{-1}の積Eを求める＞
43. ① 行列の積Eを出力する範囲 "C17：F20" を選ぶ。
44. ② 「数式」→「数学/三角」→「MMULT」 を選ぶ
45. ③ 行列の積を求める数学関数 「MMULT」 で、
46. 　　配列1に、係数行列Aの範囲 "C7：F10" を選ぶ。
47. 　　配列2に、逆行列A^{-1}の範囲 "C12：F15" を選ぶ。
48. ④ "Shift"+"Ctrl"+"Enter" を押す。
49. ⑤ 範囲 "C17：F20" に単位行列Eが求まる。

51. ＜答え：逆行列A^{-1}と定数行列Cの積が、答えの行列Xになる＞
52. ① 答えの行列Xを出力する範囲 "D27：D30" を選ぶ。
53. ② 「数式」→「数学/三角」→「MMULT」 を選ぶ
54. ③ 行列の積を求める数学関数 「MMULT」 で、
55. 　　配列1に、逆行列A^{-1}の範囲 "C12：F15" を選ぶ。
56. 　　配列2に、定数行列Cの範囲 "C22：C25" を選ぶ。
57. ④ "Shift"+"Ctrl"+"Enter" を押す。
58. ⑤ 範囲 "D27：D30" に答えが求まる。

60. ＜条件を変えると＞
61. ① 係数行列Aの数値を変える、あるいは、定数行列Cの数値を変えると、
62. 　　つまり、方程式を変えると、
63. ② その瞬間に、答えが求まる。

8. 数式と物理量と単位／力・加速度・運動量・エネルギの関係

　長さは m、面積は m²、体積は m³、このように物の大きさを表すのが単位記号ですが、同時に物理的な意味（物理量）を表しています。一方、数式は物理現象を表したものですが、数式を構成するひとつひとつの要素の単位記号を合成すると、数式が持つ物理量が分かります。本章では「力」を中心に、数式と物理量と単位との関係を取り上げます。

8.1　力の正体
（1）体重 60kg とは
　質量 60kg の人は地球の引力（重力加速度 g=9.8 m/s²）で地面に押し付けられています。体重とはこの押し付けられる "力" のことで、質量 m×重力加速度 g が体重=力 F であり $F=mg$=60×9.8=588 N になります。単位は質量が[kg]で加速度が[m/s²]です。体重（力）F の単位は [kg]×[m/s²]=[kg·m/s²]です。この組立単位 [kg·m/s²] を [N] で表します。質量の [kg] と体重の[N]は単位が違います。単位が違うということは物理的な意味（物理量）が違うということになります。

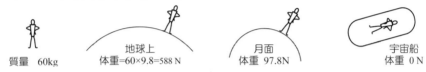

質量　60kg　　地球上 体重=60×9.8=588 N　　月面 体重 97.8N　　宇宙船 体重 0 N

【補足 1】力の単位 [N] は万有引力を発見したニュートンに因んで決められました。
【補足 2】地球の重力加速度 g=9.80665m/s²は国際度量衡委員会が 1901 年に定めた値です。なお、実用的には g=9.8m/s² を使います。月の重力加速度は地球の約 1/6 の 1.63m/s² ですから、体重は F=60×1.63=97.8 N になり、無重力の宇宙船では F=60×0=0 N となります。質量は同じでも体重は状況により変ります。

（2）加速度と速度と距離
　右図は、質量 m=60kg の物体 A が地球の引力で引っ張られて自然落下する様子です。物体 A は、最初は停止状態なので速度は v_0=0 m/s です。重力加速度が g=9.8m/s²、つまり g=(9.8m/s)/s なので、1 秒後の落下速度は 9.8m/s となり、2 秒後に 9.8×2=19.8m/s、3 秒後に 9.8×3=29.4m/s と 1 秒ごとに 9.8m/s ずつ速くなります。では問題です。

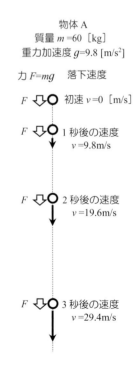

物体 A
質量 m =60 ［kg］
重力加速度 g=9.8 [m/s²]
力 F=mg　落下速度

F ⇩〇 初速 v=0 ［m/s］

F ⇩〇 1 秒後の速度
　　　　v=9.8m/s

F ⇩〇 2 秒後の速度
　　　　v=19.6m/s

F ⇩〇 3 秒後の速度
　　　　v=29.4m/s

Q1：10 秒後の落下速度を求めなさい。
　A1：1 秒間に 9.8m/s ずつ加速され、10 秒後には 9.8×10=98m/s になります。

Q2：10 秒間に落下する距離を求めなさい。
　A2：初速が 0m/s で 10 秒後に 98m/s でした。この間は一定の力で引っ張られ、
　　　一定の加速度で速くなります。よって平均速度は 98÷2=49m/s です。
　　　速度×時間が距離ですから、落下距離は 49m/s×10s=490 m になります。

　【補足】（積分を使った解）初速を v_0、重力加速度を g、時間を t とすると、
　　　　速度は $v = v_0+gt$ です。これを時間 t で定積分すると距離 ℓ が得られます。

　　　　すなわち、$\ell = \int_0^{10}(v_0 +g\,t)dt = \left[v_0 t+\frac{1}{2}gt^2\right]_0^{10} = \left[0\times10+\frac{1}{2}\times9.8\times10^2\right] = 490$ m

【補足】加速度と距離の関係を右図で説明します。右図で横軸が時間で、縦軸が落下速度です。速度×時間が距離ですが、右図の場合は、速度が時間とともに直線的に変化しています。よって距離はハッチした三角形の面積になります。つまり、底辺（時間）×高さ（最終落下速度）÷2 になります。最終落下速度÷2 が平均速度ですから、落下した距離は次式で求まります。

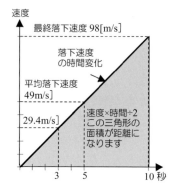

最終速度（98m/s）÷2×時間（10s）= 落下距離（490m）です。

8.2 力と運動量と運動エネルギの関係

下の左図のように何の抵抗もない宇宙空間では、力を加えなくても宇宙船は同じ速度で飛び続けます。下の右図のように、力を加えると速度が変化します。本節では、1)力と運動方程式、2)力積と運動量、3)仕事と運動エネルギの関係を見ていきます。なお、この 3 つの関係をバラバラに覚えるのではなく、全体を体系的に捉え、多面的に理解することが大切です。

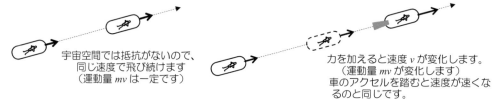

（1）力積と運動量

力 F×時間 t を力積 I（impulse）といいます。一方、質量 m×速度 v を運動量 M（momentum）といいます。これらの関係を式で表すと、

$$I = F \times t = mv = M \qquad \cdots (8\text{-}1)$$

となります。この式がどのように導かれたかを右図で見ていきます。

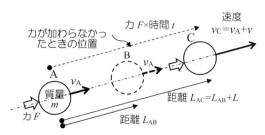

右図で、質量 m の物体が速度 v_A で進んでいました。物体は力が掛からない限り一定の速度で、点線上を A〜B 点まで移動します。ところで今、A 点で力 F が加わりました。加わった時間は t です。この結果 A〜C 点まで移動し、速度が $v_A \rightarrow v_C = v_A + v$ に変化しました。v が速度の変化量です。

この関係を式で表すと $F \times t = m(v_A + v) - mv_A$ となります。左辺が力×時間の力積で、単位は [N]×[s]=[kg·m/s²]×[s]=[kg·m/s]です。右辺は運動量の変化で、単位は [kg]×[m/s]=[kg·m/s]です。力積と運動量は単位が同じなので物理的意味も同じになります。これを整理すると式(8-1)になります。

（2）仕事と運動エネルギ／なぜ運動エネルギに係数 1/2 がかかるのか

力 F×距離 L の積を仕事（work）W といいます。一方、質量 m×（速度 v)² の積の 1/2 を運動エネルギ（kinetic energy）E_V といいます。仕事 W と運動エネルギ E_V の関係が次の式(8-2)です。

$$W = F \times L = \frac{1}{2}mv^2 = E_V \qquad \cdots (8\text{-}2)$$

この式(8-2)がどのようにして導かれるか、また、なぜ右辺に係数 1/2 が掛かるのかをみていきます。右上図で力積 F×t により速度が $v_A \rightarrow v_A + v$ に変化し v だけ速くなりました。時間 t の間の速度の増加量の平均値は $v/2$ です。速度×時間が距離ですから、伸びた距離は $L = (v/2) \times t$ です。この左辺と

右辺を先の式(8-1)の両辺に掛けます。すると、$F \times t \times L = mv \times (v/2) \times t$ となります。両辺から t を消去すると、先の式(8-2)が得られます。式(8-2)で、仕事 W の単位は $[Nm]=[kg \cdot m/s^2] \times [m]=[kg \cdot m^2/s^2]$ です。運動エネルギ E_V は $[kg] \times [m/s]^2=[kg \cdot m^2/s^2]$ です。左辺と右辺の単位は同じになります。また、速度の変化量を平均するときに 1/2 にしたので、右辺に 1/2 が掛かることも納得できるはずです。

（3）運動方程式／力と加速度

下式(8-3)で、左辺が力 F であり、右辺は物体の質量 m と加速度 α の積です。この式はニュートンの**運動方程式**とよばれ、運動力学の基本となる式です。この式(8-3)が式(8-1)からどのようにして導かれるかを見ていきます。

運動方程式　　$F = m\alpha$　　$\cdots$(8-3)

式(8-1)の両辺を時間 t で割ると　$F=mv/t$　となります。右辺の速度の変化量 v を時間 t で割った v/t は加速度そのものです。加速度を α（$=v/t$）とすると、式(8-3)になります。

左辺の力の単位は $[N]$、右辺の単位は $[kg] \times [m/s^2]= [kg\,m/s^2]=[N]$ です。力と質量×加速度は単位が同じ、つまり、物理的意味が同じです。式(8-3)は、力が物体の速度を変化させる源泉であることを示しています。

【補足】加速度の記号として地球の重力加速度のときにのみ g を使います。

（4）保存則／運動量と運動エネルギ

下図の例は、質量が同じ A と B で、物体 A が速度 v で静止している物体 B に衝突した場合です。衝突後の物体 A はその場に止まり、物体 B は同じ速度 v で弾き出されることを示しています。衝突前後で物体 A と B の運動量の総量もエネルギ量の総量も変化しません。これを保存則といいます。保存則は、この問題に限らず色々な問題を解くときの基本です。

＜例題＞

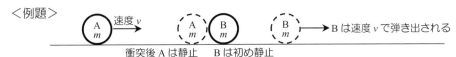

それでは問題です。

Q3：下図は寸法は同じですが、物体 C の質量が A の 2 倍の $2m$ です。ここで、物体 A が速度 v で静止している物体 C に衝突しました。衝突後の物体 A の速度 v_A と C の速度 v_C を求めなさい。

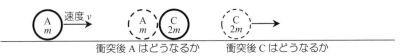

A3：衝突前後の運動量の保存と運動エネルギの保存の式を立てます。

運動量の保存の式は　$mv = mv_A + 2mv_C$ $\cdots$(1)、運動エネルギの保存の式は　$\frac{1}{2}mv^2 = \frac{1}{2}mv_A^2 + \frac{1}{2} \times 2mv_C^2$ $\cdots$(2)

(1)を整理すると　$v = v_A + 2v_C$　となり、これより　$v_A = v - 2v_C$ $\cdots$(3)　を得ます。

(2)を整理すると　$v^2 = v_A^2 + 2v_C^2$　となり、(3)を代入すると　$v^2 = (v-2v_C)^2 + 2v_C^2$ $\cdots$(4)となります。

(4)を整理すると　$v^2 = v^2 - 4v \cdot v_C + 4v_C^2 + 2v_C^2$、よって　$6v_C^2 = 4v \cdot v_C$、さらに　$6v_C = 4v$　となります。

これより　$v_C = \frac{2}{3}v$　を得ます。これを(3)に代入して、$v_A = -\frac{1}{3}v$ となります。

物体 C は元の 2/3 の速度で弾き出され、物体 A は元の 1/3 の速度で跳ね返されます。

（5）保存則／位置エネルギと運動エネルギ

AとBとに高低差 h があるとき、AはBに対して相対的に位置エネルギ（potential energy）を有します。位置エネルギ E_H は次式で表されます。

$$E_H = mgh \qquad \cdots (8\text{-}7)$$

単位は、質量 m[kg]×重力加速度 g[m/s²]×高低差 h[m]=[kg·m/s²]×[m]=[Nm] で運動エネルギと同じです。これを利用すると次の問題が解けます。

Q4：右図で、高低差を h=490m とします。物体 A が自然落下して B の位置に達したときの速度と所要時間を求めなさい。

A4：エネルギ保存則を利用します。物体 A の B に対する位置エネルギ E_H は

$E_H = mgh$ ··(1)です。　これが自然落下すると運動エネルギに変わります。

運動エネルギ E_v は　$E_v = \dfrac{1}{2}mv^2$ ··(2)です。(1)=(2)とおくと　$mgh = \dfrac{1}{2}mv^2$　となり、

速度 v について解くと　$v = \sqrt{2gh} = \sqrt{2 \times 9.8 \times 490} = \sqrt{2 \times 9.8 \times 9.8 \times 50} = 10 \times 9.8 = 98$ m/s

を得ます。重力加速度が g =9.8 m/s² ですから、速度が 98 m/s に達するまでに10 秒かかることが分かります。なお、この問題は Q2 と同じ条件で同じ答えです。

【補足】仕事およびエネルギの単位の[Nm]を[J]で表します。
　　　　単位記号 J は英国の物理学者ジュール（1818-1889）に因んだものです。導体に電気を流したときに発生する熱がジュール熱です。また、エネルギの保存則もジュールによるものです。

図（物体）
物体
A ○ 初速 v=0 [m/s]
重力加速度 g=9.8 [m/s²]
高低差 h=490m
B 速度 v ？

（6）式の形は違っても同じ物理量／圧力と風圧と浮力

次の圧力の式(8-4)、風圧の式(8-5)、浮力の式(8-6)は式の形は違いますが、どれも同じ圧力です。このことを単位計算で確認します。

圧力：　力 F [N] を受ける面積 A [m²] で割った面積当たりの力が圧力 P_F です。[N/m²] の組立単位を [Pa] で表します。

$$P_F = F / A \qquad \cdots (8\text{-}4)$$

風圧：　構造の風荷重や環境の風力換気で扱う風圧 P_v が次式です。

$$P_v = \frac{1}{2}\rho v^2 \qquad \cdots (8\text{-}5)$$

浮力：　温度差換気で扱う浮力 P_t は次式です。

$$P_t = (\rho_o - \rho_r)g h \qquad \cdots (8\text{-}6)$$

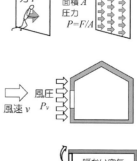

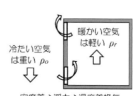

密度差➡浮力➡温度差換気

＜単位計算＞

圧力：式(8-4)で、単位は力 F が[N]=[kg·m/s²]、面積 A が[m²]です。
　　　　圧力 P_F は [N]/[m²]=[kg·m/s²]/[m²]=[Pa] です。

風圧：式(8-5)で、単位は空気の密度 ρ が[kg/m³]、風速 v が[m/s]です。
　　　　風圧 P_v は [kg/m³]×[m/s]²=[kg·m/s²]/[m²]=[N/m²]=[Pa]、つまり圧力になります。

浮力：式(8-6)で、単位は空気の密度 ρ が[kg/m³]、重力加速度 g が[m/s²]、高低差 h が[m]です。
　　　　浮力 P_t は[kg/m³]×[m/s²]×[m]=[kg·m/s²]/[m²]=[N/m²]=[Pa]、やはり圧力になります。

【補足】圧力の単位 [Pa] は "圧力のパスカルの原理" の発見者であるパスカル（1623-1662）に因んで付けられました。フランスの哲学者・自然科学者であり "人は考える葦である" もパスカルの言葉です。

【補足】力・力積・運動量・仕事・エネルギ・圧力の関係

　下図に、力・力積・運動量・仕事・仕事率・エネルギ・圧力・風圧・浮力の関係を示します。

　なお、物理量の記号と単位の記号に同じアルファベットを使われることがあります。注意してください。

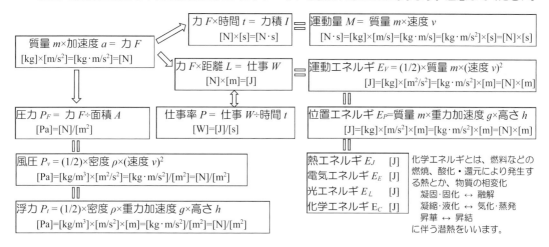

8.3　合力と分力

（1）向きのある物理量と向きのない物理量

　長さ・面積・体積・質量・仕事・エネルギなどは向きのない物理量です。これらは単純に加算・減算ができます。一方、力・速度・運動量・力積には向きがあります。向きが一致していれば F_a+F_b のように加算できますが、向きがずれていると単純には加算できません。本節では、向きのある物理量として力を取り上げ、合力と分力を学びます。

（2）合力

　右図①は石 O を A と B が同じ大きさの力 $F_A=F_B=800$ N で引っ張っているところを真上から見た図です。A と B の合力は、OA と OB を辺とする平行四辺形 OBPA（このケースではひし形）の対角線 OP になります。A と B の合力 F_{A+B} は $F_{A+B}=F_A\cos15°+F_B\cos15°≒800×02588+800×0.2588≒414$ N です。

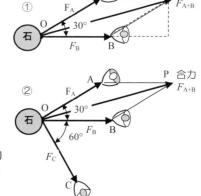

Q5：右図②は新たに C が加わりました。A、B、C の 2 人の合力の大きさと向きを求めなさい。力の大きさは 3 人とも 800N とし、力の向きは右図③のとおりです。

　A5（解 1）：A、B、C の 3 人の合力は、次頁図③の作図法で簡単に求まります。

　　　　しかし、その大きさを数値で求めようとすると、次頁図③の∠POR が不明なのでやっかいです。

ここで、より合理的でより汎用的な解法があります。それが次項(3)の分力です。

（3）分力

　分力は合理的に解くための手段です。まず力を x 成分と y 成分に分解します。分解した力を"分力"といいます。その上で x 成分と y 成分それぞれで合計し、最後に x 成分と y 成分を合成します。それでは実際に前問 Q5 で試してみましょう。

A5（解２）：O点を中心に下図④のように横方向に x 軸と縦方向に y 軸を取ります。

1)3 人のそれぞれの力を x 成分と y 成分の分力に分けます。A は $F_A(x)=F_A\cos30°$ と $F_A(y)=F_A\sin30°$、B は $F_B(x)=F_B$ と $F_B(y)=0$、C は $F_C(x)=F_C\cos60°$ と $F_C(y)=-F_C\sin60°$ です。

2)3 人の x 成分と y 成分をそれぞれに合計します。

x 成分は $F_{A+B+C}(x)=F_A\cos30°+F_B+F_C\cos60°≒800×0.8660+800+800×0.5≒1892.8$ N になります。

y 成分は $F_{A+B+C}(y)=F_A\sin30°+0-F_C\sin60°≒800×0.5+0-800×0.8660≒-292.8$ N になります。

結果を右下図④にプロットします。 （角度の精解値は $θ=\tan^{-1}(-292.8/1892.8)≒-8.79°$ です）

3)最後に x 成分と y 成分をピタゴラスの定理で合成すると合力が求まり。

$$F_{A+B+C} = \sqrt{\{F_{A+B+C}(x)\}^2+\{F_{A+B+C}(x)\}^2} ≒ \sqrt{1892.8^2+(-292.8)^2} ≒ 1915.3 \text{ N} \text{ を得ます。}$$

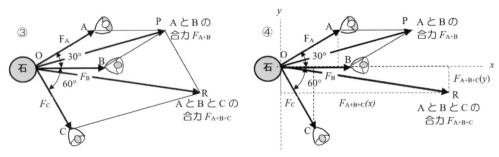

8.4　力の釣り合い

（１）作用と反作用・反力

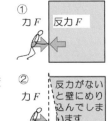

前節 8.2 の(3)で、力を加えると速度が変化するといいましたが、右図①では、力一杯押しても壁は動きません。どうしてでしょうか。

実際は右図①のように、壁に力 F と同じ大きさで反対向きの力 F が働きます。その力を反力といい、その作用を反作用といいます。ゆえに壁は動きません。もしも、反力がないと右図②のように壁にめり込んでしまいます。

【補足】"反作用" とは分かりにくい概念かも知れませんが、以下の原理を理解すれば難しくありません。

　　力の釣り合い：物体が動かないのは、力と反力が釣り合っているからです。

　　図①：質量 M の物体により、机には Mg という力が作用します。（g は地球の重力加速度）

　　図②：机は Mg という反力で物体を支えています。反力は力と釣り合うように作用します。

　　図③：机の質量を N とします。床には物体の質量 M と机の質量 N の両方による $(M+N)g$ の力が掛かりますが、同時に床は同じ大きさで向きが反対の $(M+N)g$ の反力で机を支えています。

　　　　　このように力は、物体→机→床→梁→柱→基礎→地面（地球） と連続的に伝わって行きます。

　　図④：支えるものがなければ、落下するだけです。

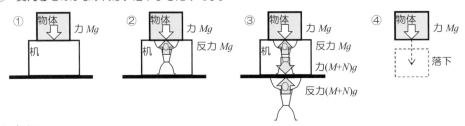

＜荷重と応力＞

物に対して、外部からかかる力を荷重といいます。また、荷重によって内部に生じる力を応力といいます。反力も応力です。なお、上図では省略されていますが、応力は表面の接点だけでなく物の内部全体に生じます。

（2）反力としての摩擦抵抗

本章の8.1、8.2では、摩擦や空気抵抗などを考慮していません。下図①では、物体に力 F を加えても物体はなかなか動きませんが、これは物体と床の間に摩擦があるためです。

物体の質量を m、重力加速度を g、床面での静摩擦係数を μ_s とすると、最大摩擦力 R_{max}［N］は

$$R_{max} = mg\,\mu_s \qquad \cdots (8\text{-}9) \quad \text{です。}$$

力 F が $F \leqq R_{max}$ であれば物体は動きません。摩擦抵抗 R_s は、加わった力 F に応じて、$R=F$ の大きさで自然発生するものです。この意味で摩擦抵抗は反力と同じです。

つまり、$\quad F \leqq R_{max} = mg\,\mu_s \quad$ のときは、物体は動きません。

$\qquad\quad F > R_{max} = mg\,\mu_s \quad$ のときに、物体が動き始めます。

いったん動くと、摩擦係数は静摩擦係数 μ_s から動摩擦係数 μ_v に変わります。動摩擦係数 μ_v は、静摩擦係数 μ_s よりも小さい、つまり $\mu_v < \mu_s$ なので、なかなか動かなかったものが動き出すと軽く動くのはこのためです。動いた後は $F - mg\,\mu_v$ が物体を動かす力になります。

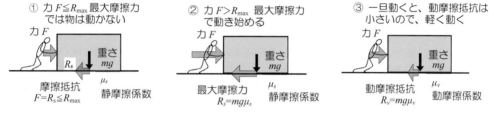

① 力 $F \leqq R_{max}$ 最大摩擦力では物は動かない

力 F ／ 重さ mg ／ R_s

摩擦抵抗 $F=R_s \leqq R_{max}$ ／ μ_s 静摩擦係数

② 力 $F > R_{max}$ 最大摩擦力で動き始める

力 F ／ 重さ mg

最大摩擦力 $R_s=mg\mu_s$ ／ μ_s 静摩擦係数

③ 一旦動くと、動摩擦抵抗は小さいので、軽く動く

力 F ／ 重さ mg

動摩擦抵抗 $R_v=mg\mu_v$ ／ μ_v 動摩擦係数

【補足】上図で水平に力を加えたとき物体に回転する力が働きますが、ここでは水平成分のみを取り上げています。

（3）もう一つの釣り合い／モーメント

モーメントとは"力×長さ"のことです。右図のシーソーはモーメントの原理を応用したものです。ここでは問題を解きながらモーメントを理解していきます。

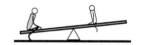

右図①は竿秤あるいは棒秤といいます。通常はフックで品物を吊り下げますが、図①は品物を乗せる台つきのもので上皿天秤といいます。台に品物を載せ、重りの分銅の位置を動かすことで左右のバランスをとります。このときの分銅の位置から品物の質量が分かるという仕組みです。ここで登場するのがモーメントです。

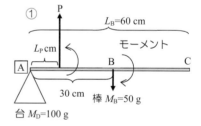

① ／ P ／ L_B=60 cm ／ モーメント ／ L_P cm ／ A ／ B ／ C ／ 30 cm ／ 棒 M_B=50 g ／ 台 M_D=100 g

Q6(1)：図①で、棒は一様で長さが L_B=60［cm］、質量が M_B=50［g］とします。一方、台は質量が M_D=100［g］で棒の左端で紐で吊り下げられています。初めに、台と棒だけで、どこで棒が水平にバランスするか、支点 P の位置を求めなさい。なお、紐の質量は無視できるものとします。

A6(1)：モーメントを考えるとき、どこを中心にモーメントを計算してもよいのですが、こういうときは最も分かりやすい点として、ここでは A 点で考えます。モーメントは"力×長さ"ですが、時計回りを＋、反時計回りを－とします。関係するのは、棒と、台と、支点 P で引っ張る力のモーメントです。

・棒のモーメント：棒の質量 M_B=50［g］で、重力加速度 g を考えた重さは $M_B×g$ です。その重心は棒の中央で、A 点から 30cm の B 点のところです。棒のモーメントは時計回りで $M_B×g×30$ です。

・台のモーメント：A 点を中心に考えたので、距離がゼロとなり、モーメントもゼロです。

- 支点のモーメント：支点では棒と台の両方の重さ$(M_B+M_D)×g$ を支えています。支点の位置が未知数なので、これを A 点から L_P[cm]とします。モーメントは反時計回りで $(M_B+M_D)×g×L_P$ です。
- モーメントの釣り合い：A を中心として、時計回りと反時計回りのモーメントが釣り合います。すなわち $M_B×g×30-(M_B+M_D)×g×L_P=0$ です。L_P について解くと、$L_P = M_B×30 / (M_B+M_D) = 50×30 / (50+100) = 10$ よって、A 点から 10[cm]のところで釣り合いがとれます。ここを支点 P とします。

Q6(2)：図②は、品物を台に乗せ、反対側に 100g の重りをつけたら、重りが P 点から 12.5cm のところで釣り合いました。品物の質量は何 g でしたか、また、この棒秤で測ることができる最大の質量は何 g ですか。

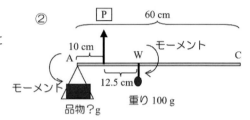

A6(2)：品物の質量を M_X とすると、P を中心とするモーメントは $M_X×g×10$（反時計回り）です。
重りのモーメントは $100×g×12.5$（時計回り）、これらが釣り合うので $M_X×g×10-100×g×12.5=0$、
∴$M_X=100×12.5/10=125$　よって、品物の質量は 125g でした。
この棒秤で測れる最大の質量は重りを右端の C 点に置いたときです。P 点からの距離が 4 倍となるので、重りのモーメントは 4 倍、つまり、測れる品物の最大質量も 125×4 倍の 500g となります。
【補足】台と棒は登場しませんでした。これは A6(1)で釣り合っていたので計算から除外できます。

Q6(3)：同じ棒秤の最大質量を 2000g にするためには重りを 4 倍にすれば簡単です。しかし、重りを変えないで、支点の位置だけを変えることにします。支点はどの位置にすればよいでしょうか。

A6(3)：今度は台も棒も重りも登場します。

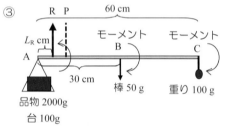

　　　　A 点から支点 R までの長さを L_R cm とします。
　　　　A 点を中心にモーメントを考えます。
- 台と品物のモーメント：モーメントはゼロです。
- 支点のモーメント：全部で 2250g を支えます。
　　モーメントは $2250×g×L_R$　（反時計回り）です。
- 棒のモーメント：$50×g×30$ で、時計回りです。
- 重りのモーメント：右端の C 点に置いた場合で、$100×g×60$ で時計回りです。
- モーメントの釣り合い　$50×g×30+100×g×60-2250×g×L_R = 0$ となります。
　　整理すると、$2250×L_R = 7500$　∴　$L_R=3.3333‥≒3.33$、よって A 点から 3.33cm を支点 Q とします。
【補足】昔の棒秤には支点を 2 つ持つ物があり、測る重さで使い分けていました。

【忙中閑有り】　車は傷害物を乗り越えられるか？

Q7：右図は、車の半径が r、質量が M で、F の力で動いています。行き先に高さ h の傷害物があります。この車は傷害物を乗り越えられるでしょうか。乗り越えるための条件を示しなさい。

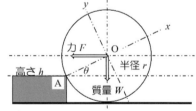

A7：AO の斜め線を x 軸とし、O を通りこれと直交する y 軸をとります。接点である A 点を中心として、推進力 F のモーメントが、車の重さによるモーメントよりも大きければ傷害物を乗り越えることができます。なお、AO が水平面と成す角を $θ$ とします。
- 力 F によるモーメントは $F\sinθ×r$ です（反時計回り）。
- 車の重さは Mg です。なお g は重力加速度です。車のモーメントは　$Mg×\cosθ×r$　です（時計回り）。
- 以上より、$F\sinθ×r>Mg×\cosθ×r$、すなわち、$F >Mg×\cosθ/ \sinθ$ であれば乗り越えられます。

　　なお、$\sinθ = (r-h)/r$, $\cosθ = \sqrt{2rh-h^2}/r$ です。
　　【補足】車の半径が傷害物の高さよりも小さいと$(r≦h)$、どんなに大きな力でも乗り越えられません。

【忙中閑有り】　カーリング／ストーンの衝突

Q7：右図で、ストーンＡが速度 v_0 でストーンＢに
　　幅 d だけずれて衝突しました。衝突後のＡとＢ
　　の速度と方向はどうなるのでしょうか。
　　なお、ＡとＢは半径 r も質量 m も同じです。
　　高さ方向は重心がずれることなく衝突します。
　　また、反発係数は 1、つまり、衝突によるロスは一切無いものとします。

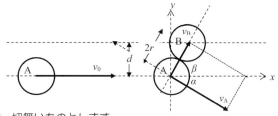

A7：衝突後の速度 v_A、v_B とします。衝突後の角度は上図のように元の進行方向を基準に α と β と仮定して、
　　運動量の保存と運動エネルギの保存の式を立てます。

　　　　運動量の保存式　　x 方向 $mv_0 = mv_A\cos\alpha + mv_B\cos\beta$　・・(1)、整理して　$v_0 = v_A\cos\alpha + v_B\cos\beta$　・・(1)'

　　　　　　　　　　　　　y 方向 $0 = -mv_A\sin\alpha + mv_B\sin\beta$　　・・(2)、整理して　$0 = -v_A\sin\alpha + v_B\sin\beta$　・・(2)'

　　　　運動エネルギの保存式は　　$\dfrac{1}{2}mv_0^2 = \dfrac{1}{2}mv_A^2 + \dfrac{1}{2}mv_B^2$　・・(3)、整理して　$v_0^2 = v_A^2 + v_B^2$　　　　・・(3)'

　＜ケース１＞　真正面から衝突する場合：$d=0$ で、$\alpha=0$、$\beta=0$ となります。速度は $v_A=0$、$v_B=v_0$ です。

　＜ケース２＞　$d\neq0$ の場合は、$\alpha\neq0$、$\beta\neq0$、よって $\sin\alpha\neq0$、$\sin\beta\neq0$ です。　←この条件はあとで使います。

　　　まず式(2)'より　$v_B = v_A \times \dfrac{\sin\alpha}{\sin\beta}$ ・・(4)を得て、式(1)'に代入すると　$v_0 = v_A\times\cos\alpha + v_A\times\dfrac{\sin\alpha\cos\beta}{\sin\beta}$ となり、

　　　整理すると　$v_A = v_0\times\dfrac{\sin\beta}{\sin\beta\cos\alpha+\sin\alpha\cos\beta} = v_0\times\dfrac{\sin\beta}{\sin(\alpha+\beta)}$ ・・(5)、同様に　$v_B = v_0\times\dfrac{\sin\alpha}{\sin(\alpha+\beta)}$ ・・(6)を得ます。

　　　(5)と(6)を運動エネルギの保存の(3)'に代入すると、　$v_0^2 = v_0^2\times\dfrac{\sin^2\beta}{\sin^2(\alpha+\beta)} + v_0^2\times\dfrac{\sin^2\alpha}{\sin^2(\alpha+\beta)}$ となります。

　　　v_0^2 を消去して整理すると　$\sin^2\alpha + \sin^2\beta = \sin^2(\alpha+\beta)$　・・(7)となります。(7)の右辺を整理します。

　　　　　右辺 $= \sin^2(\alpha+\beta) = (\sin\alpha\cos\beta + \cos\alpha\sin\beta)^2 = \sin^2\alpha\cos^2\beta + \cos^2\alpha\sin^2\beta + 2\sin\alpha\sin\beta\cos\alpha\cos\beta$

　　　　　　　　$= \sin^2\alpha(1-\sin^2\beta) + (1-\sin^2\alpha)\sin^2\beta + 2\sin\alpha\sin\beta\cos\alpha\cos\beta$

　　　　　　　　$= \sin^2\alpha + \sin^2\beta - 2\sin^2\alpha\sin^2\beta + 2\sin\alpha\sin\beta\cos\alpha\cos\beta$　　となります。

　　これを(7)に戻すと　$\sin^2\alpha + \sin^2\beta = \sin^2\alpha + \sin^2\beta - 2\sin^2\alpha\sin^2\beta + 2\sin\alpha\sin\beta\cos\alpha\cos\beta$　となり、

　　さらに整理すると　$\sin\alpha\sin\beta\cos\alpha\cos\beta - \sin^2\alpha\sin^2\beta = 0$、さらに　$\sin\alpha\sin\beta(\cos\alpha\cos\beta - \sin\alpha\sin\beta) = 0$　と

　　なり、　$\sin\alpha\sin\beta\cos(\alpha+\beta) = 0$　となります。

　　ケース２では、　$\sin\alpha\neq0$、$\sin\beta\neq0$ なので、　$\cos(\alpha+\beta) = 0$　を得ます。

　　　＜衝突後の角度＞

　　$\cos(\alpha+\beta) = 0$　より解は　$\alpha+\beta = 90°$ を得ます。つまり、**衝突後、ＡとＢは互いに直角方向に動きます。**
　　例えば $\alpha = 30°$ とすると $\beta = 60°$ です。

　　　　【補足】　$\alpha+\beta = 270°$ でも $\cos(\alpha+\beta) = 0$ になります。これは上図でＡかＢが元の方向に戻る場合で
　　　　　　　す。この場合は、式(1)と式(2)の運動量保存が成立しなくなるので棄却します。

　　　＜衝突後の速度＞

　　$\cos(\alpha+\beta) = 0$ なので $\sin(\alpha+\beta) = 1$ となります。これを(6)と(5)に代入すると、衝突後の速度が得られま
　　す。すなわち、$v_A = v_0\sin\beta$、$v_B = v_0\sin\alpha$　となります。例えば、衝突前の速度を $v_0 = 4$ m/s とし、
　　$\alpha = 30°$、$\beta = 60°$　とすると、$v_A = 4\times\sin60° \fallingdotseq 3.464$m/s、$v_B = 4\times\sin30° = 2$m/s となります。

　　➡【参考】三角関数の演算を多用しましたが、三角関数については２章を参照して下さい。

　　➡この問題は 14 章の総合演習の Q5 で続きがあります。そのときに「**衝突後は互いに直角方向に動く**」を
　　　使いますので、覚えておいて下さい。

8.5 単位のまとめ

（1）SI 単位の基本単位

SI 単位は国際単位系の単位です。SI の基本単位は、時間の秒 s、長さのメートル m、質量のキログラム kg、電流のアンペア A、温度のケルビン K、物質量のモル mol、光度のカンデラ cd の 7 つです。他の単位はこれらの基本単位を組み合わせることで作ることができるので組立単位とよばれます。

【補足】SI はメートル法を制定したフランスに敬意を表し、フランス語の Système International d'Unités の略です。ちなみに英語では International System of Units です。

（2）SI 単位の主な単位

以下に主な単位を示します。なお、単位の中には固有名称を持つものもあります。

	＜固有名称＞	＜組立単位＞
時間・秒	s	
平面角	rad（ラジアン）	rad=m/m
立体角	sr（ステラジアン）	sr=m^2/m^2　【補足】全球の立体角は 4π=720°になります。
長さ	m	
面積		m^2
体積		m^3
質量	kg	
密度		kg/m^3　　　　　　　　　　（注）比重は無次元数
絶対温度	K（ケルビン）	K=℃+273.15
温度	℃	℃=K−273.15
速度・秒速		m/s
加速度		m/s^2
力	N（ニュートン）	N=kg・m/s^2
圧力・応力度	Pa（パスカル）	Pa=N/m^2=kg・$m/(s^2 \cdot m^2)$
		【補足】建築では応力度に kg・m/mm^2 を使います。
運動量・力積		N・s=kg・m^2/s
仕事・エネルギ・熱量	J（ジュール）	J=N・m=kg・m^2/s^2
仕事率・電力	W（ワット）	W=J/s=N・m/s=kg・m^2/s^3
電流	A（アンペア）	A=V/Ω
電圧・電位	V（ボルト）	V=A・Ω
電気抵抗	Ω（オーム）	Ω=V/A
周波数	Hz（ヘルツ）	Hz=1/s
光束*	lm（ルーメン）	lm=cd・sr
光度*	cd（カンデラ）	cd=lm/sr
照度*	lx（ルクス）	lx=lm/m^2
輝度*		cd/m^2=lm/(sr・m^2)

＊印：人の感度で補正された心理物理量です。明所視で最も感度が高い緑色（周波数で 540×10^{12}Hz、波長での 555nm）のときに 1 W=683 lm と定義されます。

<接頭語>
デカ d=10、ヘクト h=10², キロ k=10³、メガ M=10⁶、ギガ G=10⁹、テラ T=10¹²、ペタ P=10¹⁵、エクサ E=10¹⁸、
ゼタ Z=10²¹、ヨタ Y=10²⁴
デシ d=1/10、センチ c=1/10²、ミリ m=1/10³、マイクロ μ=1/10⁶、ナノ n=1/10⁹、ピコ p=1/10¹²、フェムト
f=1/10¹⁵、アト a=1/10¹⁸、ゼプト z=1/10²¹、ヨクト y=1/10²⁴

<人名に由来した名称>
　　上記の SI 単位では、A（アンドレ・アンペール）、℃（アンデルス・セルシウス）、Hz（ハインリヒ・ヘルツ）、J（ジ
ェームズ・ジュール）、K（ケルビン卿）、N（アイザック・ニュートン）、Pa（ブレーズ・パスカル）、V（アレサンドロ・ボル
タ）、W（ジェームス・ワット）、Ω（ゲオルク・オーム）です。
　　上記以外では、放射能 Bq(アンリ・ベクレル）、電荷 C(シャルル・クーロン）、静電容量 F(マイケル・ファラデー）、吸収
線量 Gy(ルイス・グレイ）、インダクタンス H(ジョセフ・ヘンリー）、電気伝導率 S(ヴェルナー・ジーメンス）、線量当量
Sv(ロルフ・シーベルト）、磁気密度 T（ニコラ・テスラ）、Wb（ヴィルヘルム・ヴェーバー）などがあります。
　　SI 単位以外では、ベル B（グラハム・ベル）磁力:G(カール・フリードリヒ・ガウス）、加速度 Gal(ガリレオ・ガルレイ）、
放射能 Ci（キューリー夫妻）、X 線などの照射量 R（ヴィルヘルム・レントゲン）などがあります。

（3）SI 単位との併用が認められている主な単位

　　以下のものは日常的に頻繁に使われる単位で、SI 単位との併用が認められています。

	<固有名称>	<組立単位>
時間・分、時間、日	min h d	min=60s、h=60min=3600s、d=24h=1440min=86400s
角度・度、分、秒	° ' "	°=π/180 rad、'=1/60 °、"=1/60 '
長さ・海里、天文単位	M、au	海里 M=1852m、天文単位 au= 149597870700m
面積	ha	ha=10000m²
容積	ℓ	ℓ=1000mm³=0.001m³
質量	t	t=1000kg
音の強さや音圧のレベル	dB	音の強さ W/m²：dB=10log（W/m²÷(10⁻¹²W/m²)）
		ただし、10⁻¹² W/m² は音の強さの最小可聴値

（4）建築で使うその他の単位

　　建築では以下の単位を使うことがあります。

長さ	間=6 尺≒1.81818m、尺≒10/33 m≒0.30303m、寸=1/10 尺
敷地や建物の面積	坪=(6 尺)²≒3.305785m²、畳=3 尺×6 尺　（江戸間では約 176cm×88cm）
力（荷重）	kgf=質量 kg×重力加速度
	【補足】質量と重さや力の数値が違うと混乱の元になりかねません。そこで、力や荷重を 12kgf と表記することがあります。
電力量	kWh=電力 kW×時間 h です。
	【補足】電力 1kW を 1 時間使うと電力量は 1kWh です。物理的にはこれは仕事量（エネルギ）であり、SI 単位では 1kWh=3600kWs=3600 kJ です。しかし、日常的に用いる単位として J では混乱するので、電力量に限り kWh を用います。

（5）SI 単位以外の単位

　　SI 単位以前からの古い単位に以下のものがあります。

　　　　長さ・距離（in、ft、yd、mile、分・寸・尺・間・町）、面積(ac:エーカー、畳・坪・畝・町）、容積（gal:ガロ
　　　　ン、barrel:バレル、勺・合・升・斗・石）、質量（oz:オンス、lb:ポンド、car:カラット、勺・斤・貫）、
　　　　力（dyn、kgw、kgf）、圧力（Aq:水柱）、回転速度（rpm）、温度（°F）、エネルギ（cal、erg）、
　　　　仕事率（PS 仏馬力、HP:英馬力）、地震（M:エネルギの規模、Gal:加速度、震度）、
　　　　天文（光年、天体距離 pc:パーセク）、磁束密度（G:ガウス=10mT）、

アナロジー（analogy）とは、類似・似かよりなどの意味です。異なる分野の間に、物理的に似た法則が沢山あります。例えば、次の力と熱では、

力：フックの法則／荷重とばねの伸びは正比例するという法則です。

$$F = k \times \delta$$ ただし、F：力 [N]、k：ばね定数 [N/m]、δ：伸びの長さ [m]

熱流：$Q = K \times \Delta\theta$ ただし、Q：熱流 [W]、K：熱貫流率 [W/℃]、$\Delta\theta$：温度差 [℃]

力と熱には全く関係がないように思われるかも知れません。しかし、力と伸び、熱流と温度差はどちらも比例関係であることは共通です。力が倍になれば伸びは倍になり、温度差が倍になれば熱流も倍になります。しかも、フックの法則のばね定数 k と熱流の熱貫流率 K は、それぞれが性能を示すことも共通です。ばね定数が材料の性能であり、熱貫流率は屋根とか壁の熱性能です。伸びを半分にするにはばね定数を倍の性能に上げれば良く、熱流を半分にするには、熱貫流率を半分にすれば良いのです。

しかし、よく見ると違いもあります。フックの法則は、力 F（原因）を加えるとばねが δ（結果）だけ伸びるのに対して、温度差 $\Delta\theta$（原因）により熱流 Q（結果）が生じる点では、因果関係が逆です。しかし、ばねが δ 伸びるのに必要な力 F という言い方もできますし、熱流 Q を生じるときの温度差 $\Delta\theta$ という言い方もできますので、これは相違というほどではありません。

もう少し考えてみます。例えば、ばね定数 k とは "ばねの**伸びにくさ**" です。逆数の $1/k$ にすると伸びやすさになります。一方の熱貫流率 K は "熱の**流れやすさ**" です。逆数の $1/K$ にすると熱の流れにくさ、つまり、熱抵抗になります。同じ比例定数ですが、性質は逆です。これは相違点と言えます。なお、このばね定数の逆数を k' と定義すれば $F = k' \times \delta$ と書けます。

以上のように、建築構造の力と建築環境設備の熱流、一見すると異なる現象ですが、原理には共通点（類似性）があります。これらを別々に覚えるよりも、原理的な共通点や類似性を見つけ、その上で、個々の違いを理解するようにすると、知識と知識が連携され、より強い知識となります。

【参考】

5章では「音」を取り上げましたが、音と光にも類似性（アナロジー）が多々あります。

音は波ですが、光も波の性質があります。電磁波である日射の中で波長が 380〜780nm（ナノメートル）を人は光として感じることができます。380nm 以下を紫外線、780nm 以上を赤外線といいます。音も同様に人が音として感じることができるのは周波数で 20〜20,000Hz 位の範囲です。20,000Hz 以上を超音波といいます。

＜建築構造からみる数理＞
見えない力の流れを読み解く

　前半の「基本編」では、数理の視点から建築を垣間見てきました。後半は逆に、建築の中でどのように数理が係わっているかを見ていきます。中編（9〜11章）のテーマは「見えない力の流れを読み解く」で、構造力学と構造形式を取り上げます。本編の3つの章の構成は次のようになっています。

　9章は「部位にかかる力」です。部位とは柱・梁などです。フックの法則に始まって、作用と反作用、力と反力、荷重と応力、圧縮と引張、曲げとせん断など、力の流れを理解する上での基本をここで学びます。

　10章は「部位の性能／曲げとたわみと断面性能」です。構造力学を理解する上での核心部分です。曲げの正体から始まって、曲げモーメントの分布曲線➡弾性曲線➡たわみ曲線の式の導出をします。また、曲げに対処する部位の性能として、断面係数や断面二次モーメントが出てきます。なお、公式を暗記するのではなく、根本原理の理解に努めて下さい。そうすればいろいろな応用が利くようになります。

　また、苦手な人が多い微分と積分が登場します。避けて通れるものならそうしたいのですが、そうもいきません。なお、見方を変えると微分・積分も面白いと感じるはずです。例えば、本当は曲がっているものでも微分なら直線とみなせる、本当は円ではないものが微分なら円とみなせるなど、こういう簡易化ができるのが微分なのです。これを巧みに利用します。このコツさえ掴めば難しくなくなるはずです。

　11章は「構造力学から建築へ」です。11章では難しい式はでてきません。ここでは9章と10章で学んだ構造力学が建築の形にどのように係わっているかを学びます。特に大空間に着目して、大空間を支えるいろいろな構造形式を取り上げ、建築構造が歴史的にどのように発展してきたかを、実際の例を見ながら学んでいきます。なお、見えている部分だけでなく、見えない部分にも注目してください。建物全体でどのように空間を支えているかが分かります。

　構造力学では難しい計算が必要なこともありますが、大切なことは、見えない力の流れを読み解くことです。力の流れを読み解くとは、力の本質を理解することです。つまり、根本的な原理が何であるかを理解するように努めて下さい。

9. 部位にかかる力／圧縮と引張

　力については第 8 章でも扱いました。本章では、さらに一歩進めて部材の中にかかる力、つまり、荷重と応力、圧縮と引張などを勉強します。また、高校の物理で習ったフックの法則が登場しますが、これは次の 10 章を理解する上での基礎となるものです。また、建築の材料には圧縮に強い材料と引張に強い材料があり使い分けるのですが、トラスを例に構造のいろいろな部位に圧縮と引張がどのようにかかっているかを学びます。

9.1　いろいろな力
（1）力と反力・内部応力　／　ゴンドラに乗っている人はゴンドラを持ち上げられない

　下の図を見てください。ゴンドラの外にいる人がゴンドラを持ち上げることは簡単にできますが、ゴンドラに乗った人がゴンドラを持ち上げることはできません。さて、なぜでしょうか。

　これは、力の流れを考えるとよくわかります。ゴンドラの外にいる人がゴンドラを持ち上げようとする場合（下の左図）、ゴンドラには重力（ゴンドラの重さ）が働き、腕にはその反作用として引張力が働きます。一方、胴体や脚にはさらにその反作用として圧縮力が働きます。最終的には脚に働いている圧縮力を地面が支える、すなわち、地面には上向きの反力が生じて人を支えています。そして、持ち上げる力がゴンドラに働く重力と同じになったとき、ゴンドラは地面を離れ、ゴンドラを持ち上げることができます。

　ところが、ゴンドラの中にいる人の場合（下の中図）、人を支えているのはゴンドラです。したがって、持ち上げる力がゴンドラの重さと同じになったとしても、人に脚に働く圧縮力がゴンドラに働く重力に付加され、腕に作用している引張力を上回ります。さらに大きな力で引っ張り上げようとしても、その分がまたゴンドラの重さに付加され、結局ゴンドラを持ち上げることはできません。

　人とゴンドラの重さを考えなければ、ゴンドラと人との間、すなわち内部で力が釣り合っているので、外から見ても変化がないのです（下の右図）。このような力を内部応力とよびます。力がどのように伝わり、最終的にどこで支えているのかを考えられるようになると、建築物の各部に働いている力が理解できるようになります。

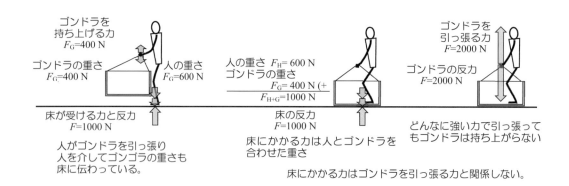

（2）荷重・外力と応力／物体は同一でなくても力は連続する

右図のゴンドラの例で、物体には重力が働いています。この物体を人が引っ張っています。

人は外から見ると外部の物体に引っ張られています。この外部から作用する力を「荷重」あるいは「外力」といいます。一方、内部で作用する力を「内部応力」あるいは単に「応力」といいます。ゴンドラの重さが、人の腕や胸や脚などに働きますが、この力が応力です。この応力は人の身体の中を連続的に伝わっていきます。最後に、脚から地面に力が伝わります。脚が地面を押す力は地面から見ると外力です。地面の反力が脚を支えています。

このように、浮いたゴンドラは地面とは直接繋がっていませんが、ゴンドラの重さは、ロープ→人→地面へと連続的に作用します。

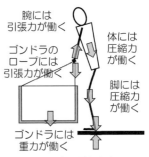

腕には引張力が働く
ゴンドラのロープには引張力が働く
体には圧縮力が働く
脚には圧縮力が働く
ゴンドラには重力が働く
地面が脚を支える
力は物体間で連続している

（3）圧縮と引張

応力には「圧縮」と「引張」があります。先の右上図の例では、人の身体のうち、腕に働いているのは引張力です。体や脚に作用しているのは圧縮力です。ゴンドラのロープにも引張力が働いています。

右図①で、物体を圧縮する力を圧縮力とよびます。物体は圧縮力を受けると、物体は縮み、内部で圧縮応力が発生します。

右図②で、物体を引っ張る力を引張力とよびます。物体は引張力を受けると、物体は伸び、内部で引張応力が発生します。

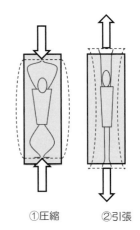

①圧縮　　②引張

【補足】厳密には、圧縮力を受けると物体は加力方向に縮むのと同時に加力直交方向に膨らみ、引張力を受けると物体は加力方向に伸びるのと同時に加力直交方向に細くなります。加力直交方向の歪度（単位長さ当たりの伸び）と加力方向の歪度との比をポアソン比といいます。ポアソン比はほとんどの材料で0.1〜0.4程度の値を示します。

（4）せん断

物体の両側面に、側面に平行な逆向きの力が作用すると、物体は平行四辺形に変形します。この一組の力をせん断力とよびます。

カッターは物体を圧縮力により切断する道具であり、はさみは物体をせん断力で切断する道具ということができます。物体にせん断力が作用すると、物体内には引張応力と圧縮応力が生じます。このため、せん断力を受けた障子には斜め方向のしわができたり、引張変形しにくい材料には斜めに亀裂が生じたりします。

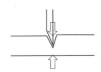

カッターは圧縮力で切断する

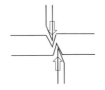

はさみはせん断力で切断する

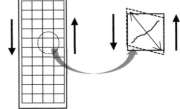

せん断力による障子の斜めのしわ

（5）曲げ

右図①の棒秤のように、物体を回転させる一対の力の作用によるモーメントを回転モーメントとよびます。

① 棒秤の回転モーメント

右図②の片持ち梁のように、物体の一部を固定すると物体を曲げる作用である曲げモーメントが生じます。

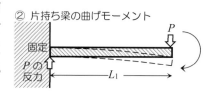

② 片持ち梁の曲げモーメント

右図③は釘を抜く場合です。この図で曲げモーメントが何かを考えてみましょう。さて、柄の先端にかけた力 P は"てこの原理"によって増幅されて力 N となり、釘を引き抜くことができます。このとき、支点にはかけている力 P に対する反力と作用する力 N に対する反力が生じています。

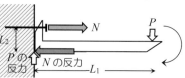

③ 釘を抜くときの曲げモーメント

てこの原理は（力点〜支点の距離）と（作用点〜支点の距離）の比率だけ力が増幅されますから、

作用する力は　$N = P \times L_1 / L_2$　となります。

これを変形して　$N \times L_2 = P \times L_1$　としたとき、左辺が作用している曲げモーメント、右辺がかけている力による曲げモーメントということができます。すなわち、曲げモーメントとは 力と一対の力の間の距離の積で表されます。

【補足】曲げモーメントは"力×距離"ですが、距離が力の向きと同じではなく、直交方向ですので移動エネルギと同値ではありません。なお、てこの原理では、腕の長さに比例して移動（移動エネルギでいうところの距離）を伴うので、エネルギが保存されていると考えることもできます。

9.2　フックの法則

本書の読者の皆さんはフックの法則はご存じのことと思います。フックの法則とは、力と伸びの関係の物理法則で、次ページの式(9-1)で表されます。中には忘れてしまった人もいるかも知れませんが、次の問題を解きながら思い出して下さい。

＜力と伸びの関係＞

Q1：ばねに力を加えたときの、力と伸びの長さの関係を求めてみましょう。

・ばねの長さを ℓ とします。これに、

① 力 F を加えたときの伸びを δ とします。

② 力を 2 倍の $2F$ としたときの伸びは？

③ 力を 3 倍の $3F$ としたときの伸びは？

A1：②　2δ、③ 3δ

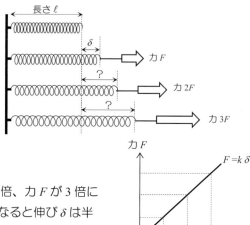

右図のように、力 F が 2 倍になると伸び δ は 2 倍、力 F が 3 倍になると伸び δ は 3 倍、逆に力 F が半分の 0.5 倍になると伸び δ は半分の 0.5 倍になります。つまり力 F と伸び δ は比例関係にあります。

これがフックの法則です。フックの法則を式で表すと次のようになります。

フックの法則 $F = k \times \delta$ ・・・(9-1)

F は力で単位は[N]、δ は伸びの長さで単位は[mm]です。k は比例定数で、フックの法則ではこれを"ばね定数"といいます。単位は[N/mm]になります。

ばね定数は、個々の材料が持つ固有の値です。材料によって伸びやすいもの（k の値が小さい）と、伸びにくいもの（k の値が大きい）ものがあります。

【補足 1】ばね定数の言葉から、伸びやすさを表すと誤解しやすいので補足しておきます。

伸びやすい材料（ばねの他にゴムなど）の k の値は小さくなります。伸びにくいもの（鉄やガラスや木材など）の k の値は大きくなります。例えば、同じ大きさの力 F で、k と δ は反比例の関係なので、k の値が 2 倍の材料では伸びは半分になります。つまり、ばね定数とは材料の伸びにくさの性質です。

なお、F と δ を入れ替えると $\delta = F / k$ となりますが、逆数の $1/k$ にすると伸びやすさになります。

【補足 2】フックの法則が成り立つ物質を線形弾性体といいます。荷重がなくなると物質は元の長さに戻ります。荷重が弾性限度を超えると元に戻らなくなります。

＜長さとの関係＞

今度は長さの要素を加えて考えてみましょう。

Q2：今度は力 F は同じとして長さを変えたときの伸び δ を比較します。

① 長さ ℓ のばねがあります。力 F のときの伸びを δ とします。

② 長さが 2 倍の 2ℓ のときの伸びは？

③ 長さが半分の 0.5ℓ のときの伸びは？

A2：② 2δ、③ 0.5δ

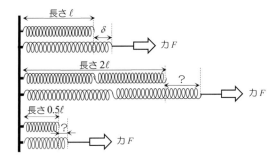

長さが 2 倍の 2ℓ になると伸びは 2δ、長さが 3 倍の 3ℓ では伸びは 3δ、長さが 0.5ℓ では伸びは 0.5δ になります。つまり、同じ力 F の条件では、$2\delta/2\ell$、$3\delta/3\ell$、$0.5\delta/0.5\ell$ のように長さと伸びの比率はいつも同じです。式で表すと次式(9-2)になります。

$$F = k' \times \frac{\delta}{\ell}   ・・・(9-2)$$

【補足 1】長さが 2 倍になると、なぜ、伸びも 2 倍になるのでしょうか？　②のケースで考えてみます。

力は、材料のどこも同じ大きさの力がかかっています。つまり、左半分の(イ)は右半分の(ロ)を介して同じ力 F で引っ張られています。よって(イ)の伸びは δ です。右半分の(ロ)も同じ力の大きさ F で引っ張られています。したがって、(ロ)の伸びも δ です。よって、(イ)と(ロ)の伸びを合わせると 2δ になります。

長さ ℓ　δ　　長さ ℓ　δ

(イ)　　　　　(ロ)　　　　力 F

【補足 2】式(9-2)の比例定数 k' と先の式(9-1)の比例定数（ばね定数）k との関係は $k = k' / \ell$ あるいは $k' = k\ell$ です。k の単位は[N/mm]ですが、k' の単位は[N]になります。

<断面積との関係>

今度は断面積のことも考えてみましょう。

Q3：力 F は同じで、長さも同じ ℓ のばねで、太さを変えたときの伸び δ を比較します。
太さを断面積 A で表しますが、ばねを束ねたときの本数と考えても同じことです。

① 長さ ℓ で断面積が A のばねがあります。
力 F のときの伸びを δ とします。

② 断面積が 2 倍の $2A$ のときの伸びは？

③ 断面積が半分の $0.5A$ のときの伸びは？

A3：② 0.5δ 、③ 2δ

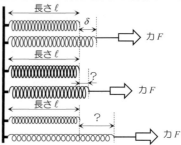

太さ、つまり断面積が 2 倍の $2A$ になると、それだけばねは強くなりますから、伸びは逆に半分の 0.5δ になります。断面積が 3 倍の $3A$ では伸びは $1/3$ の 0.3333δ、断面積が逆に半分の $0.5A$ になるとばねは弱くなりますから、伸びは 2 倍の 2δ になります。

以上から $2A \times 0.5\delta$、$3A \times 0.3333\delta$、$0.5A \times 2\delta$ のように断面積と伸びとの積は一定です。先の式 (9-2) に、断面積の条件を加えると次式 (9-3) のようになります。

$$F = E \times \frac{\delta A}{\ell} \qquad (9\text{-}3)$$

式 (9-3) の比例定数 E を**ヤング係数**といいます。単位は [N/mm²] あるいは [N/m²]=[Pa] です。ヤング係数は材料によって固有の値を示し、太さや長さの影響を受けないので、便利に使えます。

式 (9-3) の両辺を断面積で割ると、$\dfrac{F}{A} = E \times \dfrac{\delta}{\ell}$ となり、ここで $\sigma = \dfrac{F}{A}$ と $\varepsilon = \dfrac{\delta}{\ell}$ とおくと、次式 (9-4) が得られます。

$$\sigma = E\varepsilon \quad \text{あるいは} \quad \varepsilon = \frac{\sigma}{E} \quad \text{あるいは} \quad E = \frac{\sigma}{\varepsilon} \quad \cdots (9\text{-}4)$$

$\sigma = F/A$ は単位面積当たりの力、つまり応力度 σ [[N/m²] です。また、$\varepsilon = \delta/\ell$ は長さ当たりの伸び、これを歪度といいます。歪度は長さと長さの比率なので単位に関係しない無次元量 [－] になります。この式 (9-4) は建築の構造力学や材料力学で頻繁に使う式です。

【補足 1】式 (9-4) から、ヤング係数 E は物体に、歪度 $\varepsilon = 1$ を与えるために必要な応力度 σ を意味します。すなわち、歪度 $\varepsilon = 1$ とは伸びの長さ δ が元の長さ ℓ と同じで、物体を元との 2 倍の長さにするために必要な応力度ということもできます。ただし、2 倍の長さになる前に降伏（応力度と歪度が比例関係を示さなくなる）してしまう材料もあります。スタンダードな鋼材である SS400（一般構造用圧延鋼材のひとつ）は 0.12％程度、SN490（建築構造用圧延鋼材の一つ）は 0.16％程度で降伏します（JIS に規定される数値を用いて算出）。

【補足 2】ヤング係数は次のような値を示します。ゴム：$E = 10 \sim 100$ [N/mm²]、木材（スギ）：$E = 7,000$ [N/mm²] 程度、コンクリート：$E = 10,000 \sim 20,000$ [N/mm²] 程度（調合や強度などによる）、鋼材 $E = 205,000$ [N/mm²]。

Q4：長さが ℓ、断面積が A のばねに力 F を加えたときの伸びが δ でした。同じヤング係数 E のばねで、長さが 2 倍、太さが 3 倍で、伸びが 4 倍になりました。このときの力を求めなさい。

A4：初めを $F = E \times \dfrac{\delta A}{\ell}$ とします。あとの条件の力を F' とすると $F' = E \times \dfrac{4\delta \times 3A}{2\ell} = E \times \dfrac{\delta \times A}{\ell} \times 6 = F \times 6$

よって、初めの条件の力の 6 倍です。

9.3 さまざまな支えと接合／固定・ローラー・ピン

物体を支えるとき、その支え方にはいくつかの種類があります。支え方によって「どのように動けるのか／動けないのか」と「どのような反力が生じるか」が決まります。前々節 9.1(1)で「力がどのように伝わり、最終的にどこで支えているのか」を考えましたが、ここではより詳しく、"どこで・どのように支えているのか"を考えてみましょう。

（1）固定／最も基本的な支持方法

いわゆる掘立柱のような支持方法で、その部材だけで自立させることができます。日本における古代の竪穴式住居や出雲大社などの柱は掘立柱であったといわれていますし、世界にも同様の掘立柱が多く見られます。

固定支持された部材は上下左右方向に動くことはできませんし、回転することもできません。すなわち、上下方向、左右方向に加え、回転方向に反力を生じます。柱に強固に固定された片持ち梁（キャンチレバー）や、アンカーボルトで十分に基礎に固定された柱脚などは固定として扱います。

（2）ローラー／左右に逃げをとって予期しない損傷を防ぐ

建築物や土木構造物では、温度による膨張収縮や地震などの外力によって各部が相対的に動くことがあります。

ローラーは左右に動くのは自由ですが、上下には動くことができません。左右に動くことが可能ですから、左右方向に反力は生じません（支える側は物体が左右方向に動くことを妨げません）が、上下方向は拘束されていますから、上下方向には反力を生じます。

実際の建築構造物にはあまり見られない支持方法ですが、構造物の解析上、便宜的に想定することがあります。

【補足】　建築物にはローラーに限らず、「逃げをとる」工夫がたくさん見られます。例えば鉄筋コンクリートの温度による膨張収縮に対して逃げをとる伸縮目地、木材の乾燥収縮に対して逃げをとる背割り（木材側面から中心に向かってあらかじめ入れておく切れ込み）、設備配管の伸縮継手などです。

（3）ピン／曲げモーメントを発生させない

ちょうつがいのような、回転が可能な支持方法です。上下左右に動くことはできません。回転が可能ですから、反力としての曲げモーメントは生じません。上下方向、左右方向には拘束されていますから、上下方向、左右方向に反力を生じます。うまく組み合わせると部材に曲げを生じさせない架構をつくることが可能です。

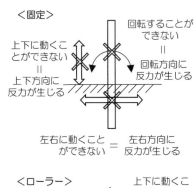

＜固定＞
回転することができない ＝ 回転方向に反力が生じる
上下に動くことができない ＝ 上下方向に反力が生じる
左右に動くことができない ＝ 左右方向に反力が生じる

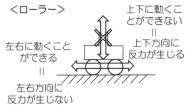

＜ローラー＞
上下に動くことができない ＝ 上下方向に反力が生じる
左右に動くことができる ＝ 左右方向に反力が生じない

＜ピン＞
上下左右に動くことができないが、軸を中心に回転することができる

ピン接合

橋の伸縮目地

木材の背割り

曲げは大きな応力と変形を生じさせやすいので（10.1 節で詳しく説明します）、曲げの生じない架構は合理的ということができます（9.4 節のトラスがその 1 つです）。木造軸組構法のほぞによる接合部など、ある程度回転できる接合部を便宜的にピン接合として扱うことがあります。大規模な建築物では、実際の形状もピンとすることがあります。

9.4　トラスに見る力の釣り合い

（1）部材にかかる圧縮力と引張力

　トラスとは細長い部材を三角形にピン接合し（この接合点を**節点**とよびます）、その三角形で構成された構造体です。このように接合すると、部材には曲げモーメントが作用せず、軸方向力（圧縮力か引張力）のみが作用します。軸方向力による圧縮変形や引張変形は曲げ変形に比べて非常に小さいので（10.1 節で詳しく説明します）、トラスは構造的に合理的な架構であるということができます。

　構造物はあらゆる部分で力が釣り合っていますから、トラスの節点に集まる各部材の軸方向力は釣り合っているということができます。この性質を利用して、トラスの各部材に作用している軸方向力、つまり、圧縮力か引張力を求めることができます。

　【補足】トラスにかかる荷重や応力には次のような記号を使います。

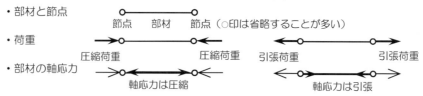

・部材と節点　　　　　節点　部材　節点（○印は省略することが多い）
・荷重　　　圧縮荷重　　　　圧縮荷重　　引張荷重　　　　引張荷重
・部材の軸応力　　　軸応力は圧縮　　　　　　軸応力は引張

　　　　　注：軸応力の矢印の向きが圧縮と引張が逆のように見えるかも知れませんが、軸応力とは荷重に対する反力（応力）なので、この矢印の向きで正しいのです。
・軸応力の符号　引張力を+で、圧縮力を-で表します。

（2）数式を使わずに圧縮材と引張材を見分ける

　例題 1：右図①のトラスの各部材に働く力が圧縮力か引張力か考えてみましょう。

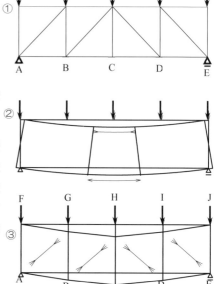

　まずは、トラスの上端の材（これを**上弦材**とよびます）と下端の材（これを**下弦材**とよびます）に着目してみましょう。

　トラスを一体の梁として考えてみます。梁が鉛直荷重を受けると、右図②のようにたわみます。そのとき、梁の上端は縮み、梁の下端は伸びていることがわかります。すなわち、梁の上端は圧縮力を受け、梁の下端は引張力を受けているのです。すなわち、両端支持されたトラスが鉛直方向の荷重を受けるとき、上弦材は一般的に圧縮力を受け、下弦材は引張力を受けているのです。

斜材の向きには圧縮力が働いている

次に、前の頁の図③のトラスの斜材（例えば AG）に着目してみましょう。上と同じようにトラスを一体の梁として考え、梁の各部分のせん断変形を考えてみます。すると、このトラスの斜材に相当する部分は縮む方向であることがわかります。斜材 BH も同様です。すなわち、このトラスの斜材は圧縮力を受けているのです。

　トラスの鉛直材 BG はどうでしょうか。ここでは、節点 B に作用する力を考えてみます。B 点に作用する力のうち、鉛直方向成分を持っているのは N_{BH} と N_{BG} だけです。このうち、N_{BH} は前述の通り圧縮力（節点 B を下向きに押す力）ですから、N_{BG} はこれと釣り合うために節点 B を上向きに引っ張る力ということがわかります。すなわち、この鉛直材は引張力を受けています。

　ところで、上弦材のうち、端部の FG はどのような力を受けているのでしょうか。ここでは節点 F に作用する力を考えてみます。F 点に作用する力のうち、水平方向成分を持っているのは N_{FG} だけです。仮に N_{FG} が 0 ではない、すなわち、何らかの力の大きさを持っているとすると、それに釣り合うために支える力がありません。したがって、N_{FG} は 0 ということになります。このように、ある節点に複数の力が作用し、ある力以外の力の方向が同一直線上にある場合、その一直線上にない力の大きさは 0 であり、その部材の応力は 0 ということになります。

　同様に鉛直部材 CH も節点 C で支える力がないので、この鉛直部材の応力も 0 になります。なお、鉛直部材 AF は接点 F で荷重を受けるので、鉛直材は圧縮力を受けます。

　以上より、先の図①のトラスの圧縮材、引張材および応力 0 部材を図示すると右図のようになります。

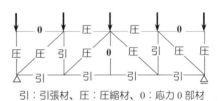

引：引張材、圧：圧縮材、0：応力 0 部材

例題 2：右下図のトラスは各スパンの長さが全て $L=1$ とします。上弦材の各節点に荷重 $P=20$ がかかっています。このトラスの各部材の軸応力を求めてみましょう。

　解く手順は
ｲ) 支点での反力を求め、
ﾛ) 各節点ごとに、垂直力と水平力が、各々釣り合うように軸応力を求め、
ﾊ) 軸応力が圧縮か引張かを判定します。
それでは始めましょう。

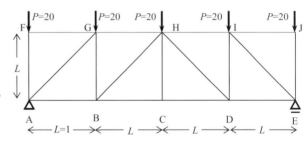

解 2：1)まず、支点 A と E での反力を求めます。
　　　・水平方向は、E 点の支点はローラーです。よって、E 点の水平反力は $H_E=0$ です。
　　　　E 点の水平方向の反力が 0 ですので、これと釣り合う A 点の水平反力も $H_A=0$ です。
　　　・鉛直方向は力の釣り合いとモーメントの釣り合いより求めます。支点 A と支点 E における鉛直方向の反力を R_A、R_E とすると、$R_A+R_E=5P=100$ です。A 点で回転モーメントの釣り合いをとると、
　　　　$\sum M_A = P\times0 + P\times L + P\times2L + P\times3L + P\times4L - R_E\times4L = 0$　です。
　　　これより、支点 E での反力 $R_E=5P/2=50$ を得ます。また、支点 A での反力も $R_A=50$ です。
　　2)軸応力 N が 0 となる部材を見つけます。まず、上弦材の両端の $N_{FG}=0$、$N_{IJ}=0$ です。これらは水平方向に支点がないため軸応力を受け止めることができないからです。また、中央の鉛直部材も $N_{CH}=0$ です。ここも節点 C に支点がないため軸応力を受け止めることができないからです。

3)各節点での力の釣り合いから軸応力 N を求めます。どの節点から始
　めるかですが、最も単純な節点 F から始めて F→A→G→B→H→C
　と進めることにします。

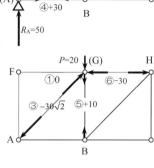

・節点 F 回りの力に着目します。既知は荷重 $P=20$ です。
　①水平成分の釣り合い：部材 FG は応力 0 部材でした。∴ $N_{FG}=0$
　②鉛直成分の釣り合い：荷重との釣り合いから $N_{AF}=-20$（圧縮）
・節点 A：反力 $R_A=50$ と、② $N_{AF}=-20$ が既知です。
　③鉛直成分の釣り合いから-30 ですが 45°なので、$N_{AG}=-30\sqrt{2}$（圧縮）
　④水平成分の釣り合いから、$N_{AB}=+30$（引張）

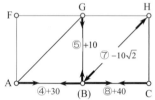

・節点 G：荷重 $P=20$、① $N_{FG}=0$ と③ $N_{AG}=-30\sqrt{2}$ が既知です。
　⑤鉛直成分の釣り合いから、$N_{BG}=30-20=+10$（引張）
　⑥水平成分の釣り合いから、$N_{GH}=-30$（圧縮）
・節点 B：④ $N_{AB}=+30$ と⑤ $N_{BG}=+10$ が既知です。
　⑦鉛直成分の釣り合いから、$N_{BH}=-10\sqrt{2}$（圧縮）
　⑧水平成分の釣り合いから、$N_{BC}=10+30=40$（引張）

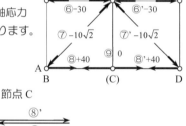

・節点 H：荷重 $P=20$、⑥ $N_{GH}=-30$ と対称の⑥' $N_{HI}=-30$ が既知です。
　⑦ $N_{BH}=-10\sqrt{2}$ と対称の⑦' $N_{CH}=-10\sqrt{2}$ が既知です。さらに、鉛直
　部材 C-H は応力 0 部材なので Nch=0 です。よって全て既知です。
・節点 C：⑧ $N_{BC}=40$ とこれと対称の⑧' $N_{CD}=40$、さらに、
　鉛直部材 C-H は応力 0 部材なので $N_{CH}=0$ です。よって全て既知です。
・左右対称の、節点 D は節点 B と同じ、節点 E は節点 A と同じ、節点 I
　は節点 G と同じ、節点 J は節点 F と同じです。

4)ここで求めた軸応力が正しいか否かの確認をします。各節点ごとに軸応力
　のベクトルを合成し、合成したベクトルが閉じれば正しいことになります。

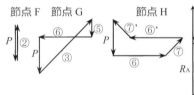

【補足】この図を示力図といいます。

5)全ての部材の軸応力を右図に示します。
　上弦の FG、IJ と中央の鉛直部材の軸応力
　が 0（ゼロ）です。
　引張は、下弦部材の全てと、BG と DI の
　鉛直部材です。その他の部材は圧縮です。
　例題 1 の結果と一致しました。

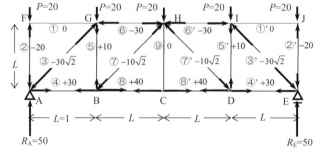

Q5：右図のトラスの軸応力を求めなさい。
　また、軸応力が引張ならば＋の値で
　示し、圧縮ならば－の値で示しなさ
　い。なお、上弦梁の各節点の荷重は
　全て $P=20$ とします。

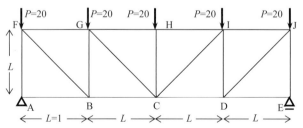

A5：答を右図に示します。

- 反力を求めます。例題 2 と同じで $R_A = 50$、$R_E = 50$ です。

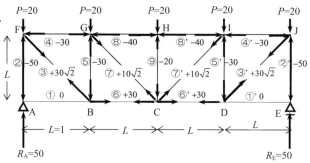

- 節点 A から求め、以下の手順に従うと、素直に軸応力が求まります。
- 節点 A：① $N_{AB} = 0$ （水平支持がない）
    ② $N_{AF} = -50$ （圧縮）
- 節点 F：③ $N_{BF} = +30\sqrt{2}$ （引張）
    ③水平成分との釣り合いから、
    ④ $N_{FG} = -30$ （圧縮）
- 節点 B：垂直成分の釣り合いから⑤ $N_{BG} = -30$ （圧縮）、水平成分の釣り合いから⑥ $N_{BC} = +30$ （引張）
- 節点 G：垂直成分の釣り合いから⑦ $N_{GC} = +10\sqrt{2}$ （引張）、水平成分の釣り合いから⑧ $N_{GH} = -40$ （圧縮）
- 節点 H：垂直成分の釣り合いから⑨ $N_{HC} = -20$ （圧縮）となります。他は全て既知です。
- 節点 C：全て既知です。節点 D、E、I、J は節点 B、A、G、F と左右対称です。

【補足】例題 2 と Q5 のトラスの軸応力の違い

　　例題 2(p.87-88) と Q5 のトラスを比べると、斜材に生じる軸応力が例題 2 では圧縮力であり、Q5 では引張力であることに気づくと思います。トラスは部材に軸応力のみが生じる合理的な架構ですが、軸応力のみしか考えないと、圧縮力によって座屈（次章の 10.4 節で説明します）を生じる恐れがあります。

　　鉄鋼のように細い断面で設計できる架構は斜材が引張力を受けるように（Q5 のように）設計するのが一般的です。一方、木材のように断面が太く座屈のリスクが低い（部材そのものではなく、部材と部材の接合部分が先に破壊されやすい）架構は斜材が圧縮力を受けるように（p.87-88 の例題 2 のように）設計するのが一般的です。

（3）トラスの高さは大きな方がよい

　　例題 2(p.87-88) のトラスの高さを 1/2 にした右下図のようなトラスの軸応力を調べてみると、鉛直材は変わりませんが、下弦材と上弦材の軸応力は 2 倍になっています。斜材も $\sqrt{5}/\sqrt{2} \fallingdotseq 1.58$ 倍になっています。

　　すなわち、トラスの高さが低いと部材に生じる軸応力は大きくなります。別のいい方をすれば、トラスが同質同断面の部材で構成されている場合、トラスの高さが大きいほどトラス架構が耐えられる荷重は大きいということです。

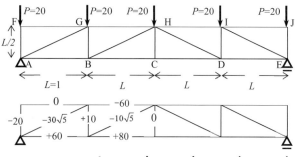

（4）応力 0 部材は不要か？

　　ところで、部材に軸応力がかからない応力 0 部材がありました。右の上図の例題 1(p.86)（p.87 の例題 2 も同じ）では、上限材の両端の軸応力が 0 でした。また、中央の鉛直材の軸応力も 0 でした。このページの Q5 では、下限材の両端の軸応力が 0 です。

　　これらの部材には軸応力がかかっていないのでなくてもよいのでしょうか？

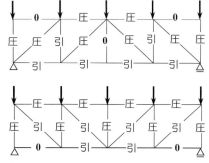

例題 1(p.86)（p.87-88 の例題 2 と同じ）で説明します。もし部材 FG がなかったならば、節点 F にかかる力が大きくなると、部材 AF は左か右に倒れようとします。部材 AF が左に倒れようとすれば部材 FG が引張抵抗して構造体は安定を保ち、部材 AF が右に倒れようとすれば部材 FG が圧縮抵抗して構造体は安定を保つことができるのです。

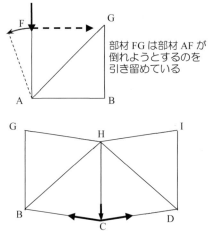

部材 FG は部材 AF が倒れようとするのを引き留めている

また、四角形 BCHG が変形すると、部材 CB と部材 CD は鉛直成分を持つようになるため、部材 CH にはそれと釣り合うように圧縮力が生じます。

以上のように、軸応力 0 の部材もなくてはならない要素なのです。

少し変形すると部材 BC には圧縮力が生じる

9.5　トラスの部材にかかる曲げモーメント
（1）曲げモーメント分布を調べる

右図①のような梁の曲げモーメント分布を調べてみましょう。各点での荷重は $P=20$、各点間の長さは全て $L=1$ とします。

反力は例題 2 と同様に 50 です。まず、右図②の A〜B 間の任意の位置（A 点から x の長さ）で切断し、その位置でのモーメントの釣り合いを考えます。すると、

$$M_X = R_A \times x - P \times x = 50x - 20x = 30x$$

となります。次に、右図③の B〜C 間の任意の位置（A 点から x の長さ）で切断し、その位置でのモーメントの釣り合いを考えます。すると、

$$M_X = R_A \times x - P \times x - P \times (x-L) = 50x - 20x - 20(x-1)$$
$$= 10x + 20$$

となります。これを図示すると右図④のようになります。

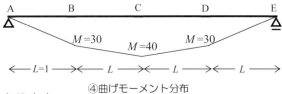

①荷重と応力

②A〜B 間の曲げモーメント　③B〜C 間の曲げモーメント

④曲げモーメント分布

（2）トラス架構全体が負担する曲げモーメント

例題 2 で、軸応力が 0 であった CH 材の左側を例にどのような力が働いているのか、水平成分を抜き出してみましょう。H 点に作用する水平成分は、上弦材 GH の圧縮力と斜材 BH の水平分力の合計で -30-10=-40 です。C 点には下弦材 BC の引張力 40 が作用しています。この圧縮力と引張力は向きが逆の偶力で、偶力によって生じるモーメントは $M=40\times1=40$ となります。このように、トラスの各部材には(1)項で求めた梁の曲げモーメントに相当する軸応力が働き、トラス全体で分担しています。

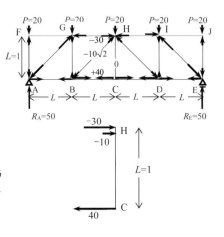

１０. 部位の性能／曲げとたわみと断面性能

　部材はどうして曲がるのか、建築ではこれにどう対処するのか、本章でいよいよその核心に迫ります。曲げモーメントと撓み（たわみ）と断面性能の問題は建築構造力学では避けて通れませんが、やや難解で苦手とする人も多いと思います。しかし、多くのことは直感でも理解できることです。ただ最後に、どうしても微分と積分を使わざるを得ない場面が出てきます。そのときも、単に微分を計算するのではなく、微分することの意味を文脈から読み取るようにして下さい。そうすると微分や積分を都合良く利用していることが分かります。そう考えると難しいことはありません。
　【補足】本章では分かりやすくするために、図では曲げを誇張して描いています。

１０.１　曲げという現象
（１）曲げは部材にとって厳しい現象

　9.1 節の(5)で学習したように、曲げモーメントとは力と一対の力の間の距離の積で表されます。右図①は片持ち梁を釘抜きになぞらえていますが、細長い片持ち梁の先端に鉛直に集中荷重を加えると、根元には微小な浮き上がり δ_2 が生じ、回転角 θ が生じます。すると、先端にも回転角 θ が生じ、変形 δ_1 が生じます。

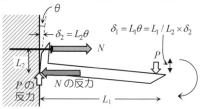

① 釘を抜くときの浮き上がりと回転角

$$\delta_1 = L_1\theta = L_1 / L_2 \times \delta_2$$

　右図②は片持ち梁で、根元での微小な浮き上がりはありませんが、微小な変形が生じ、これが片持ち梁の梁せいと長さの比 L_1 / L_2 だけ増幅されます。さらに根元だけでなく梁の途中にも同様に微小な変形と回転角が生じ、そ

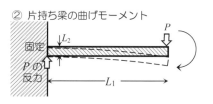

② 片持ち梁の曲げモーメント

れが積算されて梁全体の曲げとなり、先端に大きな鉛直変位が生じるのです。曲げという現象は、力が増幅され、さらに変位が増幅されます。圧縮や引張による変形は小さいのですが、曲げによる変形は大きいため、部材にとって曲げは構造的に厳しい現象なのです。

（２）曲げモーメントの分布を求める

　ここで曲げモーメントの分布を求めてみましょう。なお、ここで求めた曲げモーメントの値を後の節で利用します。

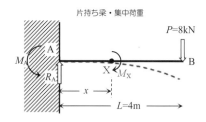

片持ち梁・集中荷重

例題１：右図は片持ち梁で、梁の長さは $L = 4$ m、左端が固定端です。右端に荷重 $P = 8$ kN がかかっています。

　解：問題を簡略化するため線材で考えます。また、右上図の任意の X 点における曲げモーメントを M_X として、これを梁全体について求めます。
　　下記の求め方の手順と原理・原則にしたがって解けば、解が得られます。
　手順①　支点における反力と曲げモーメントを求めます。
　　　　A 点での反力は、力の釣り合いから $R_A = P = 8$ kN です。また、A 点は固定端なので、荷重 P による曲げモーメントが発生していて、それは $M_A = P \times L = 8 \times 4 = 32$ kNm です。
　手順②　A~B 区間の任意の X 点（A より距離 x の点）で切断して、曲げモーメントの釣り合いの式を立てます。　【切断位置】どこで切断しても曲げモーメントは釣り合います。

A~X 間で関係する曲げモーメントは、A 点の M_A と反力による $R_A \times x$ と、切断した端部の X 点での曲げモーメントの M_X（未知数）の 3 つです。時計回りを＋とするとモーメントの釣り合いの式は $-M_A + R_A \times x + M_X = 0$ となり、よって $M_X = M_A - R_A \times x = 32 - 8x$ を得ます。これを解くと、A 点は $x=0$ で $M_X=32$、B 点は $x=4$ で $M_X=0$ です。

【切断位置】例題 1 では A~B は条件が共通で 1 区間です。この区間の任意の X 点で切断します。

【未知数 M_X】切断した端部の X 点での曲げモーメント M_X を未知数として釣り合いの式に加えます。

【＋－の符号】曲げモーメントは X 点から見て、時計回るなら＋
反時計回りなら－とします。
端部は、梁の変形が凸なら、左端が－で右端が＋です。
凹なら左端が＋で右端が－です。切断点でも同様です。

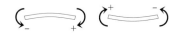

手順③　曲げモーメント図（M 図）を描きます。

A 点では $x=0$ で $M_X=32$、B 点では $x=4$ で $M_X=0$ です。
M_X は x の 1 次式なので直線的に変化します。

【M 図】M 図は引張側に描きます。例題 1 は梁が凸に変形します。つまり上側が引っ張られて伸びています。
よって、梁の上側に M 図を描きます。

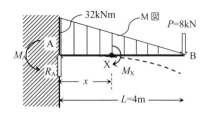

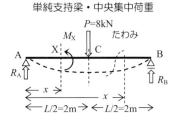

単純支持梁・中央集中荷重

Q1：右図は、左端 A 点の支持がピン、右端 B 点の支持がローラーの単純支持梁です。梁の長さは $L=4$m で、真ん中の C 点に $P=8$kN の荷重がかかっています。この梁の曲げモーメントの分布を求め、M 図を描きなさい。

【切断位置】Q1 では、梁の中央の C 点で条件が変わるので、A~C と C~B の 2 区間になります。

【釣り合いの範囲】A~B 区間では A~X で、CB 区間でも A~X、つまり、**起点 A~X 点までの範囲**で釣り合いを考えます。C~X で釣り合いを考えてもよいのですが、起点から考える方が簡単です。

A1：以下の手順で解きます

1)反力を求めます。垂直方向の力の釣り合いから、反力は $R_A = R_B = P/2 = 4$ kN です。両端の支持はピンとローラーなので A 点と B 点には曲げモーメントは発生しません。よって、$M_A = M_B = 0$ kNm です。

2)A~C 間の X 点で切断して、曲げモーメントの釣り合いをとります。
端点は $M_A = 0$、反力による曲げモーメント $R_A \times x$ は時計回り（＋）です。梁の変形が凹形なので、切断点 X の曲げモーメント M_X は反時計回り（－）です。釣り合いの式を立てると $R_A \times x - M_X = 0$ となり、$M_X = R_A \times x = (P/2) \times x = 4x$ を得ます。A 点では $x=0$、$M_X = 0$、C 点では $x=2$、$M_X = 8$ となります。

3)次に、C~B 間の X 点で切断し、A~X の区間で釣り合いを考えます。A 点の $M_A = 0$、反力による曲げモーメント $R_A \times x$ は先の 2)と同じです。荷重 P による曲げモーメント $P \times (x - L/2)$ が加わりますが、これは X 点から見て反時計回り（－）です。X 点の曲げモーメント M_X も反時計回り（－）です。
釣り合いの式は $R_A \times x - P \times (x - L/2) - M_X = 0$ となります。
よって $M_X = R_A \times x - P \times (x - L/2) = 4 \times x - 8 \times (x - 2) = 16 - 4x$ を得ます。数値を代入すると、C 点は $x=2$、$M_X = 8$ で 2)と一致します。
B 点では $x=4$、$M_X = 0$ となります。

4)M 図：梁は凹に変形します。下側が引張側なので、右図のように梁の下に描きます。左右対称で最大が C 点の $M_C = 8$ kNm です。

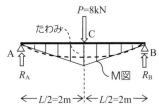

単純支持梁・中央集中荷重

例題2：例題1と同じ片持ち梁で、今度は等分布荷重とします。
　　　等分布荷重は〜〜で表し、ここでは $w=2\text{kN/m}$ とします。

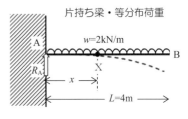
片持ち梁・等分布荷重

　解：求め方の基本的な手順は例題1と同じです。

　　【補足】等分布荷重 w を総荷重にすると $W=w\times L=2\times4=8\text{ kN}$ です。
　　　　　その重心位置は等分布の中心、つまり梁の中央、A点より
　　　　　$L/2$ の位置です。等分布荷重 w と集中荷重 W とを上手く使い分けます。

　手順①　支点Aにおける反力を求めます。力の釣り合いから反力は $R_A=W=8\text{ kN}$ です。また、
　　　　　固定端なので曲げモーメントが発生していて、$M_A=W\times(L/2)=8\times2=16\text{kNm}$ です。

　手順②　A~B間の任意のX点で切断して、曲げモーメントの釣り合いの式を立てます。

　　　　例題1と違い、A~X区間の等分布荷重による曲げ
　　　　モーメント $(w\times x^2/2)$ が反時計回りにかかります。
　　　　曲げモーメントの釣り合いは、

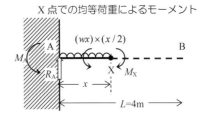
X点での均等荷重によるモーメント

　　　　$-M_A+R_A\times x-w\times x^2/2+M_X=0$　となり、これより、
　　　　$M_X=M_A-R_A\times x+w\times x^2/2=16-8x+x^2$　を得ます。

　　　　【補足】A~X区間の等分布荷重による曲げモーメント
　　　　　　　荷重は wx です。重心はその中心の $x/2$ の位置です。
　　　　　　　荷重$(wx)\times$距離$(x/2)=$ 曲げモーメント$(w\times x^2/2)$　です。

　手順③　曲げモーメント図（M図）を描きます。上側が
　　　　凸で引張側ですから、梁の上側に描きます。

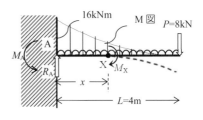

　　　　$M_X=16-8x+x^2$ は2次式なので曲線で変化します。
　　　　根元のA点で $x=0$、$M_X=16$、梁中央のC点で $x=2$、
　　　　$M_X=4$、先端のB点で $x=4$、$M_X=0$ です。

Q2：右図はQ1と同じ単純支持梁ですが、今度は等分布荷重です。
　　この梁の曲げモーメント分布を求め、M図を描きなさい。

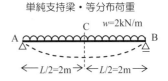
単純支持梁・等分布荷重

A2：等分布荷重の総荷重は $W=w\times L=2\times4=8\text{ kN}$ で重心は梁中央のC点
にあります。

　1)反力を求めます。垂直方向の力の釣り合いから、反力は $R_A=R_B=wL/2=4\text{ kN}$ です。両端の支持はピンとロー
　　ラーなので、A点とB点には曲げモーメントは発生しません。よって、$M_A=M_B=0\text{ kNm}$ です。

　2)Q1と違い、Q2ではA~Bの荷重条件は一様ですから区間は1つです。A~B間のX点で切断して、曲げモー
　　メントの釣り合いをとります。A点では $M_A=0$、反力による曲げモーメント $R_A\times x$ は時計回り（＋）です。
　　A~X点の等分布荷重による曲げモーメントは 荷重 $(w\times x)\times$距離$(x/2)=w\times x^2/2$ で反時計回り（－）です。
　　X点での曲げモーメント M_X は反時計回り（－）です。釣り合いの式は $R_A\times x-w\times x^2/2-M_X=0$ と
　　なります。∴ $M_X=-w\times x^2/2+R_A\times x=-wx^2/2+wLx/2=-x^2+4x$
　　を得ます。M_X は2次関数なので曲線で変化します。
　　A点では $x=0$、$M_X=0$、で、B点でも $x=4$、$M_X=0$ です。
　　梁中央のC点が最大で $x=2$、$M_X=4$ です。

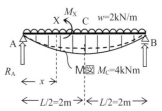

　3)M図：下側に凸で下側に引っ張られるので右図のように
　　梁の下側に描きます。

10.2　断面の働き

　部材の変形を抑えるためにはどうすればよいでしょうか。もっとも単純なのは「部材を太くする」ことでしょう。では、単純に断面積を大きくすればよいのでしょうか。問題はそう単純ではなさそうです。本節では、建築構造ではどう考えるのかを学んでいきます。

（1）柱の断面内の圧力はどのように分布しているか

　ここで、柱が圧縮力を受けているとき、その断面内に働く応力はどのような分布になっているのか考えてみましょう。図は、柱の一部分をばねに置き換えた様子です。このばねの伸び縮みを観察すれば、断面内に働く応力の分布がわかりそうですね。

　まずは圧縮力を加えてみましょう。すると、右の右図のようにすべてのばねが同じように縮むことがわかります。すなわち、圧縮力は断面内に一様に作用しているといえそうです。

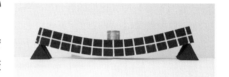
圧縮力は断面内に一様に作用する

（2）曲げは引張と圧縮の複合作用

　次に、梁が曲げを受けているとき、その断面内に働く応力はどのような分布になっているのか考えてみましょう。

　右の写真は、市販のウレタンを棒状にカットしたものです。棒には変形が見やすくなるように、中心とそれに直交する等間隔の線を引いてあります。これを梁に見立てて力を加えて変形させてみましょう。

　下の左図を見てみましょう。梁側面の長方形に着目すると変形後は台形のような形になっていることに気づきますね。さらに注意深く見ると、上端は元の長さよりも短くなり、下端は元の長さよりも長くなっています。中心線の長さは元と変わりません。すなわち、上端は圧縮力を受けて縮み、下端は引張力を受けて伸びているのです。中心線は伸びも縮みもしていませんから、力を受けていません。

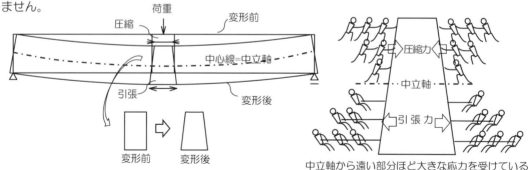

荷重
圧縮
変形前
中心線＝中立軸
引張
変形後

変形前　⇒　変形後

圧縮力
中立軸
引張力

中立軸から遠い部分ほど大きな応力を受けている

　右上図は拡大した図です。圧縮力は中心線に近づくにつれて小さくなり、中心線で0となります。引張力も同様に中心線に近づくにつれて小さくなり、中心線で0となります。この中心線を圧縮力も引張力も受けない領域、という意味で中立軸とよびます。曲げは圧縮力と引張力の複合的な作用ということができます。また、曲げに対しては中立軸から遠い部分ほどたくさん伸びて（縮んで）いる、すなわち、大きな応力を受けていることがわかります。

（3）内部応力と曲げモーメントの関係

　右上図は、両端の2点で支持する単純支持梁です。梁せいの中央の高さにx軸、梁の左端にy軸をとります。この梁の中央に荷重Pがかかり、梁は破線のように撓（たわ）みました。たわんだ梁のA-A断面を拡大したものが右下図です。このA-A断面にどのような力がかかっているかを見ていきます。

＜中立軸と圧縮と引張＞

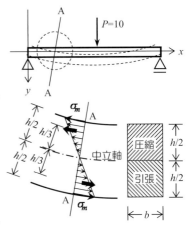

　右下図で、中央の1点鎖線が中立軸で、梁の真ん中を通る線です。この線上には力はかかりません。この線より上半分に圧縮応力がかかり、下半分には引張応力がかかっています。

　圧縮の応力度と引張の応力度は梁の上端と下端で最も大きく、その値をσ_mとします。圧縮と引張で向きが逆さまです。その間の応力度は直線的に変化します。中立軸でちょうど0です。この内部の圧縮応力と引張応力が偶力（向きが逆さまな力のこと）となって部材の内部にモーメントMを生じさせます。

（4）曲げモーメントと断面係数

　A-A断面での曲げモーメントの大きさを求めてみましょう。A-A断面では応力度は均等ではありません。また各部分の中立軸からの距離が全て違っています。このような場合にA-A断面としてどのような曲げモーメントになるかを求めてみましょう。

　応力度σは直線的に変化していますから、上半分と下半分とも応力度の平均値は$\sigma_m/2$です。一方、モーメントの距離の取り方は平均距離$h/4$ではなく、応力度の分布で加重平均した距離を取らねばなりません。ここで応力度の分布の形に注目します。三角形です。三角形の重心は中心線から2/3のところにあります。つまり加重平均した距離は$h/3$です。これで、平均応力($\sigma_m/2$)×加重平均距離($h/3$) でA-A断面の曲げモーメントの平均値が求まりました。

　なお、これは微分でいうと微小部分の曲げモーメントです。これに梁の断面積をかけるとA-A断面での曲げモーメントが求まります。梁の断面は右上図のハッチをした形です。上下とも断面積は$bh/2$ です。また、引張側と圧縮側の偶力なので2倍します。以上より、A-A断面の曲げモーメントMは、応力度の平均値($\sigma_m/2$)×加重平均距離($h/3$)×断面積($bh/2$)×(引張と圧縮の偶力で2倍)となり、次式で求まります。

$$M = \frac{\sigma_m}{2} \times \frac{h}{3} \times \frac{bh}{2} \times 2 = \frac{bh^2}{6} \times \sigma_m \qquad \cdots(10\text{-}1)$$

なお、　　　　$Z = \dfrac{bh^2}{6}$　　　$\cdots(10\text{-}2)$　　を**断面係数**といいます。

断面係数の単位は[m³]または[mm³]です。断面係数Zを使うと、先の式(10-1)は次のようになります。

$$M = Z\sigma_m \qquad \cdots(10\text{-}3) \qquad \text{または} \qquad \sigma_m = \pm\frac{M}{Z} \qquad \cdots(10\text{-}4)$$

なお、式(10-4)で＋は引張応力、－は圧縮応力とします。

【補足】式(10-1)と式(10-2)より、断面係数Zにσ_mを乗ずると断面内に働く曲げモーメント（力×距離）になることがわかります。すなわち、曲げ応力度の分布を表すものということができます。断面係数の単位は長さの3乗[m³]ですが、そのうち長さの2乗[m²]は応力度（単位面積当たりの力）を力に変換するもの、残りの1乗[m]は曲げモーメントの算出に用いる応力間距離に当たると考えることができます。

10.3 曲げとたわみ／弾性曲線式とたわみ曲線の導出

いよいよ佳境に入ってきました。本節で曲げの正体に迫ります。

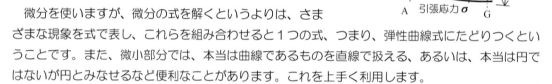

（1）弾性曲線式の導出

いよいよ弾性曲線式を求めます。右上図で x-y 軸を図のように取ります。梁の A-A 断面を拡大したものが右下図です。A-A 断面の中立軸上の A_0 点の座標が (x,y) です。点 A_0 から微小に dx と dy 変化した B 点の座標を $(x+dx,\ y+dy)$ とします。

A_0 点での中立軸の勾配の角度が θ です。弾性曲線は微小微小部分では円弧状に変化するものと想定します。このときの曲率半径を ρ とします。

弾性曲線式を求めるのに微分が登場します。dx、dy、ds、$d\theta$ ですが、これらは目にも見えないくらいの微小な値という意味です。微小であることが分かるように目印として数学では頭に d をつけます。

微分を使いますが、微分の式を解くというよりは、さまざまな現象を式で表し、これらを組み合わせると１つの式、つまり、弾性曲線式にたどりつくということです。また、微小部分では、本当は曲線であるものを直線で扱える、あるいは、本当は円ではないが円とみなせるなど便利なことがあります。これを上手く利用します。

初めに、ゴールの弾性曲線式を示しておきます。　$\dfrac{d^2 y}{dx^2} = -\dfrac{M}{EI}$　　$\cdots$(10-5)

これをどうやって導出するかですが、入口が①で、②③④とポイントがあります。最後に⑤で弾性曲線式にたどりつきます。以下の説明では右上の拡大図を見ながら進めます。

①中立軸の A_0 点（x,y）での弾性曲線の勾配の角度が θ です。また、x-y 座標で見たときの x 方向の変化に対する y 方向の変化、つまり $\dfrac{dy}{dx}$ もまた勾配です。

よって　$\tan\theta = -\dfrac{dy}{dx}$ $\cdots$(1)です。なお微小な角度なので $\tan\theta \fallingdotseq \theta$ とみなせます。

よって　$\theta = -\dfrac{dy}{dx}$ $\cdots$(2) となります。これを dx で両辺を微分して　$\dfrac{d\theta}{dx} = -\dfrac{d^2 y}{dx^2}$ $\cdots$(3) を得ます。

【補足1】接線の角度と距離の比 $\dfrac{d\theta}{ds}$ で表される曲がり具合の変化が曲率で、右上図では角度の変化が $-d\theta$ なので曲率が負となり、式(1)に負号が付きます。曲率の逆数が曲率半径 ρ で、この半径にも正負があります。

【補足2】式(3)は単に式(2)の両辺を dx で割っただけです。なお微小な dx で割る場合を微分するといいます。

式(3)の右辺は $-\dfrac{dy}{dx}$ を、さらに dx で微分したものですが、これを二階微分といい $-\dfrac{d^2 y}{dx^2}$ と書きます。

例えば、$y=x^3$ を x で微分すると、$y'=3x^2$ となり、さらに x で微分すると $y''=6x$ となりますが、この y'' が二階微分です。これと同じことです。なお、"階" は階層の意味です。

【補足3】なぜ式(3)のように二階微分するかというと、後の式(11)と同じ形にして θ を消去し、弾性曲線式を x と y の式にするためです。y が梁の垂れ下がり、つまり、たわみになります。

②歪みと歪度 ε ：中立軸には力はかかりませんが、梁の上半分には圧縮応力、下半分には引張応力が働いています。圧縮・引張どちらでもいいのですが、ここでは梁の下半分の引張側で説明します。なお、座標 x での曲率半径 ρ と $d\theta$ と ds を使います。

【補足】微小な変化なので円形に沿って変形すると仮定しています。 前頁の図で、垂直な線 OG に対して $\angle GOA_0 = \theta$、$\angle GOB = \theta - d\theta$ であり、B 点の勾配が $\angle A_0OB = d\theta$ だけ小さくなります。

中立軸上の A_0B の円弧の長さは ds でした。半径×角度が円弧の長さですから $ds = \rho d\theta \cdots (4)$ です。梁の下端部では半径が $h/2$ だけ大きくなるので、円弧の長さは $ds + \Delta s = (\rho + h/2) \cdot d\theta \cdots (5)$ となります。下端部と中立軸の円弧の長さの差は $\Delta s = (h/2) \cdot d\theta \cdots (6)$ となります。

力がかかっていない ds を元の長さとして、力によって伸びた Δs の比率が歪度 $\varepsilon = \Delta s / ds$ です。

歪度は $\quad \varepsilon = \dfrac{\Delta s}{ds} = \dfrac{h}{2} \times \dfrac{d\theta}{ds} \quad \cdots (7)$ となります。

③フックの法則：フックの法則は 9.2 節より $\quad \sigma = E\varepsilon \quad \cdots (9\text{-}4)$ でした。

σ が応力度で、E はヤング係数、ε は歪度です。式(9-4)に式(7)の歪度 ε を代入すると、

$\sigma = E\varepsilon = E \times \dfrac{h}{2} \times \dfrac{d\theta}{ds} \cdots (8)$ となります。なお、微小な変化なので $ds \fallingdotseq dx$ とみなせます。

よって、$\sigma = E \times \dfrac{h}{2} \times \dfrac{d\theta}{dx}$ となり、整理して $\quad \dfrac{d\theta}{dx} = \dfrac{\sigma}{E \times (h/2)} \quad \cdots (9)$ を得ます。

④応力度と曲げモーメントと断面性能の関係：10.2 節(4)より $\quad \sigma = \dfrac{M}{Z} \quad \cdots (10\text{-}4)$ でした。

σ が応力度（引張なので＋）、M が座標 x にかかる曲げモーメント、Z が断面係数です。

式(10-4)の応力度 σ を式(9)に代入すると $\quad \dfrac{d\theta}{dx} = -\dfrac{M}{E \times (h/2) \times Z} \quad \cdots (10)$ を得ます。

⑤これで全て揃いました。式(3)の左辺と式(10)の左辺が同じなので、右辺と右辺を繋げると

弾性曲線式 $\quad \dfrac{d^2y}{dx^2} = -\dfrac{M}{E \times (h/2) \times Z} \quad \cdots (11)$ を得ます。

⑥断面係数：式(10-2)より、断面係数は $\quad Z = \dfrac{bh^2}{6}$ でした。

よって、式(11)の分母の $(h/2) \times Z$ は、$(h/2) \times Z = \dfrac{h}{2} \times \dfrac{bh^2}{6} = \dfrac{bh^3}{12}$ となります。

これを断面二次モーメント I といいます。

断面二次モーメント $\quad I = \dfrac{bh^3}{12} \quad \cdots (10\text{-}6)$

⑦断面二次モーメント I を使うと式(11)が次のように表され、最終的な弾性曲線式になります。

弾性曲線式 $\quad \dfrac{d^2y}{dx^2} = -\dfrac{M}{EI} \quad \cdots (10\text{-}5)$再

式(10-5)の右辺の分母の EI を "曲げ剛性" とよび、"たわみにくさ" を表します。

このうち、E のヤング係数は "材質によるたわみにくさ" を表します。一方、I の断面二次モーメントは、"形状によるたわみにくさ" を表します。

なお、断面二次モーメント I については、次節 10.4 で詳しく説明します。

（2）弾性曲線式からたわみ曲線を求める

式(10-5)の弾性曲線式 　　$\dfrac{d^2y}{dx^2} = -\dfrac{M}{EI}$ 　　$\cdots$(10-5)再　は一般式です。

部材に作用する曲げモーメント M がわかれば、この式からたわみ曲線を同定することができます。
なお、ここで積分が登場しますが、例題形式で解いてみましょう。

例題3：前出の Q1 の単純支持梁・中央集中荷重のたわみ曲線を求めてみましょう。

解：曲げモーメント M_X は、10.1(2)のQ1より　$M_X = \dfrac{P}{2} \times x$ 　でした。

この M_X を式(10-5)の M に代入すると $\dfrac{d^2y}{dx^2} = -\dfrac{P}{2EI}x$ 　$\cdots$(1) となります。

＜積分して"y="の形にする＞

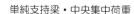

式(1)を積分すると　$\dfrac{dy}{dx} = -\dfrac{P}{4EI}x^2 + C_1$ 　$\cdots$(2) となります。

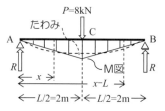

さらに、もう一度積分すると　$y = -\dfrac{P}{12EI}x^3 + C_1 x + C_2$ 　$\cdots$(3)

が得られます。この y がたわみになります。
式(2)の C_1 と、式(3)の C_2 は積分定数です。

【補足】積分定数とは

　　3次関数　$y = x^3 + C_1 x + C_2$ →(微分)→ $y' = 3x^2 + C_1$ →(微分)→ $y'' = 6x$ となります。
　　微分のたびに定数 C_2、C_1 が消えていきます。積分ではこの消えた定数が復活します。
　　すなわち、$y'' = 6x$ →(積分)→ $y' = 3x^2 + C_1$ →(積分)→ $y = x^3 + C_1 x + C_2$ これと同じことです。

＜積分定数 C_1 と C_2 を決める＞

式(2)の C_1 と式(3)の C_2 の積分定数ですが、これを次のようにして値を定めます。

C_2：左端の支点 A の座標(x,y)は $x=0$ の原点で、ここでは変位がないので $y=0$ です。これを式(3)に
　　代入します。すると、$0 = 0 + 0 + C_2$ となり、これより、$C_2 = 0$ を得ます。
C_1：次に梁の中央のC点 $x=L/2$ に着目します。この点では梁の傾きは0、つまり $dy/dx=0$ です。

　　これを式(2)に代入します。すると、$0 = -\dfrac{P}{4EI} \times \left(\dfrac{L}{2}\right)^2 + C_1$ となり、これより $C_1 = \dfrac{PL^2}{16EI}$ を得ます。

＜たわみ曲線の同定と最大たわみ＞

以上より、例題3の単純支持梁・中央集中荷重のたわみ曲線が求まりました。

たわみ曲線　　$y = -\dfrac{P}{12EI}x^3 + \dfrac{PL^2}{16EI}x$ 　　$\cdots$(10-7)　となります。

また、最大たわみは $x = L/2$ のときなので、これを代入して

最大たわみ　　$y_{max} = -\dfrac{P}{12EI} \times \left(\dfrac{L}{2}\right)^3 + \dfrac{PL^2}{16EI} \times \dfrac{L}{2} = \dfrac{PL^3}{48EI}$ 　　$\cdots$(10-8)　を得ます。

この式(10-7)と式(10-8)は、単純支持梁・中央集中荷重のたわみ曲線と最大たわみの一般式です。
この式に荷重 P、ヤング係数 E、断面二次モーメント I の具体的な値を代入すると、実際の梁のた
わみ y と最大たわみ y_{max} が得られます。

例題4：次の条件で、例題3の単純支持梁のたわみ曲線と最大たわみの大きさを求めてみましょう。

　　条件：梁の長さ（スパンといいます）はL=4m、中央集中荷重はP=8kN です。梁は木材で、ヤング係数をE=6000N/mm^2、梁の断面は幅b=100mm、高さはh=200mm とします。

　解：例題3と同じ形式の梁と荷重です。よって、たわみ曲線は式(10-7)で、最大たわみは式(10-8)です。

　　　なお、荷重P=8kN=8000N、スパンL=4m=4000mm、ヤング係数E=6000N/mm^2、

　　　梁の幅b=100mm、梁の高さh=200mm の単位はNとmmに揃えておきます。

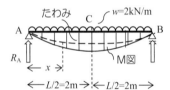

　　初めに、断面二次モーメントIと曲げ剛性EIを求めます。

　　断面二次モーメントは式(10-6)より　$I = \dfrac{bh^3}{12} = \dfrac{100 \times 200^3}{12}$ mm^4　です。

　　曲げ剛性は　$EI = 6000 \times \dfrac{100 \times 200^3}{12} = \dfrac{6 \times 2^3}{12} \times 10^{11} = 4 \times 10^{11}$ Nmm^2　となります。

　　たわみ曲線の式(10-7)より　$y = -\dfrac{P}{12EI}x^3 + \dfrac{PL^2}{16EI}x = -\dfrac{8000}{12 \times 4 \times 10^{11}}x^3 + \dfrac{8000 \times 4000^2}{16 \times 4 \times 10^{11}}x = -\dfrac{1}{6 \times 10^8}x^3 + \dfrac{2}{10^2}x$

　　$x=L/2$ のときの最大たわみは式(10-8)より　$y_{max} = \dfrac{PL^3}{48EI} = \dfrac{8000 \times 4000^3}{48 \times 4 \times 10^{11}} = \dfrac{8 \times 4^3 \times 10^{12}}{48 \times 4 \times 10^{11}} = \dfrac{80}{3} ≒ 26.67$ mm　です。

Q3：右図(Q2と同じ)の単純支持梁・等分布荷重のたわみ曲線と最大たわみの大きさを求めなさい。

　　条件：梁の長さ（スパン）はL=4m=4000mm、等分布荷重は

　　　　　w=2kN/m=2N/mm です。

　　　　　梁は例題2と同じ木材で、ヤング係数E=6000N/mm^2、

　　　　　梁の断面は幅b=100mm、高さh=200mm です。

A3：荷重の条件が例題3や例題4と異なるので、たわみ曲線の一般式を求めなければなりません。

　　反力を$R_A = wL/2$ とすると、Q2より、曲げモーメントは　$M_X = -\dfrac{w}{2}x^2 + \dfrac{wL}{2}x$　・・・(0) です。

　　これを弾性曲線式(10-5)　$\dfrac{d^2y}{dx^2} = -\dfrac{M}{EI}$ のMに代入すると、$\dfrac{d^2y}{dx^2} = \dfrac{w}{2EI}x^2 - \dfrac{wL}{2EI}x$　・・・(1) となります。

　　式(1)をxで積分すると　$\dfrac{dy}{dx} = \dfrac{w}{6EI}x^3 - \dfrac{wL}{4EI}x^2 + C_1$　・・・(2) となります。

　　さらに、xで積分して　$y = \dfrac{w}{24EI}x^4 - \dfrac{wL}{12EI}x^3 + C_1 x + C_2$　・・・(3) を得ます。

　　次に、積分定数C_1、C_2を求めます。式(3)で、左端の支点Aでは変位がないのでx=0、y=0 です。
　　これより、式(3)は　$0 = 0 + 0 + C_2$ となり、$C_2 = 0$ を得ます。

　　式(2)で、梁中央の$x = \dfrac{L}{2}$ のC点では梁の傾きがゼロなので、$\dfrac{dy}{dx} = 0$ です。これより、式(2)は

　　$0 = \dfrac{w}{6EI} \times \left(\dfrac{L}{2}\right)^3 - \dfrac{wL}{4EI} \times \left(\dfrac{L}{2}\right)^2 + C_1$ となり、これより $C_1 = -\dfrac{w}{6EI} \times \left(\dfrac{L}{2}\right)^3 + \dfrac{wL}{4EI} \times \left(\dfrac{L}{2}\right)^2 = -\dfrac{wL^3}{48EI} + \dfrac{wL^3}{16EI} = \dfrac{wL^3}{24EI}$

　　を得ます。C_1、C_2を式(3)に戻すと、

　　単純支持梁・等分布荷重のたわみの式　$y = \dfrac{w}{24EI}x^4 - \dfrac{wL}{12EI}x^3 + \dfrac{wL^3}{24EI}x$　・・・(10-9)　を得ます。

　　【補足】上記の計算過程で、式(0)でwとLに数値を代入して　$M_X = -x^2 + 4x$ とすると計算は簡単ですが、お勧めしません。なぜならば、単なる計算問題になるからです。

　　　　　数値では式の意味が消えてしまいます。式の意味を残しておくと、例えば、式(10-9)のwx^4、wLx^3、wL^3x のすべての項で m^4 の単位になることが式の上で確認できます。数値だと確認できません。

たわみが最大になるのは、梁中央の C 点の $x=L/2$ のところなので、これを式(10-9)に代入すると、

最大たわみ $\quad y = \dfrac{w}{24EI} \times \left(\dfrac{L}{2}\right)^4 - \dfrac{wL}{12EI} \times \left(\dfrac{L}{2}\right)^3 + \dfrac{wL^3}{24EI} \times \left(\dfrac{L}{2}\right) = \dfrac{wL^4}{EI}\left(\dfrac{1}{384} - \dfrac{4}{384} + \dfrac{8}{384}\right) = \dfrac{5wL^4}{384EI}$ $\quad\cdots$(10-10)

を得ます。

曲げ剛性 EI は例題 4 と同じです。よって、曲げ剛性は $\quad EI = 4\times10^{11}\ \mathrm{Nmm^2}$ です。
これと、$w=2\mathrm{N/mm}$ と $L=4000\mathrm{mm}$ を式(10-10)に代入すると、

最大たわみ $\quad y_{\max} = \dfrac{5wL^4}{384EI} = \dfrac{5\times2\times4000^4}{384\times4\times10^{11}} = \dfrac{5\times2\times4^4}{384\times4}\times\dfrac{10^{12}}{10^{11}} = \dfrac{50}{3} ≒ 16.67\ \mathrm{mm}$ を得ます。この単純支持梁
の等分布荷重の最大たわみ 16.67mm は、先の中央集中荷重の 26.67mm のちょうど 5/8 です。

【補足】片持ち梁のたわみ曲線は、14 章の【忙中閑有り】の裏わざと Q9 で取り上げています。

10.4　断面二次モーメント

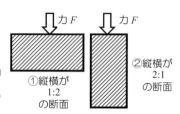

①縦横が
1:2
の断面

②縦横が
2:1
の断面

　右図の①と②は材質も断面積も同じですが、①は縦横比が 1:2
の横長の断面で、②は縦横比が 2:1 の縦長の断面です。この部材
に上から力が加わった場合、どちらが丈夫でしょうか。答えは②
です。断面積は同じでも、②が曲げに対して強い性能を持ってい
ます。この違いは断面二次モーメントによるものです。

例題 5：先の例題 4 と Q3 の単純支持梁の断面の縦と横を入れ替え、$b'=200\mathrm{mm}$、$h'=100\mathrm{mm}$ とした
　　　場合、最大たわみの大きさがどのように変わるかを求めてみましょう。

　解：断面二次モーメントは式(10-6)より $\quad I = \dfrac{bh^3}{12} \Rightarrow I' = \dfrac{b'h'^3}{12} = \dfrac{(b\times2)\times(h/2)^3}{12} = \dfrac{I}{4}$、元の I の 1/4 です。

　　　よって、例題 4 の集中荷重の最大たわみは $\quad y_{\max} = \dfrac{PL^3}{48EI'} = \dfrac{PL^3}{48EI}\times4 ≒ 107.1\ \mathrm{mm}$ と 4 倍になります。

　　　また、Q3 の等分布荷重の最大たわみは $\quad y_{\max} = \dfrac{wL^4}{384EI'} = \dfrac{wL^4}{384EI}\times4 ≒ 66.6\ \mathrm{mm}$ と 4 倍になります。

　断面二次モーメント I はとても重要な性質です。これについては前節 10.3(1)で出てきましたが、
ここで改めて、いろいろな形の断面二次モーメントの求め方を勉強しておきます。

（１）矩形の断面二次モーメント

　式(10-6) $\quad I = bh^3/12$ は矩形の場合の断面二次モーメントです。

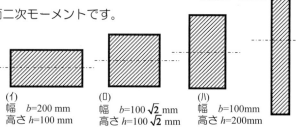

（ニ）
幅　$b=50\mathrm{mm}$
高さ $h=400\mathrm{mm}$

Q4：右の(イ)(ロ)(ハ)(ニ)はどれも断面の面積
　　が 20000mm² ですが、梁の縦横比が異
　　なります。破線を中立軸とする断面二
　　次モーメントを求めなさい。

（イ）
幅　$b=200\ \mathrm{mm}$
高さ $h=100\ \mathrm{mm}$

（ロ）
幅　$b=100\sqrt{2}\ \mathrm{mm}$
高さ $h=100\sqrt{2}\ \mathrm{mm}$

（ハ）
幅　$b=100\mathrm{mm}$
高さ $h=200\mathrm{mm}$

A4：(イ) $\quad I = \dfrac{bh^3}{12} = \dfrac{200\times100^3}{12} ≒ 16.67\times10^6\ \mathrm{mm^4}$、　(ロ) $\quad I = \dfrac{bh^3}{12} = \dfrac{100\sqrt{2}\times(100\sqrt{2})^3}{12} ≒ 33.33\times10^6\ \mathrm{mm^4}\cdot\cdot$(イ)の 2 倍

　　(ハ) $\quad I = \dfrac{bh^3}{12} = \dfrac{100\times200^3}{12} ≒ 66.67\times10^6\ \mathrm{mm^4}\cdot\cdot$(ロ)の 2 倍、(ニ) $\quad I = \dfrac{bh^3}{12} = \dfrac{50\times400^3}{12} ≒ 266.67\times10^6\ \mathrm{mm^4}\cdot\cdot$(ハ)の 4 倍

　【注】あまり細長くすると座屈の問題がおきます → 10.5 節

（2）曲げに対して効果的な形／レール・H 型鋼

曲げに対しては中立軸から遠い部分ほど大きな応力度を受けるということは、応力に抵抗する要素をその遠い部分に重点的に配置した方がよいだろうということが想像できます。

すなわち、同じ断面積ならば中立軸から遠い部分に多くの面積を割いた方が効率的ということです。レールや H 型鋼などは大きな曲げ荷重を受けるので、曲げ荷重に対して効率的なように考えられた断面形なのです。

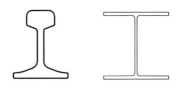

レールの断面形状　　　H 型鋼の断面形状

右図は建築の鉄骨造で使われる H 型鋼です。上下対称で破線が中立軸です。製品寸法は、H（背）、B、（幅）、t_W（ウェッブ板厚）、t_F（フランジ板厚）が mm 単位で表示されます。

さて、H 型の場合の断面二次モーメントは、どのようにして求めるのでしょうか。ここでは、2 つの方法で求めてみます。

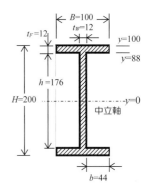

＜解法 1＞ 断面二次モーメントの式(10-6)　$I = \dfrac{bh^3}{12}$　を利用する方法

式(10-6)は、矩形断面で中央の高さに中立軸がある場合に使える公式です。H 型の場合も中立軸は中央の高さにあります。

よって、①全体の　幅 B×高さ H　の断面二次モーメントを求め、ここから、②空洞部分の　幅 b×高さ h　の断面二次モーメント 2 つ分を差し引くことで、③H 型の断面二次モーメントが得られます。すなわち、

$$I = \frac{BH^3}{12} - \frac{bh^3}{12} \times 2 = \frac{100 \times 200^3}{12} - \frac{44 \times 176^3}{12} \times 2 \doteqdot 26.69 \times 10^6 \quad \text{mm}^4$$

【補足 1】②の空洞部分が横方向の x 軸の中心からずれていますが、縦方向の断面二次モーメントでは関係ありません。

【補足 2】右図の C 型鋼の断面二次モーメント（縦方向）は H 型鋼と同じです。

【注意】C 型鋼の横方向（x 方向）の断面二次モーメントは中立軸が中央にありませんので、公式(10-6)が使えません。

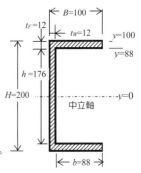

＜解法 2＞ 次ページの【補足ロ】の式(10-11)　$I = \dfrac{b}{3}\left[y_1{}^3 - y_2{}^3 \right]$　を利用する方法

式(10-11)は矩形断面で中立軸が中央にない場合とか、中立軸が離れている場合に使えるより汎用的な式です。考え方は、①フランジ部分とウェッブ部分に分け、②中立軸を挟んで上半分のそれぞれの断面二次モーメントを求めます。③この 2 つを合計し、かつ、上下対称なので 2 倍します。

フランジの上半分　$I_F = \dfrac{B}{3} \times \left[y_1{}^3 - y_2{}^3 \right] = \dfrac{100}{3} \times \left[100^3 - 88^3 \right] \doteqdot 10.618 \times 10^6 \ \text{mm}^4$

ウェッブの上半分　$I_W = \dfrac{b}{3}\left[y_1{}^3 - y_2{}^3 \right]_0^{88} = \dfrac{12}{3} \times \left[88^3 - 0^3 \right] \doteqdot 2.726 \times 10^6 \ \text{mm}^4$

H 型鋼の断面二次モーメント　$I = (I_F + I_W) \times 2 = (10.618 + 2.726) \times 2 \doteqdot 26.69 \ \text{mm}^4$

次ページの【補足イ】に断面二次モーメントの求め方の原理を示してあります。また、【補足ロ】に矩形の場合の一般解を示してあります。

【補足イ】任意の形状の断面二次モーメント

　　これまでは、矩形断面の場合について考えましたが、任意の断面形状のときの考え方を次に示します。

断面内に働く曲げモーメントは、微小面積 dA、中立軸からその部分までの距離 y、その部分に働く応力度 σ_y を使って表すと、$M = \int_A (\sigma_y \times dA \times y)$ …(1)となります。

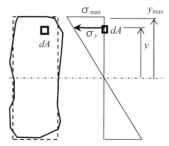

この積分の意味は、応力度(σ_y)×微小面積(dA)が微小面積の応力($\sigma_y \times dA$)です。これに距離(y)を乗じた($\sigma_y \times dA \times y$)が微小面積の応力による曲げモーメントです。$M$ の式はこれを断面全体の面積 dA で積分するという意味です。通常は積分するもの dA は右端に書きますが、ここでは式の意味を重視して途中に dA を置いています。

縁応力度を σ_{max}、縁までの距離を y_{max} とし、応力度分布が断面内で直線的に変化していると仮定すると $\sigma_y = \sigma_{max} \times y / y_{max}$ …(2)となります。したがって、$M = \int_A \left(\sigma_{max} \times \dfrac{y}{y_{max}} \times dA \times y \right) = \dfrac{\sigma_{max}}{y_{max}} \int_A y^2 dA$ …(3) となります。

ここで、$I = \int_A y^2 dA$ …(4)、$Z = \dfrac{I}{y_{max}}$ …(5)とすると、$M = \sigma_{max} \dfrac{I}{y_{max}} = \sigma_{max} \times Z$ …(6)となり、式(10-2)と同じになります。この I を断面二次モーメント、Z を断面係数とよびます。

これを変形すると $\dfrac{\sigma_{max}}{y_{max}} = \dfrac{M}{I}$ …(7) が得られます。

これを前述の式(10-3)に代入すると、式(10-6)が得られます。なお、$y_{max} = h/2$ です。

【補足ロ】矩形の断面二次モーメント I の一般式

　　上記の【補足イ】の断面二次モーメントの式(4) $I = \int_A y^2 dA$ を矩形で考えると、積分が苦手な人にも分かりやすいと思います。

　　右上図で、横軸を x 軸として、これを中立軸とします。縦軸を y 軸とします。対象の矩形の図形は中立軸から離れています。これについて求めることにします。やや濃いトーンの部分が微小部分でその高さを dy とします。図形の幅が b なので、微小部分の面積は $dA = b \times dy$ です。これに中立軸からの距離の二乗の y^2 を掛けると微小面積の断面二次モーメントになります。すなわち、$b \times dy \times y^2$ です。これを y 方向に $y_1 \sim y_2$ まで積分すると矩形の断面二次モーメントの一般式が得られます。

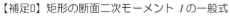

$$I = \int_{y_2}^{y_1} \left(b \times y^2 \times dy \right) = b \int_{y_2}^{y_1} y^2 dy = b \left[\frac{1}{3} y^3 \right]_{y_2}^{y_1} = \frac{b}{3} \left[y_1^3 - y_2^3 \right] \cdots (10\text{-}11)$$

【補足ハ】上下対称の矩形の断面二次モーメント I の一般式

　　右の下図のように上下対称の矩形の場合は $I = \dfrac{b}{3} \left[y^3 \right]_{-y_1}^{y_1} = \dfrac{b}{3} \left[y_1^3 - (-y_1)^3 \right] = \dfrac{2by_1^3}{3}$

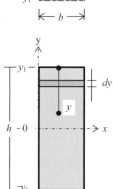

となります。なお、$y_1 = \dfrac{h}{2}$ なので、これを代入すると $I = \dfrac{2b}{3} \times \left(\dfrac{h}{2} \right)^3 = \dfrac{bh^3}{12}$ となり、式(10-6)と一致します。

【補足ニ】平面保持仮定

　　上記の【補足イ】では「応力度分布が断面内で直線的に変化している」と仮定しましたが、これは部材の断面は曲げによる変形後も平面を保っているという「平面保持仮定」に基づいています。すなわち、平面保持仮定に基づき、かつ断面内が同じ材料でできていれば、応力度分布も材の変形に応じて直線的に分布するというわけです。p.94 のウレタン棒の曲げの実験写真では軸に直交していた直線が変形後も直線を保っており、平面保持仮定が成立していることがわかります。

（3）T型鋼の断面二次モーメント／まず図心を求める

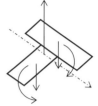

これまでは上下対称の断面を扱ってきましたから、中立軸は梁せいの中央に取ればよかったのですが、右図のようなT型断面の場合は中立軸が中央ではありません。このような場合の断面二次モーメントはどのように求めればよいのでしょうか。中立軸はどこにあるのでしょうか。

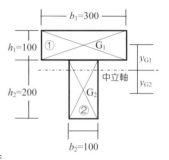

ここで、原理原則に立ち返ってみましょう。中立軸とは、これを挟んで上下の圧縮力と引張力によるモーメントが釣り合う軸のことでした。別の言い方をすると、秤のように、中立軸で吊るとT型鋼の図形は水平を保ちバランスをとるということです。この中立軸に図心があります。

そこで図心を求めることから始めます。

＜図心＞

図心とは、重さを考えない場合の重心のことです。均質な材料では重心と図心の位置は一致します。図心を求めれば中立軸が分かります。なお、中立軸は上下と左右の両方にありますが、いま求めたいのは上下方向の中立軸です。

まず、右図のように2つの要素、①フランジと②ウェッブに分けます。中立軸を中心に①のモーメントと、これとは逆向きに②のモーメントが釣り合います。モーメントは 重さ×長さ ですが、ここでは重さの代わりに面積を使い、面を代表する点として図心を利用します。以上の釣り合いを式で表してみましょう。

要素①の面積を $A_1 = 300 \times 100$ とします。中立軸から図心までの距離を y_{G1} とします。要素②も同様に面積を $A_2 = 100 \times 200$、中立軸から図心までの距離を y_{G2} とします。

これよりモーメントの釣り合いは、$A_1 \times y_{G1} = A_2 \times y_{G2}$ ‥(1) となります。また $y_{G1} + y_{G2} = 150$ ‥(2) です。両式を解くと、$A_1 \times y_{G1} = A_2 \times (150 - y_{G1})$、よって $y_{G1} = A_2 \times 150 / (A_1 + A_2)$ となります。これに A_1 と A_2 の値を代入すると $y_{G1} = 2 \times 150 / (3 + 2) = 60$、$y_{G2} = 90$ を得ます。なお A_1 と A_2 の面積は比率で計算しています。

これより T型鋼の図心は要素①のフランジ部分の下 10mm のところにあることが分かります。

> 【補足】上記は矩形を組み合わせてモーメントを求めましたが、これを断面一次モーメントといいます。
> 任意形状の場合は、微小部分 dA とその重心までの距離 y を積分した $\int y dA$ となります。

＜断面二次モーメント＞

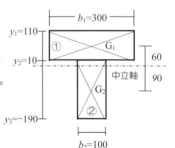

中立軸が分かったので断面二次モーメントを求めます。なお、中立軸を中心に座標に置き換えます。フランジの上端が $y_1 = 110$ です。フランジの下端は $y_2 = 10$、T型の上ウェッブの下端が $y_3 = -190$ です。これらを【補足⑩】で求めた式(10-11)に代入します。

フランジ部分は $I_① = \dfrac{b_1}{3}\left[y_1{}^3 - y_2{}^3\right] = \dfrac{300}{3}\left[110^3 - 10^3\right] = 133 \times 10^6$

ウェッブ部分は $I_② = \dfrac{b_2}{3}\left[y_2{}^3 - y_3{}^3\right] = \dfrac{100}{3}\left[10^3 - (-190)^3\right] \fallingdotseq 228.67 \times 10^6$

合計して、$I = I_① + I_② = 133 \times 10^6 + 228.67 \times 10^6 = 361.67 \times 10^6$ を得ます。

Q5：右図の L 型鋼の図心を求めなさい。

A5：x 軸と y 軸を基準にモーメントを考えます。x 軸と y 軸はどこにとってもよいのですが、右図のように分かりやすいところにとります。また、右下図のように、L 型全体のモーメントと、2 つの矩形に分解したモーメントの合計が等しいことを利用します。

まず横方向から求めます。要素①の面積を $A_1 = 300 \times 100$、y 軸から図心 G_1 までの距離を $x_{G1} = 150$ とすると、モーメントは $A_1 \times x_{G1}$ です。同様に、要素②の面積を $A_1 = 100 \times 200$、y 軸から図心 G_2 までの距離を $x_{G2} = 50$ とすると、モーメントは $A_2 \times x_{G2}$ です。①+②のモーメントは $A_1 \times x_{G1} + A_2 \times x_{G2}$ です。一方、L 型全体の面積は $A_1 + A_2$ です。y 軸から図心まで距離を x_G とすると、モーメントは $(A_1 + A_2) \times x_G$ です。これと①+②のモーメントが等しいので、$(A_1 + A_2) \times x_G = A_1 \times x_{G1} + A_2 \times x_{G2}$ となります。よって、

$x_G = (A_1 \times x_{G1} + A_2 \times x_{G2})/(A_1 + A_2) = (3 \times 150 + 2 \times 50)/(3 + 2) = 110$ を得ます。なお、面積は比率で計算しました。

縦方向も同様にして、

$y_G = (A_1 \times y_{G1} + A_2 \times y_{G2})/(A_1 + A_2) = (3 \times 250 + 2 \times 100)/(3 + 2) = 190$ となります。右図の L 型鋼は 45°で対称ですが、図心 x_G、y_G は対称線上にあります。

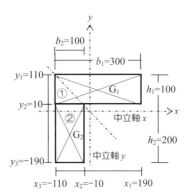

Q6：Q5 の L 型の断面二次モーメントを求めなさい。

A6：断面二次モーメントは y 方向 I_y と x 方向 I_x の両方求めます。また、Q5 の図心の位置より中立軸が分かったので、断面二次モーメントの計算では、中立軸に x 軸と y 軸を変更します。

y 座標は中立軸を基準に、上端が $y_1 = 110$、要素①と②の境界が $y_2 = 10$、下端が $y_3 = -190$ です。x 座標は、右端が $x_1 = 190$、要素①と②の境界が $x_2 = 10$、左端が $x_3 = -110$ です。矩形の式(10-11)を使って、y 方向 I_y と x 方向 I_x の断面二次モーメントを計算します。

$$I_y = \frac{b_1}{3}\left[y_1{}^3 - y_2{}^3\right] + \frac{b_2}{3}\left[y_2{}^3 - y_3{}^3\right] = \frac{300}{3}\left[110^3 - 10^3\right] + \frac{100}{3}\left[10^3 - (-190)^3\right] = 361.67 \times 10^6 \text{ mm}^4$$

$$I_x = \frac{h_1}{3}\left[x_1{}^3 - x_3{}^3\right] + \frac{h_2}{3}\left[x_2{}^3 - x_3{}^3\right] = \frac{100}{3}\left[190^3 - (-110)^3\right] + \frac{200}{3}\left[(-10)^3 - (-110)^3\right] = 361.67 \times 10^6 \text{ mm}^4$$

【補足】この L 型は 45°の線に対して対称なので、x 方向と y 方向の断面二次モーメントは同じになります。また、T 型と縦横の長さが同じなので、L 型の y 方向の断面二次モーメントと T 型の y 方向の断面二次モーメントが同じになります。

10.5　座屈という現象

（1）座屈荷重

物体に圧縮力を加えると、力が小さなうちはその物体は縮みます。ところが、圧縮力をさらに加えたとき、特にその物体が細長い場合、ある限界点を超えると力の向きと直交する方向に急激に変形が生じることがあります。この現象を**座屈**とよびます。座屈現象を定量評価することは本書の範囲を越えるので、ここでは詳しく述べることはしませんが、概要をつかんでおきましょう。

細長い部材が座屈する荷重 P_{cr} は次のように表されます。

座屈荷重 $\qquad P_{cr} = \dfrac{\pi^2 EI}{L^2}\qquad\cdots(10\text{-}12)$

ここで、E:ヤング係数、I:断面二次モーメント、L:座屈長さ（端部の拘束条件を考慮した部材の長さ）とします。すなわち、ヤング係数 E が大きなほど、断面二次モーメント I が大きなほど座屈しにくく、部材の長さが長いほど座屈しやすいというわけです。

（2）強い材料ほど座屈に注意

圧縮変形だけを考慮するならば、例えば鉄鋼のような強い材料は小さな（細い）断面でもよいということになりますが、前述のとおり、断面二次モーメント I が小さなほど座屈するリスクが高くなりますから要注意です。ちなみに、引張力を受ける材料は座屈しません。したがって、引張力だけを受ける部材はケーブルのような細い部材として設計することが可能です。

【コラム】工業製品に見る構造的工夫

形状を工夫することで少ない材料で高い強度を実現した製品を私たちの身の回りにたくさん見ることができます。例えば段ボール。段ボールは中芯とよばれる中の層の紙を波状にすることで、曲げ性能を向上させています。

中芯の厚さを 0.14mm、波の形を半円、波の厚さを 5mm とすると、一波当たりの断面二次モーメントは $I = \dfrac{\pi \times 5^4}{64} - \dfrac{\pi \times (5-0.15)^4}{64} = 3.52 \text{ mm}^4$ です。一方、波状にしないでそのまま使用したときの断面二次モーメントは $I = \dfrac{10 \times 0.15^3}{12} = 0.0028 \text{ mm}^4$ となり、波状にした方が断面二次モーメント I が 1200 倍以上大きくなります。すなわち、曲げ剛性が 1200 倍以上であるということになります。

トタンやガードレールの断面が波状であることや、スーツケースのリブなども同じような効果があります。

巻き尺の断面は弧を描いていますが、これも同様の効果があります。ただし、下に凸な状態で使うのに比べ、上に凸な状態で使うと、断面の両脇が圧縮力を受けて局部座屈しやすくなり、折れ曲がりやすくなります。

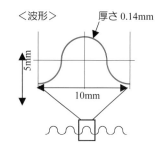

＜波形＞　厚さ 0.14mm
5mm　10mm

＜平らな紙＞
幅 10mm、厚さ 0.14mm

波型にすると断面二次モーメントが大きくなり曲げ剛性が高くなる
＜平形＞　＜波形＞
$I=0.0028\text{mm}^4 \Rightarrow I=3.52\text{mm}^4$
1200 倍

【コラム】巨人は存在できるか？

体積は長さの 3 乗に比例し、面積は長さの 2 乗に比例することは皆さんもご存知と思います。ここで人間の体のことを考えてみましょう。

同じプロポーションを保ったまま体が大きくなると、体重（質量または重量）は身長の比の 3 乗に比例して大きくなり、手足や胴体の太さ（断面積）は身長の比の 2 乗に比例して大きくなります。つまり、身長 1m、体重 15kg の A くんと同じプロポーションで身長が 2m の B さんの体重は $15\text{kg} \times 2^3 = 15\text{kg} \times 8 = 120\text{kg}$ というわけです。

A くんの足の裏の面積を 100cm^2 とすると、B さんの足の裏の面積は $100 \times 2^2 = 400\text{cm}^2$ です。それぞれの足の裏の応力度を調べてみると、A くんは $15\text{kg} \times 9.8\text{cm/s}^2 / 100\text{cm} \fallingdotseq 1.5\text{N/cm}^2$、B さんは $120\text{kg} \times 9.8\text{cm/s}^2 / 400\text{cm} \fallingdotseq 3\text{N/cm}^2$、となり、背の高い B さんの方が足の裏にかかる応力度が 2 倍に大きいことがわかります。

体重は身長比の 3 乗、太さは身長比の 2 乗に比例する

	A くん	B さん
身長	1m	2m
体重	15kg	120kg
足裏面積	200cm²	400cm²
足裏応力度	1.5N/cm²	3.0N/cm²

応力度を同じにするにはBさんの足の裏の面積を2倍にしなければなりません。足首や胴体にかかる応力度も同様です。つまり、人間の10倍程度の背の高さの巨人が存在するとすれば、その姿は人間のようなプロポーションではなく、脚が10倍太いプロポーションになりそうです（太くなった分の体重増加は無視しています）。仮に超高強度の骨を持っていたとして、プロポーションが同じだとしても、相当高い地耐力（例えば、Bさんの10倍の巨人なら$30N/cm^2=300kN/m^2$）が必要になりそうです。

【コラム】解けない方程式を解く／近似・離散化・関数変換・実験

世の中、解けない方程式はいくらでもあります。6章で取り上げた微分方程式は解析的に解けますが、多くの微分方程式は解けません。他に、8章で取り上げた懸垂線も超越方程式といって解析的に解けません。解析的に解くとは、数式を変形しながら解に導くという高校までの方法です。しかし、複雑な方程式になると解けないことが多く、この解けない方程式でも何とかして解を求めないことには、建築構造でも建築環境設備でも設計ができません。

【補足】一般的な構造設計や設備設計では高度な数学を直接的に使うことはあまりなく、逆に、誰にでも計算できるような設計法が確立されています。大学では主にこういった設計法を学ぶので、数学が苦手でも、それほど心配することはありません。

では、解けない方程式をどうやって解くかというと、いくつかの方法があります。例えば、①近似、②離散化、③関数変換、④実験などです。

①近似：懸垂線は超越方程式になり解析的に解けませんが、パラメータaに仮の値を与えて徐々にaの値を真値に近づければ精解を得ることができます。あるいは、懸垂線は、頂点付近は放物線に近いので放物線を近似式として使うこともあります。

②離散化：離散化とは、連続的に変化している現象を小さな要素とか点に分解して解く方法です。離散化は空間を離散化する場合もあれば、時間を離散化する場合もあります。

建築構造の分野で使われるのが、有限要素法（Finite Element Method=FEM）です。本当は連続している構造体を小さな要素に分割してそれぞれの要素における力の釣り合いや変位の境界条件を用いて要素に作用する応力や変形の近似値を求めるのです。

6章で取り上げた温度変化の微分方程式（これは変数分離で解けますが）でも、本当は連続している時間を1分ごとの時間間隔で離散化し、有限差分（Finite Difference Method）という目に見える形に置き換えて解きました。熱解析や気流解析では差分がよく使われます。

③関数変換：建築環境工学の熱伝導ではラプラス変換が使われます。単一層の部材の熱伝導なら解析的に解けますが複層になると解けません。方程式をラプラス変換して熱伝導の応答係数を求めます。

この応答係数を使い、次に時間を離散化することによって、年間の熱負荷を求めるのです。

④実験：過去に経験がない設計などでは実験をします。なお、実験と並行して①や②、③の数値解析をするのが一般的です。なお、11章で紹介するガウディの懸垂線は実験そのものです。

上記の①や②、③の数値解析は、コンピュータの発達とともに多く利用されるようになりました。研究や実務ではコンピュータを使って膨大な計算を処理します。コンピュータが発達したことで、かつては解けなかったことが解けるようになったのです。

なお、ここで紹介した、FEMやラプラス変換を学部で勉強する機会はほとんどないでしょう。早い人は卒業研究で既成のプログラムを使って計算することがあるかも知れませんが、多くは、大学院で勉強することになります。

11．構造力学から建築へ

　大空間は古代から現代まで人々の夢です。本章では、カテナリー（懸垂線と同義）やアーチ、ドーム、トラスなど大空間を構築する構造形式の原理を学びます。そして、実際の建築物で、いろいろな構造形式がどのように使われているかを見ていきます。大空間だからこそ、そこに大きな力（圧縮力と引張力）が発生します。これをどのように処理してきたのか、進化・発展の過程を歴史的に概観します。なお、見えている部分だけでなく、見えない部分を含めて引張力と圧縮力をどのように処理して建築を支えているかにも注目してください。

11.1　大空間を覆う構造形式
（1）ケーブル／カテナリー・放物線
　2章で学習したカテナリーはロープやケーブル架構のひとつです。

　ロープの両端を持って垂らしたときに、自重によって下方向にたわんでできる曲線がカテナリーです。支点反力は引張方向です。自重や積載荷重によって下に凸な形状を持ちます。このときの中央のたるみを**サグ**とよびます。サグが小さいほど水平反力が大きく、サグが大きいほど水平反力が小さくなります[①]。

　ロープやケーブルは曲げモーメントやせん断力、圧縮力を負担せず、引張力だけに抵抗する構造要素です[②]。曲げモーメントによる軸力の増幅や圧縮による座屈などの心配がないので、吊り橋のように長いスパン*をかけ渡すことができ、次節で紹介するように大空間を覆うことができる合理的な構造ということができます。なお、支持する柱には曲げモーメントやせん断力が生じますが、これをどのように処理するかが問題で、次項以下で説明します。

　　*スパン：支点あるいは支柱間の距離

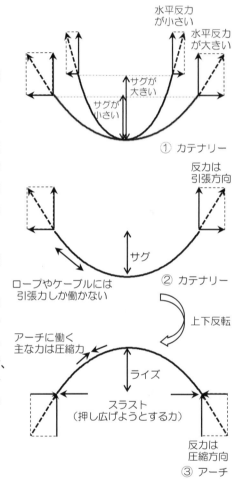

水平反力が小さい

水平反力が大きい

サグが大きい

サグが小さい

① カテナリー

反力は引張方向

サグ

② カテナリー
ロープやケーブルには引張力しか働かない

上下反転

アーチに働く主な力は圧縮力

ライズ

スラスト（押し広げようとする力）

反力は圧縮方向

③ アーチ

（2）カテナリーの鏡像／アーチ
　ロープやケーブルを垂らしたときのカテナリーの構造体には引張力しか働きませんでしたが、これを上下反転させると、アーチになります[③]。
　この構造体に働く主な力は圧縮力になります。なお、アーチには曲げやせん断力も働きます。カテナリーの鏡像ですから、支点反力は圧縮方向です。カテナリーでいうところのサグ、すなわちアーチのせいを**ライズ**とよびます。アーチと同様、ライズが小さいほど水平反力が大きく、ライズが大きいほど水平反力は小さくなります。また、アーチが広がろうとする力を**スラスト**とよび、これをいかに抑えるかがアーチの設計のポイントとなります。

＜飛び移り現象＞

アーチのライズが小さすぎると、突然形が上下に反転する**飛び移り現象**が起こる恐れがあります[4]。飛び移り現象が起こると、部材に働く力が圧縮から引張に変わってしまうので、注意しなくてはなりません。

＜ヴォールトとドーム＞

アーチを水平移動させて作る構造体を**ヴォールト**[5]といい、回転させて作る構造体を**ドーム**[6]といいます。

＜カテナリーと放物線＞

ロープやケーブルの素材が均質で、かつ、荷重が自重のみの場合に垂らしてできるのがカテナリーです。一方、これに鉛直で下向きの均等な荷重が加わると、ロープの形が放物線になることが知られています。

【補足】ロープは長さ方向に均質ですが、吊り下げたときの　カテナリーの水平方向の荷重は等分布ではなく、端部に近いほど鉛直の荷重密度が高くなります。ロープに水平方向に自重よりも大きい均等な荷重、例えば屋根や道路などを吊り下げるとロープの形は放物線になります。カテナリーと放物線は似ています。$y=a\times\cosh(x/a)$ の式で、x が係数$-a\sim a$ の範囲であれば非常によく一致するのでカテナリーの近似式として放物線が使われます[7イ]。x が係数$-a\sim a$ の範囲を超えると誤差が急激に拡大します[7ロ]。

（3）複合構造／タイドアーチ・張弦梁

ここまでに述べてきた構造形式は必ずしも単独で用いられるわけではなく、他形式と複合して用いられることもあります。**タイドアーチ**[8]とよばれる構造はその一例です。アーチに働くスラストは、ダムのように地盤や岩盤に直接持たせることもありますが、アーチを柱で持ち上げている場合などは柱に曲げがかかってしまいます。このスラストを負担する部材をアーチに組み込んでしまったものが**タイドアーチ**で、スラストを全て引張部材に負担させてしまえば、支点はタイドアーチの荷重を支えればよい、つまり、スラストの処理を考えなくてよいことになります。

似たような形に**張弦梁**[9]があります。張弦梁は曲げを受ける梁に生じる引張力を別の部材に負担させ、かつ、その引張部材と梁との間に束を設けて見かけ上の梁せいを大きく確保したものです。これにより、より軽量で大きなスパンをかけ渡すことができるようになります。

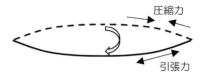

④ライズが小さすぎると飛び移り現象が起こるので注意

⑤アーチを平行に並べて大きな空間を作るのがヴォールト

⑥アーチをクロスさせて大きな空間を作るのがドーム

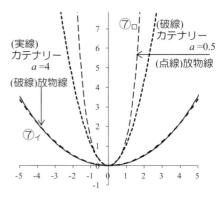

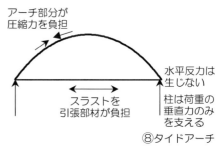

⑧タイドアーチ

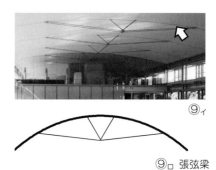

⑨イ

⑨ロ　張弦梁

（4）トラス

9章で取り扱ったトラス[10]ィもまた合理的な構造体ということができます。接合部をピンのような回転自由なもの[10]ロ、またはそれに近い構造とすることにより、軸部に働く力は圧縮力か引張力のみとなります。こうすることで曲げによる応力の増幅や変位の増幅を避け、大きなスパンをかけ渡すことができます。

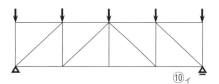

⑩ィ

⑩ロ

11.2　構造から形へ

これまで建築の形の中をどのように力が流れるのか、すなわち建築は重力がかかっている自分自身をどのように支えているのかを、さまざまな形式で説明してきました。次にそれぞれの形式が最も美しく実現された事例を見ながら、私たちはどのように構造形式を進化させ、発展させてきたのかを見ていきましょう。

（1）カテナリー

カテナリーは前述のように引張力のみが働き、大きなスパンをかけ渡すことができる構造体です。この構造が成立するためには信頼性が高く大きな引張力を負担できるケーブルが必要で、近代を待たねばなりませんでした。

⑪ィ

⑪ロ　メインケーブルからの引張力の水平成分がキャンセルされて、支柱には圧縮力のみ作用する

ブルックリン橋[11]ィは鋼鉄のワイヤーを使用した世界初の吊り橋で、1883年に竣工しました。吊り橋はメインケーブルでハンガーロープを介して橋桁を支持するもので、橋桁に作用した鉛直下向きの荷重はメインケーブルの引張力として主塔に伝えられます。主塔の両側にケーブルを張れば、メインケーブルから作用する力の水平成分が左右でキャンセルされるため、主塔には曲げモーメントは作用せず、圧縮力のみが作用する[11]ロことになります。

テムズ川にかかるミレニアム・ブリッジ[12]ィ（2000）も吊り橋の一種ですが、一般的な吊り橋に比べてサグが非常に小さな設計になっています。サグが小さいと水平反力が大きくなるため、反力の確保のために沢山のケーブルが使用されています[12]ロ。

⑫ィ

⑫ロ：端部

代々木体育館[13]（1964）は2本の支柱 C にメインケーブル A を架け、そこからさらに円周方向に吊り屋根面 B を形成するケーブルを配置することで、メインスパン126m、横方向の最大スパン120m という無柱の大空間を実現しています。

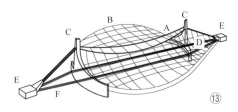

⑬

屋根の形状はメインケーブルのカテナリー A と横方向のカテナリー B の 2 つのカテナリーを組み合わせた形となっています。支柱 C にはメインケーブルの張力による引張力と水平成分がキャンセルされるように外側にもケーブル D が配置され、そのケーブルはその外側のコンクリート塊 E にアンカー*されています。さらに、コンクリート塊が内側に引き込まれようとする力は地中梁 F によって支えられています。吊り屋根面を形成するケーブルに働く引張力は主に客席部分の自重で釣り合いが保たれています。（*アンカー：碇のこと）

代々木体育館は丹下健三（1913-2005）の代表作といえます。構造は坪井善勝（1907-90）によって設計されました。

⑭ィ 天井から吊り下げられた鎖による模型

アントニオ・ガウディ（1852-1926）はサグラダ・ファミリア教会やグエル公園の設計のために、カテナリーを用いた実験をしています。天井から垂らした鎖には引張力が働きますが[14]ィ、それを床に置いた鏡に映すと、鏡の中の構造体には圧縮が働きます。こうすれば、圧縮力よって合理的に空間をかけ渡すアーチ構造ができるというわけです[14]ロ。

⑭ロ 床の鏡に映すとアーチが現れる

（2）アーチからヴォールト・尖塔アーチへ

カテナリーの出現は信頼性の高い引張材料が出現する近代まで待たねばなりませんが（つたやロープを使った吊り橋などはありましたが）、主な応力が圧縮力であるアーチは石材などでも成り立つので、古代から見られました。

＜円形アーチとバットレス＞

石材は引張力には弱いため、曲げモーメントを受ける部材として空間をかけ渡すには適しませんが、主に働く力が圧縮力である組積造*には適した材料です。アーチは古代より存在していることが知られており、ローマ時代には円形アーチ[15]が多用されました。

バットレス[15]とは建物外周に配置される控え壁のことです。アーチに鉛直下向きの荷重がかかるとアーチを押し広げようとする力、スラストが発生することは前節で述べたとおりですが、このスラストを処理するのに、ロマネスク建築では厚いバットレスを必要としました。分厚いバットレスの自重でスラストを抑えます。

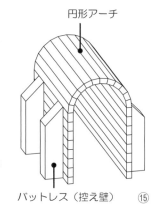

円形アーチ

バットレス（控え壁）　⑮

*組積造：石・煉瓦・コンクリートブロックなどを積み上げて作る建築物の構造形式。

＜ヴォールトと尖塔アーチ＞

アーチを交差するように使って大きな空間を作るのが交差ヴォールトです。ところが、円形アーチを単位形状とする交差ヴォールトを用いて長方形の空間を覆おうとすると、短辺方向のスラストと長辺方向のスラストの高さ方向の位置がずれてしまい[16]、柱に曲げモーメントが生じてしまいます。

そこでゴシック建築において登場したのが尖塔アーチ[17]です。尖塔アーチは2つの円弧を組み合わせた頂部がとがった形状を持つアーチで、高さとスパンの関係が円形アーチとは違って自由になります。また、尖塔アーチは円形アーチと比べてライズが大きいため、スラストが小さくなるというメリットもありました。

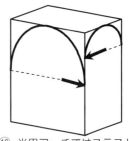

⑯ 半円アーチではスラストが作用する高さがずれるため、柱に曲げが生じます

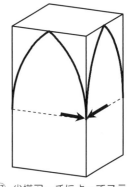

⑰ 尖塔アーチによってスラストが作用する高さを揃えることができるため、柱に曲げが生じません

（3）フライング・バットレスとリブ・ヴォールト

歴史上、ゴシック建築において初めて登場する構造要素に、フライング・バットレスとリブ・ヴォールトがあります。バットレスとは建物外周に配置される控え壁を指し、アーチのスラストを処理しています。

フライング・バットレス[18]はこのバットレスを建物のより外側に配置し、外壁から分離したものです。アーチの下端部が空中に見えるため、フライング・バットレスとよばれます。フライング・バットレスの登場により、スラストを処理する重厚な柱が屋内から排除され、高い天井と高窓の設置が可能となりました。

リブ・ヴォールト[19]はヴォールトの交差部分にリブ（肋骨）のような部分を有するヴォールトを指します。これはヴォールトに作用する荷重を負担しているように見えますが、実際はヴォールトを施工するためのガイドの役割をしていたようです。交差ヴォールトは特に交差部分が複雑な形状となるので、石材やブロックを正確に積み上げることが難しかったのですが、リブ・ヴォールトの出現により、施工精度の向上が可能になったということです。

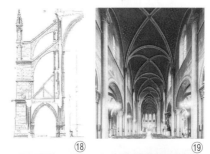

⑱　　　　　　　　　　　　　　　　⑲

⑳イ

（4）コンクリートアーチ

サンチャゴ・カラトラーヴァ（1951-）は力の流れを可視化したようなダイナミックなデザインの名手です。リスボンのオリエンテ駅（1998）のプラットフォームを支えるコンクリートアーチは、両脚を分岐させてスラストの集中を避けています[20]。歩道橋を支える鉄骨アーチなど、大きなス

⑳ロ

パンを合理的かつ軽快にかけ渡しながら、その力の流れを
美しく表現しています。

（5）シェル構造・ヴォールト・ドーム

薄い曲面からなる構造をシェル構造とよびます。適切な形
態のシェルを選べば、構造体に作用する応力は面外方向の力
ではなく、面内応力*が主なものとなるため、薄い曲面を実
現できます。アーチを平行移動させてできたヴォールトやア
ーチを回転させてできたドームもシェルの一種ということ
ができます。

　* 面内応力：構造体の面と平行方向に作用する応力
　　面外応力：構造体の面と直交方向に作用する応力

1900 年頃から鉄筋コンクリートシェルの試みが多くなさ
れるようになりましたが、それに先駆け、ロベール・マイヤ
ール（1872-1940）はスイス博覧会セメント館[21](1939)で、最薄
部の厚さ 6cm という当時にしてはきわめて薄いヴォールト
のパヴィリオンを実現させました。

中央部付近に配置したリブ[21]ロに応力を多く負担させるこ
とでシェルの厚みをより薄くさせるとともに、内部のブリッ
ジにスラストを負担させることで、外部への大掛かりなスラ
スト負担用の構造体設置を不要として全体の軽快さを阻害
しないように配慮しています。

ローマ人は円形アーチとともに円形ドームの利点も理解
しており、大空間を覆う屋根構造の一つとしてドームを採用
していました。ローマのパンテオン[22]（BC25 年頃）はその一
例であり、直径 42m という大きなスパンを有しています。こ
のスパンを越える構造物の実現は、近代を待たねばなりませ
んでした。

現代の RC によるシェル構造は引張にも抵抗できますが、
当時の構造形式の主流である組積造は引張に抵抗できない
ため、大きなスラストが生じます。パンテオンはこれを 6m
という非常に大きな壁厚とその重力で処理しています。

バックミンスター・フラー（1895-1983）はさまざまな構造
原理を考案、実現しましたが、ジオデシック・ドーム[23]（1967)
もその一つです。ジオデシック・ドームの要素はトラス構造
ですが、マクロ的に見れば面内方向にしか応力が働かない、
ドームということができます。

㉑イ

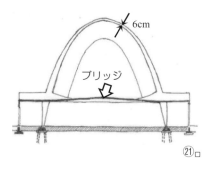

6cm

ブリッジ

㉑ロ

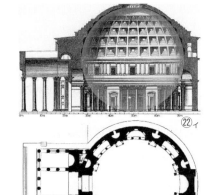

㉒イ

㉒ロ

㉓

エドゥアルド・トロハ（1899-1961）によるアルヘシラスの市場[24](1935)もシェル構造の一つです。頂部の厚み 9cm、スパン 47m であり、パンテオンをスパンで初めて越えた建築物です。さらに、周囲に設けられた庇状の部分は柱スパンの中央で最大の幅を持ち、スラストに対して剛性の高い形状となっています。また、周囲の 8 本の柱頭部にはタイビーム*を回してスラストを柱頭部より上部で処理することで、柱をはじめとする屋根下部分を開放的にできる、合理的な設計となっています。

　スラストの処理は周囲の8本の「柱の頂部」つまり「ドームの下部」です[24]ロ。ドームの下部に庇のような部分を設けることで、これがスラストによるはらみ出しを抑え、さらに「タガ」のようにタイビームを回してスラストを負担しています。

　　*タイビーム：ビームとは梁や桁のことで、柱頭と柱頭をビームで結んでいます。

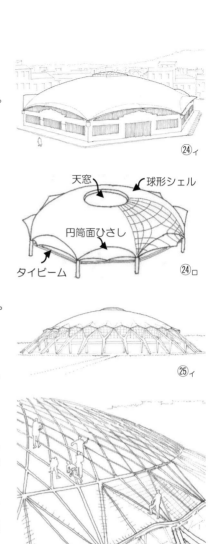

㉔イ

天窓　　　　球形シェル

円筒面ひさし

タイビーム　　　　㉔ロ

㉕イ

　ピエール・ルイージ・ネルヴィ(1891-1979)によるオリンピックドーム[25]（1958）もシェル構造の傑作の一つです。シェル面にプレキャストコンクリートを使うことや、屋根部分と内部のスタンド部分が構造的に独立していることなど、施工への配慮も秀逸ですが、スラストの処理など構造的な配慮が秀逸です。屋根周囲にリブを形成することで剛性を高めるとともに、屋根面を支える周囲の支柱の向きをシェルに連続させることでスラストに対して柱に曲げを生じさせない、合理的な設計となっています。

　　*プレキャストコンクリート：建設現場で組み立て作業だけを行えるように、工場などで製造された製品化されたコンクリート部材のこと。

㉕ロ

　サンチャゴ・カラトラーヴァによるスイスのズール市のコンサート・ホール[26]（1988）は、タイドアーチを効果的に用いた建築作品のひとつです。流れるような美しい形のアーチのスラストを、アーチ下部に設けたタイバー[26]ロ*で処理しています。これにより、外周の柱を曲げモーメントから解放し、外皮をスレンダーにすることに成功しています。

　　*タイバー：アーチの下端同士を結ぶ鉄製の引張材のこと

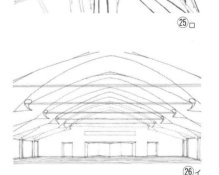

㉖イ

（6）トラス

鉄が大量生産されるようになった近代以降、小さな要素を組み合わせたトラスによって大きな部材を形成し、大きな空間を覆う構法が現れました。セント・パンクラス駅[27]（1868）は、全体架構はヴォールトですがヴォールトを構成するアーチは鍛鉄*を組み合わせたトラスになっています。また、トラスの圧縮材はＴ形断面、引張材は丸鋼と、その形状も合理的な設計になっています。

> *鍛鉄：炭素が少ない強靭な鋼のこと。なお、昔ながらの鉄を打って鍛えて作った鉄を特に鍛鉄ということがあります。

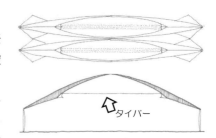

㉖ロ　天井伏図と断面

㉗

大スパンを飛ばすにはカテナリーやアーチが有効ですが、屋根形状をフラットにすることはできません。ミース・ファン・デル・ローエはあくまでもフラットな屋根にこだわり、シカゴ・コンベンション・ホールの計画案[28]（1954）において、約 9m グリッドの平行弦トラス*を用いて、220m 角の空間を覆いました。中央部の応力は大きくなりますが、均質な空間を作るためにはトラスという選択肢もまた合理的といえるかもしれません。

> *平行弦トラス：トラスの上弦材と下限材が平行になっているトラスのこと

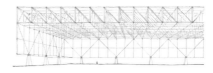

㉘

（7）構造形式の複合

サルスエラ競技場[29]（1936）の設計において、トロハはさまざまな構造形式を複合させ、複雑ながらも合理的に力の流れを形作りました。

客席を覆う屋根はヴォールト型のシェル Ａ の連続ですが、ヴォールトの曲率は支持部に近いほど小さく、すなわち、リブが見かけ上厚く Ｂ なっており、片持ち梁を成立させています。屋根の自重は客席奥の柱 Ｃ で支えられる一方、回転しようとする力は屋根の逆端のケーブル Ｄ によって下向きに引っ張られて支持されています。さらにこのケーブルはそのまま地面に反力をとるのではなく、下部構造のシェル Ｅ によって支持され、これによって下部の空間が確保されています。

㉙イ

客席側屋根先端は垂れ下るので

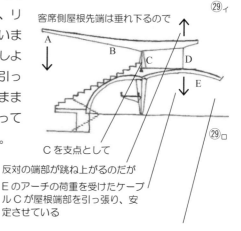

㉙ロ

Ｃを支点として

反対の端部が跳ね上がるのだが

Ｅのアーチの荷重を受けたケーブルＣが屋根端部を引っ張り、安定させている

Ｅのアーチは逆にケーブルＤによって引っ張り上げられているので、先端の柱が不要となり、開放的な空間が生み出される

＜建築デザインからみる数理＞
建築に隠された数理

　最後は「建築デザインからみる数理」と題し、建築をデザインする上で数学がどのように使われてきたのか、そして建築の美を語る上で数学がどのような役割を果たしてきたのか、その変遷をみていきます。

　12章では、比例体系が建築デザインにおいていかに重要な役割を果たしてきたのかを歴史的に辿ります。古代ローマの時代にまとめられた世界最古の建築理論書、ウィトルウィウスの『建築書』にあらわれたシュムメトリアという概念は、ルネサンスの時代に再発見され、現代の建築まで脈々と流れています。フィボナッチ数列や黄金比といった数学上の発見によって、比例体系の理解はさらに深まります。ル・コルビュジエやジョゼッペ・テラーニといった近代の建築家が幾何学をどのように建築デザインに取り入れたかをみていくと、建築デザインを考える上で数学がいつでも重要な役割を果たしてきたことに気づかされます。

　13章では、建築デザインにおける秩序のつくり方を、座標、単位、部分と全体といったキーワードによって考えてみます。直交座標のグリッド、極座標による同心円状や斜めの動き、こうした座標が都市や建築のデザインにどのように現われてきたのかを辿ってみると、それは単なる物の配列ではなく、実は秩序を構築する上での重要な概念の枠組みであることが分かります。座標の上に配置される部分と全体の関係に私たちはさまざまな意味を見出してきました。そして、現代では座標そのものに揺らぎを与えることで、より自然との親和性の高い建築をめざそうとしているのです。

12. 建築の形と数理
／古代ギリシアから現代までのシュムメトリアの流れ

　紀元前2000年というはるか昔につくられたエジプトのピラミッドが四角錐という幾何学によって構成されているように、人類が建築物をつくる上で幾何学が無縁だったことはほとんどありません。ただ、幾何学がどの程度意識的に用いられてきたのか、どのように建築の表現に関わるのか、幾何学は歴史的に少しずつ意味を変えて現代に至っています。この章では、建築に隠された数学が建築の美を語る上でどのような役割を果たしてきたのか、その変遷をみてみようと思います。

１２．１　古代ギリシアからルネサンス
（１）古代ギリシア／ウィトルウィウスによる最古の『建築書』
　建築において数学が初めて意識されたのは、紀元前1世紀頃のローマで書かれた世界最古の建築理論書といわれるウィトルウィウスの『建築書』によってであり、ギリシア時代に完成された建築理論をまとめたものです。それを読んでみると、建築を考える最初から数学は意識されていたといっても過言ではありません。ウィトルウィウスは建築を美しく合理的につくるためには**シュムメトリア**と**エウリュトミア**が重要であると述べています。現代の英語に翻訳するとシンメトリーとリズムとなりますが、シュムメトリアは単なる対称以上の意味が込められていました。それはいわば人体のプロポーションを規範とした比例体系のことで、人体がそうであるように部分と全体が正しい比例関係にあることが重要であると述べ、具体的に柱の直径や高さ、柱間などがどのように構成されなければならないのか、詳しく説明しています。

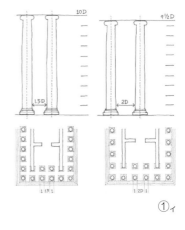

①イ

　西洋において建築物における寸法の比を論じるとき、人体はいつでも美の規範として現れてきます。西洋にはアンソロポモルフィズムという言葉＝概念があり、一般的には「擬人化」と翻訳されますが、神話学や宗教学と同様に建築学上は「神人同型同性説」と翻訳しないと意味はわかりません。人間がなぜ美しいかというと自然界にあるあらゆる生物の中で神は人間だけを自分に似せてつくったからこそ、人間は最も美しく、だから芸術作品や建築は人間の比例体系に合わせなければならない、という考え方です。

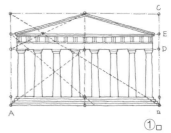

①ロ

$$\frac{AB}{BC} = \frac{BC}{BD} = \frac{BD}{CD} = \frac{CD}{CE} = \Phi(1.618)$$

　ギリシアの神殿は、部分から全体につながる比例体系によってできあがっています。実はギリシア時代の建築には、現在私たち

が準備しているような設計図面がなかったのではないかといわれています。極端にいえば柱の直径が決まれば柱の高さや柱基や柱頭の装飾の寸法が決まり、そして柱の間隔も決まり、建物全体が自動的に決まる、というほどその比例体系は重視されていたのです[①イ]。

そして西洋の美の規範ともいわれる、アテネのアクロポリスの丘に建つパルテノン神殿は、部分と全体、そして部分と部分との比例が、3章で述べた黄金比によって決められていることが知られていました[①ロ]。

全体は部分の比例関係によって正確に決められるということを産業革命によって生み出された「機械」に擬えたのがル・コルビュジエ(1887-1965)です。20世紀以降の建築書の中で世界に最も大きな影響を与えたといわれる『建築をめざして』の中で、パルテノン神殿を当時の最先端の自動車の写真と同じページに並べるという挑発的な見せ方[②]をして物議を醸したのです。パルテノンが美しいのは、最新鋭の自動車と同じようにあらゆる部分が正確に組み合わされて全体の機能のために組織化されているからだ、というのがその理由です。機械のように正確だからこそ、建築は美しい。そのエキセントリックな見せ方とは反対に、その主張はきわめて古典的で正統なものだったのです。ル・コルビュジエは建築デザインにおいて数学が果たす役割に深く興味を持ち、その生涯を通じて研究を続け建築界に大きな影響を与えました。彼の足跡は後ほど詳しく辿ることにします。

② 出典：Le Corbusier-Saugnier, 1923, Vers une architecture. Paris: Editions G. Crès.

（2）ルネサンス／『建築書』の再発見

近代の話へ飛んでしまったので、もう一度歴史に戻りましょう。ローマ時代にまとめられた建築書の後、実は建築に関するまとまった著作は残されていません。暗黒の中世といわれる所以でもあります。そうして長い間忘れ去られていたウィトルウィウスの『建築書』が再発見されたのは15世紀にイタリアで始まったルネサンスのころです。ルネサンス運動の意義は人間中心主義の発見といわれますが、実はウィトルウィウスを通して建築の中に数学を発見したともいえるのです。

それを最もわかりやすく示したのが、ウィトルウィウスの『建築書』を図解するためにレオナルド・ダ・ヴィンチが1487年頃描いた「ウィトルウィウス的人体図」[③]です。ダ・ヴィンチ自身が「ウィトルウィウスの著作に従って描いた男性人体図の習作であり、ウィトルウィウスが提唱した理論を表現した」と書いています。そこには芸術と科学の融合というすぐれてルネサンス的な概念、

③

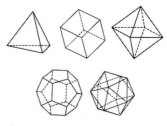

④プラトン立体：正四面体、正六面体、正八面体、正十二面体、正二十面体

そして神人同型同性説が象徴的に示されています。ダ・ヴィンチは当時の数学者ルカ・パチョーリに依頼され、彼の著作『神聖比例論』(1509)の中にプラトン立体のイラストを描いています。ダ・ヴィンチは当代一流の画家であったのですが、同時にきわめて優秀なイラストレータでもあったのです。

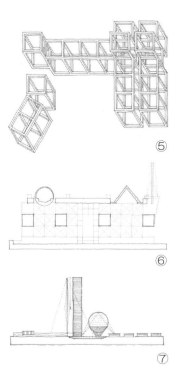
⑤

12. 2　現代建築における数理
（1）現代建築への影響
　プラトン立体④（いわゆる正多面体のことで正四面体、正六面体、正八面体、正十二面体、正二十面体の5つあります）は現代の建築家の間でも純粋幾何学を象徴する言葉です。建築をプラトン立体だけによって構成することが、歴史的な意味の参照を避けるために純粋幾何学へと接近していったモダニズムにとって重要な手法となりうることを、ロシア構成主義やフランス革命期の建築への共感とともに、日本のポストモダニズムを代表する建築家、磯崎新（1931- ）はきわめて巧みに語っています。彼の代表作である群馬県立近代美術館⑤や東京都庁コンペ案⑥を見ると、建築を構成する言葉の中でプラトン立体がいまなお重要な役割を果たしていることがわかります。

⑥

⑦

　現代でも多くの建築家にインスピレーションを与えているロシア構成主義は、例えばレオニドフ(1902-1952)が「レーニン研究所」⑦(1927)のコンペのためにデザインした立方体と球体による構成を見ると、まるで無重力の中に浮遊するような幾何学形態がイメージされていることがわかります。近代建築を準備したともいわれるフランス革命期の建築家たちの作品、エチエンヌ・ルイ・ブレー(1728-99)のニュートン記念堂⑧(1784)やクロード・ニコラ・ルドゥー(1736-1806)の「耕作の番人のための住宅」⑨ (1790) を見ると、完全な球体という純粋な幾何学にいかに当時の建築家たちが魅了されていたかがよくわかります。このようにさまざまな時代で繰り返し幾何学は建築デザインの主題として浮かび上がってきたのです。

⑧　出典：エミール・カウフマン、『三人の革命的建築家：ブレ、ルドゥー、ルクー』、中央公論美術出版、1994

⑨　出典：磯崎新、『幻視の理想都市ーショーの製塩工場』、六耀社、1980

（2）ふたたびルネサンス
　もう一度イタリアのルネサンス期に戻りましょう。ウィトルウィウスの『建築書』を研究した建築家たちは幾何学を前面に打ち出したデザインを展開させていきます。例えばルネサンスを代表する建築家レオン・バティスタ・アルベルティ(1404-72)が改修したサンタ・マリア・ノヴェッラ教会⑩のファサード（正面の立面）(1448-70) を見てみると、正方形と正円の組合せであることがま

⑩

るでイラストレーションのように分かりやすく表現され、整数比
による比例体系が宇宙の、そして建築の秩序をつくるという信念
が感じられます。多くの建築家が古代ローマの遺跡を調査し、ウィ
トルウィウスを研究することによって、単に古代ローマを復興
させるだけではなく、古代ローマはこのように建築をつくりたい
と思っていたのだろうと想像しながら新しい建築を構想しようと
していました。

　アルベルティの約 100 年後のルネサンス後期（マニエリスムの
時代ともよばれます）に、ヴィツェンツァで石工から建築家になっ
たアンドレーア・パッラーディオ(1508-80)が、その後の西欧世
界の建築言語に決定的な影響を与えることになる作品群を完成さ
せ、ウィトルウィウスの研究成果と自身の建築理論をまとめた『建
築四書』を出版します。パッラーディオがヴィチェンツァ郊外に
設計したヴィラ・ロトンダ⑪ (1567)は周囲の田園地帯を見渡す丘
の上に建てられた理想的なヴィラとして、建築のひとつの原型で
あるかのようにみなされました。全体の秩序が正方形と正円とい
う単純な幾何学によっていかにコントロールされているのか、外
観からも容易に理解することができます。古代では神殿を意味し
ていた美しいペディメント（破風）が、それほど裕福ではない貴
族の館を勇壮に、そしてレンガと漆喰を材料としてローコストで
飾っていたのです。パッラーディオのデザインは没落しつつあっ
たイタリアの貴族たちから圧倒的な支持を得たのです。

⑪

（3）透視図法の誕生

　この時代に現在私たちがパースとよんでいる透視図法がほぼ完
成されたのは偶然ではありません。透視図法とは、人間の目とい
うひとつの点から見た世界を 1 枚の垂直に立った平面に投影する
という厳密に数学的な手続きに従って作図される、幾何学と同じ
ような意味を持つひとつの秩序だからです。専門に分化された現
代では考えにくいのですが、ダ・ヴィンチのような万能の天才を
生んだルネサンスという時代は、人間に備わる多くの才能を開花
させた特筆すべき時代です。
　透視図法を完成させたといわれているルネサンスの画家、ピエ
ロ・デッラ・フランチェスカ(1412-1492)は実は数学者としても大
変著名で多くの功績を残しており、近代に再発見されるまで画家
としてはほとんど忘れ去られた存在でした。数学者であり、同時
に画家でもある、あるいは数学者であるからこそ画家である、と
いうとても面白い時代です。彼の代表作のひとつである『キリス

⑫ 出典：カルロ・ギンズブルグ、『ピ
エロ・デッラ・フランチェスカの
謎』、みすず書房、2006

ト鞭打ち』[12]（1440-70）を見ると、キリストが鞭打たれている建築がいかに厳密な透視図法によって描かれているかが分かります。

⑬イ

このように人間がどのように世界を認識しているかが科学的に明らかになってくると、逆にそれを利用して、いわば騙し絵のように人間の空間認識をコントロールしようとするデザインが現れます。

先ほど紹介したパッラーディオはヴィチェンツァに設計したテアトロ・オリンピコ[13]において古代の劇場を再現しその舞台に現実の街並みを再現した背景をつくったのですが、客席から見た街路が現実の狭い舞台空間よりもずっと遠くまで続いて見えるように、客席から見て先細りになるように平面的に歪め、さらに床をだんだんと上げるように街路をつくって錯視を生み出すようにしているのです。

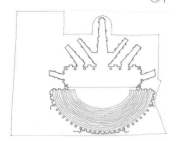

⑬ロ

後に述べるバロック時代の巨匠ベルニーニも、ローマ、ヴァチカンで教皇に謁見する際に上らなければならないスカラ・レッジアという大階段を設計する際に、この錯視を応用しています。その光の効果とともに、教皇への謁見のプロセスを現実よりもより長く、劇的に見せることに成功しています。

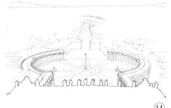

⑭

古典建築を現代から見返すと安定した様式があったように錯覚しますが、今と全く同様に建築家はいつでも新しい表現を求め、その表現は10年単位で大きく変化していきます。幾何学の生み出す秩序の透明感は素晴らしいものでしたが、次第に物足りなさを覚えた建築家たちは建築空間にダイナミックな動きを求めるようになり、正円ではなく、複数の中心を持つことで動きを想起させる楕円に強く惹かれるようになります。それがバロック（「歪んだ真珠」という意味です）とよばれる時代になります。バロックを代表する建築家、ジャン・ロレンツォ・ベルニーニ(1598-1680)がローマ、ヴァチカンのサン・ピエトロ聖堂の前庭に完成させたサン・ピエトロ広場[14]（1656-67）や、フランチェスコ・ボッロミーニ(1599-1667)のデザインによるサン・カルロ・アッレ・クワトロ・フォンターネ聖堂[15]（1638-46）はこうした楕円の持つダイナミズムを巧みに利用しています。

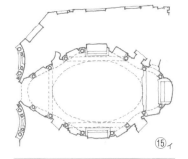

⑮イ

⑮ロ

（4）近代における数学の目覚め

その後幾何学は建築の歴史の表にはあまり出てきません。バロック以降さまざまなスタイル（様式）が同時に存在し、最初に述べたフランス第2帝政期の建築家たちを例外として、幾何学よりもむしろ様式の解釈が議論の中心になった時代がしばらく続きま

した。人々があらためて幾何学に注目するようになったのは、歴史的様式を否定し、装飾も否定した近代建築の出現と時代的にほぼ重なっていたことは、偶然ではありません。

装飾を排除した後に残る建築のヴォリュームは、そのプロポーションが明確に表現の中心とならざるを得なかったからです。そして同時に、これまで主観的にしか語ることのできなかった美に黄金比という客観的な理由があり、また複雑な自然界の現象も数学的に説明ができるということに人々が知的興味を覚えるようになっていました。

黄金比の存在自体はダ・ヴィンチの時代から知られていたのですが、改めて人々が黄金比に注目するようになった大きな契機は、ダーシー・ウェントワース・トムソン(1860-1948)の『生物のかたち』[16]（1917）の出版です。この著作は生物学だけではなく、芸術や建築の分野にまで大きな影響を与えています。

そして、その後に芸術の分野で決定的な影響を与えたのが、マティラ・ギカ（ルーマニアの数学者）の『自然界と芸術における比例の美学』（1927）と『黄金数』（1931）という二つの著作です。例えば『黄金数』の中でギカはピタゴラスの音階とパルテノン神殿の柱の間隔には同じ比例が用いられているのではないかと述べています。

【補足】ピタゴラスの音階（音律）：　2:3 の周波数比で作られた音階で、ピタゴラス学派が体系的に研究したことからこの名があります。ドの弦の長さの 2/3（周波数は 3/2）がソで、ドとソは完全5度の音程です。ソの 2×2/3 の弦の長さがしで、ソとレも完全5度、レの 2/3 がラです。このようにして決められた音階がピタゴラス音階で、独特の美しい旋律が生まれます。しかし、$2^n:3^m$ では 2:1 のオクターブ（完全8度）は得られません。これを改良したのが平均律です。こちらは 1：$2^{n/m}$ の比率で音階を定めるのでオクターブが再現できます。なお、ピタゴラス音階とは微妙なズレがあります。音階は等比数列・指数関数・対数に基づく理論体系であり、数学とは一見無縁のように思われる音楽ですが、実は密接な関係があるのです。

1930 年代にはル・コルビュジエだけではなくヨーロッパ全体が黄金比に夢中になり、どの芸術作品に黄金比が隠されているのかを探し、これまで感覚的なものとされていた美の背後に科学的理由を発見したことに興奮していたのです。これまで名作とされていたものがなぜ美しいのか、黄金比が用いられているからだと説明されるようになりました。黄金比を表すさいにギリシア文字Φがしばしば用いられますが、これはパルテノン神殿建設の総監督を務めたフェイディアス(ギリシャ語で Φειδίας)の頭字から来てい

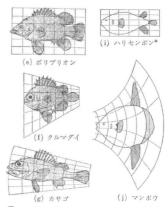

(e) ポリプリオン　　(i) ハリセンボン*

(f) クルマダイ

(g) カサゴ　　(j) マンボウ

⑯ 出典：ダーシー・トムソン、『生物のかたち』、東京大学出版会、1973

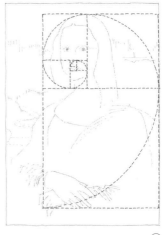

⑰

るといわれています。レオナルド・ダ・ヴィンチのモナリザ[17]にも
黄金比が内在し、建築の世界にも多くの事例があり、龍安寺の石
庭[18]の石の配列も黄金比が重要な役割を果たしているのではない
かといわれることもあります。皆さんもピラミッドの秘密など、
いくつか例を聞いたことがあるかもしれません。ただし、現在少
し冷静になってそれぞれの例を見てみると、作者がどれだけ黄金
比のことを知っていて意識的にそれを作品の中に用いていたのか
というのはかなり疑問が残りますし、また説明の際に用いられて
いる補助線の位置もかなり恣意的に操作することができるので、
黄金比が美のすべてを決めているかのような論調には慎重になら
ざるを得ません。芸術家の審美眼が偶然黄金比に近い比率を生み
出していたと考えたほうがずっと自然に思える場合も多いからで
す。

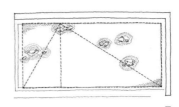

⑱

１２．３　近代建築と数学の関係

　建築の世界に戻りましょう。近代建築と数学との関係を考える
上で重要な建築家はフランスのル・コルビュジエ(1887-1965)とイ
タリアのジョゼッペ・テラーニ(1904-43)です。この二人がどのよ
うなデザインの方法論を考えたかを見ることによって、古代ギリ
シアから重視されてきた比例というものがどのように表現の主役
へとなっていったかを理解することができます。

　まず、スイスに生まれその後フランスで設計活動を続けて世界
中に傑作を残した近代建築の巨匠、ル・コルビュジエです。近代
建築のあるべき姿を模索する中で数学が重要な役割を果たすと考
えていたのが、ル・コルビュジエです。彼は歴史的建築の中にま
ずプロポーションの法則を見出し、次にそれを設計手法として試
み、黄金比を自分の建築作品に取り入れ、最後にはフィボナッチ
数と黄金比を元に美しい建築をつくると同時に工業化にも対応さ
せたモデュロールとよばれる独自の寸法体系をつくろうとさえし
ました。ル・コルビュジエを中心に彼がどのように建築の中で数
学の役割を考え、試みてきたのかを振り返ってみましょう。

（１）ル・コルビュジエのモデュロール

　ル・コルビュジエはまず建築のファサードにおける比例に注目
しています。1923年にそれまで雑誌『エスプリ・ヌーヴォー』に
執筆していた記事をまとめて出版した『建築をめざして』におい
て、指標線（トラセ・レギュラトール）について説明しています。
ル・コルビュジエは近代建築擁護のために歴史的建築をすべて否
定していたように思われがちですが、決してそうではありません。
伝統的ボザール（美術学校）教育の硬直化したデザイン手法を否

定していましたが、むしろ「私の唯一の教師は過去である」と自ら語っていたように、当時としては驚くほどの距離を旅行し、過去の優れた建築から多くを学びそれがどのように活かすことができるのかを常にスケッチをしながら考えていました。『建築をめざして』の中ではヴェルサイユ・プチトリアノン[19]などが例として挙げられ、そのプロポーションが秩序を持ったファサードの根拠であるとしています。トラセ・レギュラトールは建築のファサードを特徴付ける壁と柱の分節位置、階層を表現する繰型位置などのプロポーションが建物全体のプロポーションとどのような比率関係を持っているか、あるいは正方形や円などの純粋幾何学にどの程度依存しているのかを、補助線を用いてわかりやすく示しています。補助線同士が直角に交わっていることが重要だとされています。

　直角であるということはどういうことでしょうか。この図でわかるように、全体を構成している部分はそれぞれが異なる要素ですが、その部分同士が互いに相似の関係になっていることを意味しています。そうして全体が緊密な関係を持っていると感じることが、秩序を感じることだとル・コルビュジエは述べています。

　ル・コルビュジエの初期の住宅は「純粋直方体（プリズムビュール）」とよばれ、白く塗装された無装飾の幾何学形態として表現されていましたが、そのヴォリュームの全体と部分の関係、あるいはヴォリュームと開口部の関係、開口部のプロポーションなどがどのように決められているのかを、自分がこれまで設計したヴィラ・シュタイン[20]などの住宅を例としてわかりやすく図解し、それらが暗に歴史上の名作と共通の美学によって成り立っていることを示しています。

　その後、ル・コルビュジエは近代建築の5原則に従って多くの住宅を実現させ、次第に大規模な公共建築を手掛けるようになるですが、彼の黄金比への興味は、彼をそれまでの白い四角い箱とは異なる別の世界へと進む契機を生み出します。第1次大戦後の世界平和のために創立された国際連盟本部のためのコンペで理不尽な扱いにより失格とされた　ル・コルビュジエは、実業家のポール・オトレに民間の平和施設をと誘われ、1927年にムンダネウム[21]というプロジェクトを発表します。さまざまな施設が配置された広大な敷地ですが、この配置計画そのものが黄金比によってつくられていることがわかります。

【補足】ル・コルビュジエの近代建築の5原則（Les 5 points d'une architecture nouvelle）とは、1.ピロティ、2.屋上庭園、3.自由な平面、4.水平連続

⑲出典：Le Corbusier-Saugnier, 1923, Vers une architecture. Paris: Editions G. Crès.

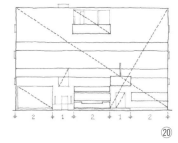

⑳

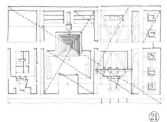

㉑

窓、5.自由な立面 であり、クック邸で実現され、サヴォア邸でより
完成度の高いものとして実現されました。

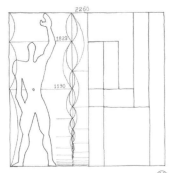
㉒

ル・コルビュジエの興味は、単に自分の設計に黄金比を用いる
ことに留まりませんでした。美しいプロポーションを生み出すと
同時に、工業化社会での大量生産システムにも寄与するような寸
法体系をつくろうとしたのです。1948 年にル・コルビュジエは『モ
デュロール建築および機械のすべてに利用し得る調和した尺度に
ついての小論』を発表します。モデュロール㉒とは、フランス語の
モデュール（寸法体系）とセクション・ドール（黄金分割）を組
み合わせてル・コルビュジエ自身がつくった言葉で、人体の寸法
と黄金比を組み合わせた独自の寸法体系を意味しています。

基本的には人の身長 1829mm と人が手を挙げた高さ 2260mm の
二つを基準として、黄金比によって分割した数値を算出し、それ
を規格寸法としました。それぞれ赤系列、青系列とよばれていま
す。

赤系列:6, 9, 15, 24, 39, 63, 102, 165, 267, 432, 698, 1130, 1829
青系列:11, 18, 30, 48, 78, 126, 330, 534, 863, 1397, 2260

㉓

この中から寸法を選んで使うことで、それぞれの寸法が互いに黄
金比の関係を保つことができる、というシステムをつくりあげた
のです。ソファなら座の高さは 267mm、椅子の座の高さは 432mm、
テーブルの高さは 698mm、といったように、人間の動作に応じた
寸法がすべて選択できるようになっています。

ル・コルビュジエ自身が自分の作品でモデュロールをさまざま
な形で試しています。マルセイユに建てた集合住宅、ユニテ・ダ
ビタシオン㉓においては平面、断面、立面のプロポーションをすべ
てモデュロールによって決め、全体でたった 5 つの寸法しか使っ
ていないとモデュロールの効率の良さを誇っています。ラ・トゥ
ーレット修道院㉔で提案した垂直のコンクリート製日除け（オン
ジュラトワール）の間隔は、モデュロールによって自然な揺らぎ
が与えられています。ロンシャンの教会㉕における南側の厚いコ
ンクリートの壁に開けられた一見ランダムに見える採光窓もすべ
てモデュロールによって寸法が与えられています。

㉔

しかし、黄金比やモデュロールを使ったからといって、本当に
美しい建物がつくれるのでしょうか。あまり優秀ではないスタッ
フができの悪い案をこれはモデュロールによって決めたのだから
と弁護するのを怒って、ル・コルビュジエが所員にモデュロール
の使用を禁止したことさえあるそうです。

㉕

それでもル・コルビュジエはこうしたシステムによって優れた
ものをより良くすることができると確信していましたし、建築を
構成する材料や製品をすべてこの寸法でつくるように産業界に働
きかけたりしましたが、現実の世界では既存の寸法体系が強く残
っており、理念的には多くの支持を集めたものの、実際の製作の
現場に広まることはありませんでした。後に担当することになっ
たチャンディガールの都市計画においてもル・コルビュジエはモ
デュロールのシステムを試しており、都市的なスケールから床の
タイル貼のパターンといった小さな寸法まで、生涯ル・コルビュ
ジエはモデュロールの可能性を追求したのです。

（2）ジョゼッペ・テラーニ　透明な幾何学

　スターリンが独裁政権を築いたソビエト連邦、そしてヒトラー
が権力を掌握したナチス政権では、民衆の支持を得るために芸術
は保守的な古典主義が国家の様式とされたのですが、ファシズム
政権のイタリアだけは全く異なる道を歩んでいました。前衛芸術
家たちがムッソリーニに保護され、国家の様式を生み出そうとし
ていたのです。

　ジョゼッペ・テラーニ(1904-1943)はイタリア合理主義とよばれ
た当時の建築スタイルを代表する建築家です。彼の代表作である
イタリア北部のコモに建設されたファシスト党本部、カサ・デル・
ファッショ㉖ィ（1932）をみてみましょう。

　平面の1辺が高さの2倍で、立面は 1:2 という比率を持ってい
ます。ほぼ7等分された平面㉖ロは、中央に中庭を持ち、2:3:2 とい
うリズムで分割され、それがさまざまなヴァリエーションで立面
に表現される様子は、まるで主題と変奏を示した楽譜を見るよう
です。正面の列柱の柱と梁がほとんど同じ太さであるということ
が、「柱」「梁」という構造部材としての役割を忘れさせ、幾何学
図形として重力を感じさせないような抽象性を獲得し、あたかも
建築が比例だけで成り立っているように見えます。

　そして実際には建設されなかったのですが、イタリアの詩人ダ
ンテ（1265-1321）の『神曲』（1472）の物語をそのまま建築空間に
翻訳しようとしたダンテウム㉗（1938）は、すべての部屋が正方形
と黄金比の長方形で構成されるように計画されています。現実の
世界から出発し、古代ギリシアの詩人ウェルギリウスに導かれた
ダンテがめぐる地獄と煉獄、そしてベアトリーチェに再会する天
国が空間として表現されています。正方形2つをずらして重ねた
形が平面をつくっており、それ自体が黄金比を持つ長方形となっ
ているのですが、物語の進行に従って現われる部屋はさらに細分

㉖ィ

㉖ロ

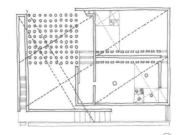

㉗

㉘

化された正方形、黄金比の長方形によって構成されることで、全体が組み立てられています。近代建築史の中でここまで幾何学を建築の主題として取り上げた例は他には見当たりません。

　磯崎新がデザインしたロサンゼルスの現代美術館[28]（1986）は黄金比の空間が螺旋状に下降するシークエンスを持つのですが、これはテラーニへのオマージュといってもよいかもしれません。

㉙ィ

（3）コーリン・ロウ　『理想的ヴィラの数学』

近代建築を特徴づける幾何学が、古典建築に通底することを示したのが建築史家コーリン・ロウ（1920-1999）です。『理想的ヴィラの数学』（1976）においてロウが示した、ル・コルビュジエの設計した住宅、ヴィラ・シュタイン[20]（1927）とパッラーディオの設計した住宅、ヴィラ・マルコンテンタ[29]（1565）の平面図が驚くほど共通の幾何学的枠組みから出発しながら、どのように異なる空間を目指すようになったのかを巧みに説明しています。パッラーディオが中心性を追求し、立面も平面も３つの分割による安定した比例を見せることによって形態に象徴性を与えようとしていたのに対し、ル・コルビュジエは中心を絶えずずらし、周縁へと連続させることで意図的な曖昧さを生み出そうとしているように見えます。

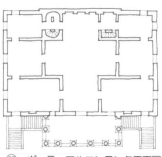

㉙ロ　ヴィラ・マルコンテンタ平面図

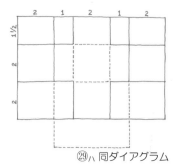

㉙ハ　同ダイアグラム

　それまで近代建築は古典建築の完全な否定の上に成立していると考えられてきました。様式や装飾の否定という意味では、確かにそうかもしれません。しかし、建築を表層の背後にある空間として考えようとすると、パッラーディオとル・コルビュジエは同じ図式の上に空間を構想していたとも考えることができます。ロウのこの指摘によって、近代建築は初めて建築の歴史に位置づけることができるようになりました。ロウのエッセイのタイトル、『理想的ヴィラの数学』はきわめて示唆に富んでいます。幾何学こそが建築の歴史における通奏低音なのです。

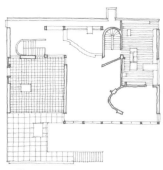

⑳ロ　ヴィラ・シュタイン平面図

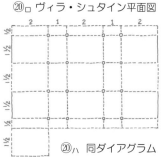

⑳ハ　同ダイアグラム

13. 建築の秩序のつくり方／座標、単位、部分と全体

　建築を計画すること、都市を計画することは空間の中にひとつの秩序を形成することです。空間全体を把握できていなければ秩序を形成できたとはいえませんから、具体的にはその空間の中のあらゆる点を特定できる必要があります。そのために座標が用いられてきました。直交座標と極座標という 2 つの異なる座標系によって私たちは世界を記述しています。そして建築の秩序を語る上で重要なのは部分と全体の関係です。建築を構成する単位というものがどのように措定され、そしてそれらが座標上に配列されることでどのような秩序が形成されるのか、さまざまな事例から読み解いてみましょう。

13.1　都市と建築を構成するグリッド

　人類が建築あるいは都市といった秩序をつくりあげるときに、グリッド（XYZ の直交座標）は最初から重要な役割を果たしてきました。建築デザインの世界では、そうした直交座標系のことを、世界全体を数学的に秩序付けるという意味でデカルト座標（カルテシアン・グリッド）とよぶこともあります。まず都市計画のスケールでこうしたグリッドがどのように用いられてきたのかをみてみます。

（1）都市計画とグリッド
　グリッドが最も効果的に用いられたのは、ギリシア人がイオニア地方につくったポリス（都市国家）のひとつ、ミレトスの都市計画[1]です。史上最初の都市計画家といわれるヒッポダモス（498-408 BC）が、紀元前 5 世紀にペルシャ戦争で荒廃した都市を再建する際に用いたグリッドは、それ以前から用いられていましたが、土地を聖地、公有地、私有地とゾーン分けをするという考え方とともに、グリッドを理想的な社会秩序を具現化する手段として意識的に用いた最初の例といえます。
　グリッドはその後の都市計画の最も基本的なツールとなり、現代でも有効であることは、ニューヨークやワシントン、そしてバルセロナといった都市を見ると納得できると思います。現在のバルセロナの姿を決定づけたイルデフォンソ・セルダ（1815-1876）によるグリッド[2]（1859）は、直交グリッドとそれを斜めに横切るダイアゴナルとよばれる街路の組み合わせによってできあがって

注. デカルトはラテン語でカルテシウスとよばれます

① 出典：レオナルド・ベネーヴォロ、『図説都市の世界史 1 古代』、相模書房、1983

② 出典：レオナルド・ベネーヴォロ、『図説都市の世界史 3 近世』、相模書房、1983

います。こうした斜めのダイナミックな動きはバロック期の都市計画に多く現われていました。

　現在私たちが見ているパリの街並み[3]は、19世紀後半、第二帝政期の県知事オースマン男爵がまるで外科手術のように中世の街並みにメスを入れ、ブールヴァール（大通り）を整備したことによってつくられました。オペラ座などの都市を象徴するモニュメントが同時に計画され、近代的な都市景観がだんだんと見えてきたのがこの時代です。斜めの線があることでグリッドの規則性が際立つと同時に、グリッドによる単調さを破り各街区に特徴的な場所を生み出すことができるようになります。

　近代的都市計画を代表するル・コルビュジエの『300万人のための現代都市』[4]は、「光・空間・緑」をキーワードとして公園の中に広い隣棟間隔を持って建つ超高層とその周辺の中層・低層住宅群という現代の都市イメージをつくりあげたのですが、その配置計画は驚くほど伝統的でした。むしろ、古典的ともいえる配置計画の中にこうした革新的空間が展開できることを示したという意味で、さらに衝撃は大きかったのかもしれません。

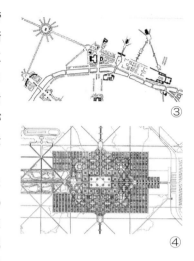

（2）直交座標と極座標

　では建築の世界では直交グリッドだけが有効なのでしょうか。直交座標系の対極は極座標系で、直交座標ほど多くの事例では使われていませんが、いくつか興味深い例があります。

　まずギリシア時代です。アテネのアクロポリスの丘[5]には複数の神殿が配置されています。この並び方を現代の配置図で見てみると、それぞれの神殿はランダムに並べられ、何も規則性は無いように見えます。その配置の仕方に関してギリシアの都市計画家コンスタンティノス・ドキシアディス（1913-75）が『古代ギリシアのサイトプランニング』（1972）の中で大変興味深い推測をしています。この配置計画は、最も重要である視点、すなわちアクロポリスの丘の場合は坂道を上ってきてプロピュライア（前門）を抜けたポイントから見た時に、各神殿が視界に占める位置、あるいは神殿と神殿の間隔、すなわち視野角が等しくなるように決めていたのではないか、という推測です。12章でギリシア時代の建築にはいわゆる設計図面がなかったかもしれないとお話ししました。それが本当だとしたら、どうやって建物の配置を決めたのでしょうか。実際にその場に立って建物の位置を決めたのだとしたら、話の辻褄が合います。建築家が最も重要な視点に自分で立ち、そこからバランスよく見えるように配置したとすれば、それは極座標に従った配置と考えることもできるからです。

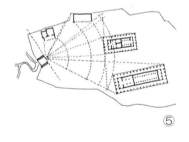

（3）理想都市

　極座標が次にあらわれるのは、ルネサンスの時代です。都市計画そのものをひとつの理念として捉えるようになったこの時代は、これまで人類が考えたことのなかった「理想都市」を生み出します。中心にある広場を軸として完全に対称形によって構成された、極座標による都市が構想されました。建築家アントニオ・フィラレーテ（1400-69）がミラノの君主のために計画した正八角形の理想都市スフォルツィンダ[6]（1464）は、西欧で最初の対称形による都市計画といわれています。多くの理想都市計画案が描かれましたが、そのほとんどは実現しませんでした。ヴェネツィア共和国が建設した城塞都市パルマノヴァ[7]（1599）は数少ない実現例で、建築家ヴィンチェンツォ・スカモッツィ（1548-1616）により計画されたものです。

　近代的な国家が形成される以前は都市がひとつの国家として機能し、戦争の多くは都市と都市の争いでした。都市そのものが要塞としての防御機能を重視していたことも、こうした求心的な都市が考案された背景にありますが、それだけではありません。同じくルネサンスの時代に発見された透視図法にも関連していますが、明確な中心を持つこと、そして視線を一直線に通すことが実は権力を象徴し社会制度を可視化できると気付き始めたのです。ピエロ・デッラ・フランチェスカが描いたと長い間いわれてきた『理想都市』[8]（1475）は、そうした求心的構造を透視図法によって明快に表現しています。

　フランス革命期の建築家のひとり、クロード・ニコラ・ルドゥー（1736-1806）の設計によるショーの理想都市[9]は、もともとはルイ XV 世に依頼された王立製塩所（1779）でした。フランス革命で職を失ったルドゥーはその後空想の中で多くの建物を加えて、理想都市を構築する作業に没頭します。中央の監督官、両サイドの工場、そして太陽の運行を象徴する円形に沿って配置された労働者住宅、こうした配置計画が幾何学で表現されることによってひとつの世界観を示すということが明確に意識されていることがわかります。

（4）庭園と都市

　極座標、すなわちある 1 点を中心とすることで生まれる座標は、必然的に斜めの動きを生み出すことになります。そうした斜めの構図はバロックの庭園にも現われ、風景をつくる上で重要な役割を果たすようになりました。ヴェルサイユ宮殿の庭園で知られるフランス・バロックの造園家アンドレ・ル・ノートル（1613-1700）は幾何学庭園をさまざまな創意工夫によって完成させました。

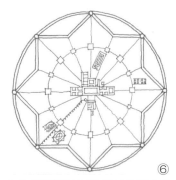
⑥

⑦ 出典：ジュウリオ・C・アーガン、『ルネサンス都市』、井上書院、1983

⑧ 出典：マリリン・アロンバーグ・レーヴィン、『ピエロ・デッラ・フランチェスカ』、岩波書店、2004

⑨ 出典：Anthony Vidler, "Ledoux", F. Hazan, 1987

⑩ィ 出典：Leonard Benevolo, "the History of the City", MIT Press, 1980

ヴェルサイユの庭園⑩（1670）を見ると、中央の軸線が最も強調されているのはもちろんですが、放射状に広がる街路のような園路、そしてその園路によって囲まれた小庭園の中にさらに放射状のパターンの園路が組み込まれるという入れ子のような構成が、多様なスケールの風景を展開させていることがわかります。

　巨額のコストがかかる都市建設に比べると庭園は比較的安価に実現できましたから、都市をつくるイメージによって庭園がつくられていました。都市と庭園は全く同じコンセプトで設計することが可能なのです。図面の中心から少し右にヴェルサイユ宮殿があり、その右側にヴェルサイユの市街が広がっていますが、実はこの市街もル・ノートルによって設計されていて、宮殿を境として左側の庭園と右側の市街地がまるで鏡像のように対称形につくられていることがわかります⑩。

　ヴェルサイユの街のつくり方は、アメリカの都市計画家ピエール・シャルル・ランファン（1754-1825）によるワシントンD.C.の計画案⑪（1792）に大きな影響を与えたといわれています。こうして都市と造園の歴史を見てみると、先にバルセロナのセルダ・グリッドで見たように、直交座標系（グリッド）と極座標系（放射状→斜め）の重ね合せが現代の都市空間の基本となっていることがわかります。

13. 2　グリッドと単位
（1）グリッド　古代エジプトから現代へ

　ここであらためて建築の構成としてのグリッドがどのような意味を持ってきたのか、そして構成する単位とその単位がどのように集合して全体をつくりあげるのか、という問題に関して考えてみましょう。

　古代エジプトにおいては、柱と柱の間隔を広げる技術はまだ開発されておらず、柱の頭をつなぐ部材は「楣（まぐさ）」という単純な石材を載せるだけでしたから、大きな空間をつくろうとすると多くの柱を細かい間隔（ピッチ）で並べなければなりません。グリッド上に建てられた柱の上を楣形式の短いスパンの梁で被った空間は重要な儀式の空間となり、その空間形式はヒポスタイル（列柱室のこと）とよばれていました。カルナック神殿⑫（BC1965以降に建造）のヒポスタイルを見てみましょう。直径が3m、高さが21mという巨大な柱が134本並べられています。アーチやドームで大きなスパンを飛ばすことが可能になり、柱間隔を広げることを可能にしたローマ時代にはこのような空間はつくられなくなりました。そうすると、古代エジプトのヒポスタイルは完全に建築の歴史から姿を消したのでしょうか。

⑩□　出典：Leonard Benevolo, "the History of the City", MIT Press, 1980

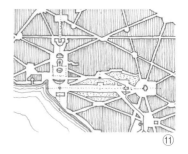

⑪

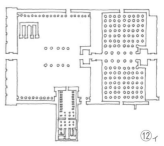

⑫イ

⑫□

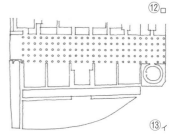

⑬イ

そう単純ではないところが建築の面白いところです。2000年以上の長い空白期間の後に、ヒポスタイルは現代建築として蘇ります。構造技術がまだ十分に発達していなかった時代の表現なのですが、その空間はきわめて魅力的だったからです。12章で紹介したテラーニのダンテウム(12章㉘ 1938)におけるエントランス・ホール、すなわちダンテが旅立つ空間が列柱室としてデザインされています。ダンテが迷い込み、詩人ヴェルゲリウスと出会う森を象徴する空間としてヒポスタイルが選ばれたのです。

そしておそらくダンテウムに触発されて、ジャン・ヌーベル（1945-）はパリに計画したアラブ世界研究所⑬（1987）の地下に多柱空間のギャラリーを設計し、ヒポスタイルと命名しています。磯崎新の岡山西警察署⑭（1996）においても、柱が細いので少し異なる印象を与えていますが、その本質はまさにヒポスタイルとしかいいようのないエントランス・ポーチがデザインされています。このように柱というひとつの単位が集合する、その集合の仕方だけできわめて特徴的な建築空間が出現することがわかります。

⑬ロ ©IMA / Fabrice Cateloy

⑭

（2）単位の反復

それでは、今度は柱だけではなく、アーチという架構単位を反復するとどのような空間ができるのでしょうか。その典型的な例がイスラム教のモスクです。イスラム教は偶像崇拝を禁じていますから、キリスト教の聖堂における祭壇のような中心がありません。その場で祈りをささげる人はすべてが平等であるという前提だからです。したがって、どのように大きな空間になっても、そこには中心と周縁といったヒエラルキーが生まれません。現在残されている世界のモスクの中でも最も規模の大きなコルドバのモスク⑮（8c-12c、後にキリスト教の教会堂に転用）を見てみましょう。比較的小さなアーチが反復されることで、私たちは空間の果てを見通すことができません。このアーチはまるで無限に続くかのように感じられ、森の中にいるような感覚を抱かせます。空間そのものを大きくするのではなく、単位の反復がむしろ実際の空間以上の広がりを表現することになるのです。

イスラム建築とは全く現れ方が異なりますが、木造のモジュールの明確な日本建築は、すべてが単位の反復によってできあがっているといってもよいのかもしれません。桂離宮⑯の平面図を見ると、建築は小さな単位に分かれていますが、すべてが同じグリッド上に柱が立てられることで全体が透明な秩序によってコントロールされているように見えます。

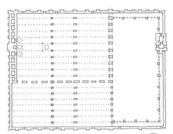

⑮イ

⑮ロ

⑯

⑰イ　⑰ロ

鎌倉時代の僧、重源（1121-1206）が大勧進職として、すなわち資金集めからデザインのまとめまでの総合プロデューサーとして再建させた東大寺大仏殿（1195、後焼失）、そして大仏殿とほぼ同じ構法であったであろう南大門⑰（1199、現存）は大仏様とよばれています。柱と挿肘木という単純な構成が反復され上昇し、重層していくさまを見ると、構築するというシステムそのものの均衡の美を表現しようとしたとしか考えられません。短期間で工事を完成させるために、重源は単純な仕口で大建築を構築する方法を考案しました。四方向からの貫を仕口内で嵌合させ楔で締め固めるという手法とすることで、現場での誤差を許容し、熟練した大工技術がなくてもできる作業を大量に反復させて制作させることで、全体をシステマティックに構築できるようにしたのです。

⑰ハ

（3）部分と全体

　これまで見てきたイスラム建築でも、日本建築でも、全体の中における部分はあまり自己主張しません。部分はいわば裏方として全体に従属することで、その役割を果たしているのです。

　部分と全体の関係を建築の言葉として意識し、あらかじめ想定された全体像ではなくむしろ部分が集合するというその集合形式をデザインの方法論として構築したのが、オランダのアルド・ヴァン・アイク（1918-1999）です。彼のデザインは構造主義とよばれ、彼自身の文化人類学的調査からも影響を受けた、全体像ではなくむしろ部分を強調した、集落のような集合形式を特徴としています。単なる機能主義を越えた、変化や成長のプロセスを許容するようなシステムをヴァン・アイクは模索し、集落のように基本となる構成単位を設定し、その反復によって複合的な秩序をつくろうとしています。捨子保育院⑱（1960）は彼の代表作で、子供たちが自分の家に居るかのように感じることのできる小さな単位が集合していること、そのものを表現しています。ヴァン・アイクは文化人類学に興味を持ち、アフリカ、マリ共和国のドゴン族の集落⑲を研究していました。近代の計画理念が、そうした文化人類学的な発見から生まれたことも興味深いです。

⑱ Aerial photo by KLM Aerocarto Schiphol

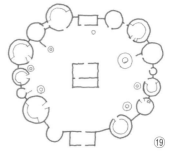

⑲

　ヴァン・アイクを受け継いだヘルマン・ヘルツベルハー（1932-）の代表作、保険会社の本社ビルであるセントラル・ベヒーア⑳（1972）は、巨大なオフィスにいかにしてヒューマン・スケールを与えることができるのかという課題に取り組んでいます。部分と全体、建築を構成する単位をどのように集合させるか、という集合の形式そのものが「建築の言葉」となっていることがわかります。

⑳ Aerial photo by Aviodrome Luchtfotografie

建築の根源を問い続けたルイス・カーン（1901-74）はまるで古典
建築のような静かな秩序を生み出し、近代建築の中でも独特の位
置を占める建築家です。根源を問うとはどういうことでしょうか。
例えば学校をつくるとすると、社会的な制度としての慣習的な建
築を考えるのではなく、そもそも教える人間と学ぶ人間が出会う
場所とはどうあるべきか、と問うところから建築を考えるというこ
とです。そのカーンが到達したひとつの空間概念が、サービスす
る空間とサービスされる空間とを分節して表現するということで
した。英国にある古城[21]の平面図を見て、カーンはこのアイデアに
たどり着いたといわれています。リチャーズ医学研究所（1965）
やシナゴーグ計画[22]（1972）を見ると、主たる空間（サービスされ
る空間）とそれを囲み構造的かつ設備的に支える空間（サービス
する空間）との関係が明快な秩序をつくりだしていることがわか
ります。

　こうしたカーンの建築言語を見ると、実はモダニズム、古典主
義といったいわゆる様式（スタイル）の違いを越えて、フランス
の古典主義建築をささえていた芸術学校（ボザール）での建築教
育が、近代的な建築の言葉という概念を準備していたことを逆照
射してくれます。フランスの古典主義建築を支えていたボザール
の建築家、ジュリアン・ガデ（1834-1908）による著作『建築の諸
要素と諸理論』[23]（1902）をみると、もはや建築は様式といった意
味を超えた言葉として作動し始めたことがわかります。

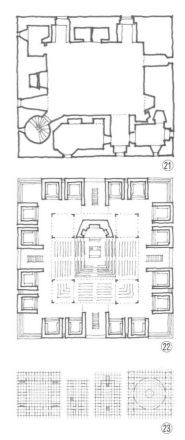

13.3　新しい幾何学へ向けて

（1）フライ・オットーの実験

　近代建築は軽さを求める建築でもありました。

　デ・スティーユやロシア構成主義を見ると良くわかるように、
重力から自由になることをモダニズムはデザインの目的としたの
ですが、彼らのデザインはまだイメージだけであり、実際にはコ
ンクリートやレンガといったそれまでと変わらない材料を用いて
いていました。建築は現実にはまだ重かったのです。

　近代建築を真に軽い材料でつくろうとした建築家がフライ・
オットー（1925-2015）です。雲のように軽やかに浮かぶ屋根のス
ケッチ[24]に象徴されるように、膜やケーブルを用いた軽量の構造
体によって包まれた空間を追求していきます。

　石鹸膜やチェーンを使った実験によって構造的な合理性を追求
し、例えば与えられた2つの線分を結ぶ最小面積の曲面を自動的
に出現させたりもしますし、生物学の学者のようにスズミクモが
つくる大きなドーム状の巣の構造を調べたりもしています。オッ

トーの代表作、ミュンヘン・オリンピック競技場[25]（1972）を見ると、そこには座標軸は存在せず、曲面が自在につながるイメージだけで全体が構成され、建築と自然とが融合したような姿を見せています。

㉖

モダニズムはこれまでもヴィクトール・オルタの自邸[26]（1898）に見事に表現されたアール・ヌーヴォーや表現主義といったデザイン運動で、自然界に現われる柔らかい曲線を模倣しようとしてきました。しかしそれは表層のデザインに留まっていたために、デザインの手法としてそれほど高いポテンシャルはなく、短期間で消えていきました。軽量の構造体を追求する過程で、フライ・オットーは単なる模倣ではなく自然界が形をつくりだすプロセスの原理にまで遡って造形原理を見出そうとした、おそらく最初の建築家のひとりなのです。

（2）複雑系を表現する新しい幾何学

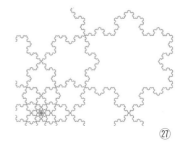

㉗

オットーのこうした探究と歩調を合わせるかのように、自然界の形を説明する幾何学が次々と発見されていきます。フラクタル幾何学、コッホ曲線[27]、シェルピンスキーのガスケット[28]、セル・オートマトンとライフゲーム、ボロノイ図[29]などが、一見複雑な自然界の造形が実は単純な原理の反復に過ぎないことを教えてくれます。

宇宙物理学の学者としてスティーヴン・ホーキングとともにブラックホール理論を完成させたロジャー・ペンローズ（1931-）が発見したペンローズ・タイル[30]は、36 度の整数倍の角度で構成された 2 種類の菱形タイルによって非周期的に平面を充填するパターンを生み出しています。実はこれまで良くわかっていなかったイスラム建築のアラベスク文様が、ペンローズ・タイルの発見でようやく説明可能となったのです。

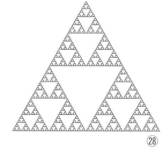

㉘

こうした平面充填の問題は、建築に深く関わる問題でもあります。イスラム建築の装飾のような、表層の問題だけではありません。屋根を架けるという行為は、数学的には平面を充填するということにつながるからです。

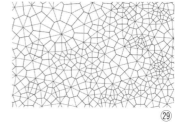

㉙

（3）アルゴリズム的デザイン

建築は人間を雨露から守るためにまず屋根を架けなければなりませんが、その屋根を支えるために建てる柱や壁を配列しなければなりません。同じ材料を反復してつくることで手間を省き、工期を短縮できることからグリッドが用いられてきたという実務的な側面ももちろんありますが、建築はできあがって人に見られ、

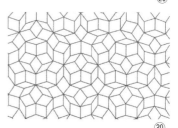

㉚

そして使われることで、意味を持つことになります。人工物であることを象徴するグリッドや軸線は、政治的な権力を象徴するものとしても用いられてきました。

　一方、私たちが経験する自然の世界では、通常はグリッドといった幾何学は存在しません。例えばグリッド状に植えられた人工林とは対照的に、自然の森を見てみると樹木はランダムな位置に育っていて、揺らぎのある風景を生み出しています。こうした天然林の中を散歩するときに感じる快適さを建築で表現できないだろうか、と多くの建築家が考えるようになりました。そのひとつの方法が、グリッドの操作です。グリッドそのものを曲げ、意図的に不整形にすることによって、建築をより自然な環境に近づけようとしています。

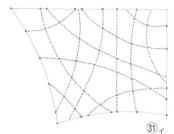

㉛ｲ

　伊東豊雄(1941-)による多摩美術大学図書館㉛（2007）の平面計画を見ると、グリッドの1本1本の線がすべて曲線に置き換えられ、建物の平面の中に直角がひとつもないことがわかります。直交座標の上でアーチを反復させていたモスクを位相学的に変換させたと考えてもよいのですが、実際に内部に立ってみると視線がどこかに収束する場所がないので、不思議な距離感を生み出していることがわかります。

㉛ﾛ

　藤本壮介（1971-）による武蔵野美術大学図書館㉜（2010）も、直交座標にはのらない歪んだ螺旋に沿って書架を配置することによって空間の中に揺らぎを与え、本を探して図書館の中を歩くことがまるで森の中を散策するような空気感を生み出しています。

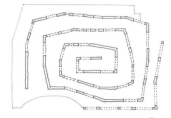

㉜ｲ

　このようにグリッドを不整形に変形させることで、建築家たちは自然と親和性が高い建築をつくろうとしています。これまで人為的であることを象徴していたグリッドから脱却するための方法論がいろいろと試みられるようになりました。そのためのひとつの重要な概念が、アルゴリズムです。複雑系を説明する新しい幾何学が生まれたことをお話ししました。それらに共通する特徴は、自然界に見られる複雑な形は、実は単純な手続きを繰り返すことで生まれるということに着目していることです。こうした幾何学によって自然界の複雑さをシミュレートする手法をアルゴリズム的デザインとよんでいます。

㉜ﾛ

　構造デザーナーであるセシル・バルモンド（1943-）が伊東豊雄と共同でデザインしたロンドン郊外のサーペンタイン・ギャラリーのパビリオン㉝ｲ（2002）は、壁と天井が多くの線分で複雑に断片化され空間の限定性がきわめて低いために、屋内にいるのか

屋外にいるのか曖昧な環境が生み出されています。その形の印象
は圧倒的に幾何学的でありながら、木漏れ日の中に佇んでいるよ
うなどこか懐かしさを感じさせるような雰囲気を持っています。
この一見複雑な形は、正方形の 1 辺の中点と隣接する辺の 1/3 の
点を結ぶという規則に従って、少しだけ小さな正方形を回転させ
ながら重ねあわせるという単純な手順を繰り返すことだけで生み
出されています[33]ロ。

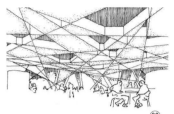

③イ

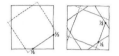

③ロ

　アルゴリム的デザインの可能性は未知数ですが、自然との親和
性が高い建築がこれまでになかった新たな空間体験をもたらして
くれるのではないかと期待されています。建築は長い間宗教的な
権威や政治的な権威を象徴してきましたが、現代の建築は一般の
人々を主役とし、人々が集うという社会の公共性を表現しようと
しています。これからの世界のあり方を考える上で、広義の環境
が最も重要な位置を占めることは間違いないでしょう。建築の形
の背後に見え隠れする幾何学は、そうした世界観の反映だともい
えるのです。

１４．総合演習

　最後に、復習と力試しを兼ねた演習問題を用意しました。全部で 12 問あります。いずれも本書の内容をベースにしていますが、少しだけ発展させてあります。なお、これまでに勉強したことを思い出せばどれも解けない問題ではありません。

Q1（三日月形の重心）と Q2（音の強さ／dB 合成）、Q3（調和分析／高調波）は本編の続編あるいは発展形です。

Q4（差分の陰解法）は、微分方程式を時系列で解くという 8 章の発展系ですが、差分に陰解法を使うので、7 章の行列も使います。問題自体はシンプルです。

Q5（カーリング）は、1 回のショットで相手の 2 つのストーンを追い出せるかという問題です。なお、これは唯一の正解を求める問題ではありません。考え得るいろいろなケースの中から可能性があるかどうかを見つけるという問題です。必要なら自ら条件を設定しても構いません。

Q6（力の釣り合い／懸垂線）は、力の流れをどう捉えるかという内容ですが、解き方に沿って穴埋めしながら理解するという問題です。

Q7（応力度とたわみ）は、応力度とたわみを許容範囲に抑える梁のせいを決めるという問題です。梁の大きさを与えて、たわみの大きさを求めるのが普通の問題ですが、これは逆です。少しだけ実務風な問題にしてあります。

Q8（集中荷重と等分布荷重の重ね合わせ）は、本編の内容の応用です。

Q9（単純支持梁のたわみ曲線式から片持ち梁のたわみ曲線式を誘導する）は、最初の解答例が間違っており、どこで間違えたかを見つけ、正しい式を導くという問題です。少し変わった問題ですが、本質を理解しているかどうかが問われる問題です。

Q10（天秤の問題）です。ただ、少しひねってあり、図心を求めるところから始めます。

Q11（規矩術）からの問題です。規矩術は江戸時代に集大成された木造加工技術書ですが、L 字型のさしがねを使うと、実に高度でさまざまなことができます。その一端を問題にしました。

Q12（ペンローズのタイル）は、一見同じパターンの繰り返しのようですが、実は変化があるという不思議なタイルです。自由にデザインしてもらうのですが、その前に、正五角形を作るところから問題が始まります。

Q1：三日月形の重心

右図の三日月形の平面図形の重心位置を求めなさい。

【ヒント】右の三日月形は円から楕円を切り取った半分の図形です。
重心を求めるときにパップス・ギュルダンの定理を使います。
ただし、重心 G の位置が未知数ですから、逆に三日月形の体積
から、軸からの距離 x を逆算して、重心の位置を割り出します。

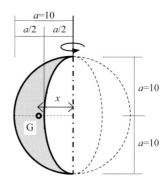

A1：1) 半径を a とする球の体積は　$V_G = \dfrac{4\pi a^3}{3}$　です。

2) 中空部分の楕円体の体積は　$V_O = \dfrac{4}{3}\pi \times \dfrac{a}{2} \times \dfrac{a}{2} \times a = \dfrac{\pi a^3}{3}$　です。

3) 三日月形の回転体の体積は　$V_L = V_G - V_O$　ですから、$V_L = \dfrac{4\pi a^3}{3} - \dfrac{\pi a^3}{3} = \pi a^3$　・・・(イ)です。

4) 三日月形は半円の半分、つまり円の 1/4 の面積です。　∴ $A = \pi a^2 / 4$　です。

5) 三日月形の重心の回転半径を x とすると移動距離は　$L = 2\pi x$　です。

6) パップス・ギュルダンの定理より三日月形の回転体の体積は　$V_L = A \times L = \dfrac{\pi a^2}{4} \times 2\pi x = \dfrac{\pi^2 a^2 x}{2}$　・・・(ロ)

7) 以上より、(ロ)=(イ) とおくと　$\dfrac{\pi^2 a^2 x}{2} = \pi a^3$ ∴ $x = \dfrac{2a}{\pi}$　です。円周率を 3.14 とすると、$x = \dfrac{2a}{\pi} = \dfrac{2 \times 10}{3.14}$
≒ 6.369 です。よって、三日月形の重心は回転軸から約 6.369 の距離にあり、三日月形の中にあります。

【補足】パップス・ギュルダンの定理で円錐の側面の表面積とか球の表面積なども求めることができます。
実用的で大変便利な定理ですが万能ではありません。例えば、楕円の周長や楕円体の表面積などは
求めることはできません。

Q2：音の強さ／dB 合成

右図のように 2 つ音源があります。2 つの音源の音の強
さは同じとします。受音者(イ)と左の音源との距離は d で
す。このときの左の音源からの音の強さは 50dB でした。
2 つの音源の距離は $2d$ で、(イ)と 2 つの音源の位置関係は
直角三角形をなしています。(ハ)は(イ)と左右対称の位置に
あります。いま、(イ)から(ハ)に向かって 2 つの音源と平行
に移動して、ちょうど中間点の(ロ)に来ました。さて、(イ)
と(ロ)ではどちらで音が強く聞こえますか。対数は 10log2=3.01 と 10log3=4.77 を使いなさい。

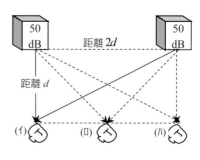

A2：(イ)での音の強さを求めます。左の音源 1 つで 50dB です。右の音源までの距離を k とすると、ピタゴラス
の定理より $k^2 = d^2 + (2d)^2 = 5d^2$ です。$k = \sqrt{5}d$ となり、距離の二乗則により、物理量の音の強さは 1/5
になります。2 つの音を合わせると、左だけの場合の 6/5 になります。変化量を dB に換算します。
変化量は $\Delta L = 10\log(6/5) = 10\log(3 \times 2 \times 2 / 10) = 10\log 3 + 2 \times 10\log 2 - 10\log 10 = 4.77 + 2 \times 3.01 - 10 = 0.79$
よって、0.79dB だけ強くなり、50.79 dB になります。

(ロ)での音の強さを求めます。距離 ℓ はピタゴラスの定理より、$\ell^2 = d^2 + d^2 = 2d^2$ です。$\ell = \sqrt{2}d$ となりま
す。距離の二乗則により、物理量の音の強さは 1/2 になります。2 つ合わせると元の 1 です。つまり、2
つ合わせて元と同じ 50dB です。

以上より、(イ)での音が強くなります。

Q3：調和分析／高調波

　4 章 Q7 の調和分析で上段の基本波まで求めました。これに続けて、中段にある表を使って 2 次高調波と 3 次高調波まで求めなさい。また、調和分析した回帰曲線をグラフに示しなさい。

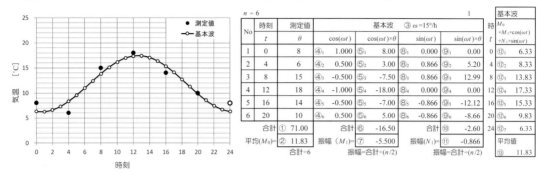

No	時刻 t	測定値 θ	cos(ωt)	cos(ωt)×θ	sin(ωt)	sin(ωt)×θ	時 t	基本波 M_0 +M_1×cos(ωt) +N_1×sin(ωt)
1	0	8	④$_1$ 1.000	⑤$_1$ 8.00	0.000	⑨$_1$ 0.00	0	⑫$_1$ 6.33
2	4	6	④$_2$ 0.500	⑤$_2$ 3.00	0.866	⑨$_2$ 5.20	4	⑫$_2$ 8.33
3	8	15	④$_3$ -0.500	⑤$_3$ -7.50	0.866	⑨$_3$ 12.99	8	⑫$_3$ 13.83
4	12	18	④$_4$ -1.000	⑤$_4$ -18.00	0.000	⑨$_4$ 0.00	12	⑫$_4$ 17.33
5	16	14	④$_5$ -0.500	⑤$_5$ -7.00	-0.866	⑨$_5$ -12.12	16	⑫$_5$ 15.33
6	20	10	④$_6$ 0.500	⑤$_6$ 5.00	-0.866	⑨$_6$ -8.66	20	⑫$_6$ 9.83
合計		① 71.00	合計	⑥ -16.50	合計	⑩ -2.60	24	⑫$_7$ 6.33
平均(M_0)=		② 11.83	振幅(M_1)=	⑦ -5.500	振幅(N_1)=	⑪ -0.866	平均値	⑬ 11.83
		合計÷6		振幅=合計÷($n/2$)		振幅=合計÷($n/2$)		

③ $\omega=15°$/h

$n=6$

No	時刻 t	測定値 θ	cos($2\omega t$)	M2	sin($2\omega t$)	N2	cos($3\omega t$)	M3	sin($3\omega t$)	N3	時 t	基本波 M_0 +M_1×cos(ωt) +N_1×sin(ωt)	2次高調波 +M_2×cos($2\omega t$) +N_2×sin($2\omega t$)	3次高調波 2次高調波 +M_3×cos($3\omega t$)
1	0	8							0.000	0.000	0	⑫$_1$ 6.33		
2	4	6							0.000	0.000	4	⑫$_2$ 8.33		
3	8	15							0.000	0.000	8	⑫$_3$ 13.83		
4	12	18							0.000	0.000	12	⑫$_4$ 17.33		
5	16	14							0.000	0.000	16	⑫$_5$ 15.33		
6	20	10							0.000	0.000	20	⑫$_6$ 9.83		
合計		71.00	合計		合計		合計		合計	0.00	24	⑫$_7$ 6.33		
平均(M_0)=		11.83	振幅(M_2)=		振幅(N_2)=		振幅(M_3)=		振幅(N_3)=	0.00	平均値 ⑬ 11.83	平均値	平均値	
		合計÷6		振幅=合計÷($n/2$)		振幅=合計÷($n/2$)		振幅=合計÷(n)						

　【補足 1】最高次の k 次の高調波、本例では 3 次の高調波では cos($3\omega t$) 成分だけで計算し、sin($3\omega t$) 成分は計算しません。なぜならば sin($3\omega t$) が全てゼロになるからです。

　【補足 2】最高次の 3 次高調波の振幅 M_3 では、M_3＝合計値÷(n) のようにデータ数 n で割ります。

A3:下図および右表に Q3 の解を示します。
　基本波よりも 2 次高調波を含めると、より元データに近づき、3 高調波まで含めると回帰曲線は全ての元データを通ります。
　なお、下図では回帰式に毎時の時刻を代入して 1～24 時の温度を再現しています。

No	時刻 t	測定値 θ	cos($2\omega t$)	M2	sin($2\omega t$)	N2	時 t	基本波 M_0 +M_1×cos(ωt) +N_1×sin(ωt)	2次高調波 +M_2×cos($2\omega t$) +N_2×sin($2\omega t$)
1	0	8	1.000	8.00	0.000	0.00	0	⑫$_1$ 6.33	7.50
2	4	6	-0.500	-3.00	0.866	5.20	4	⑫$_2$ 8.33	6.50
3	8	15	-0.500	-7.50	-0.866	-12.99	8	⑫$_3$ 13.83	14.50
4	12	18	1.000	18.00	0.000	0.00	12	⑫$_4$ 17.33	18.50
5	16	14	-0.500	-7.00	0.866	12.12	16	⑫$_5$ 15.33	13.50
6	20	10	-0.500	-5.00	-0.866	-8.66	20	⑫$_6$ 9.83	10.50
合計		71.00	合計	3.50	合計	-4.33	24	⑫$_7$ 6.33	7.50
平均(M_0)=		11.83	振幅(M_2)=	1.17	振幅(N_2)=	-1.44	平均値 ⑬ 11.83	平均値 11.83	
		合計÷6		振幅=合計÷($n/2$)		振幅=合計÷($n/2$)			

$n=6$

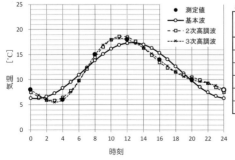

No	時刻 t	測定値 θ	cos($3\omega t$)	M3	sin($3\omega t$)	N3	時 t	2次高調波 基本波 +M_2×cos($2\omega t$) +N_2×sin($2\omega t$)	3次高調波 2次高調波 +M_3×cos($3\omega t$)
1	0	8	1.000	8.00	0.000	0.000	0	7.50	8.00
2	4	6	-1.000	-6.00	0.000	0.000	4	6.50	6.00
3	8	15	1.000	15.00	0.000	0.000	8	14.50	15.00
4	12	18	-1.000	-18.00	0.000	0.000	12	18.50	18.00
5	16	14	1.000	14.00	0.000	0.000	16	13.50	14.00
6	20	10	-1.000	-10.00	0.000	0.000	20	10.50	10.00
合計		71.00	合計	3.00	合計	0.00	24	7.50	8.00
平均(M_0)=		11.83	振幅(M_3)=	0.50	振幅(N_3)=	0.00	平均値 11.83	平均値 11.83	
		合計÷6		振幅=合計÷(n)					

$n=6$

Q4：差分の陰解法／時系列変化を解く

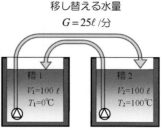

移し替える水量
$G = 25\ell$ /分

　この問題では6章の微分方程式と7章の行列の両方を使います。
時間的に変化する水温を、行列を使って繰り返し繰り返し解きます。

　右図の水槽1（$V_1 = 100\ell$）には水温 $T_1 = 0\,℃$ の水が入っています。
水槽2（$V_2 = 100\ell$）には水温 $T_2 = 100\,℃$ の熱湯が入っています。
いま、双方の水槽から、ポンプで水（湯）を連続的に汲み出し、他の
水槽に移し替えるものとします。移し替えると双方の水温が変化しま
す。この水温の変化を求めなさい。なお、毎時に汲み出す水量は毎分で $G = 25\ell$ /分とします。
移し替え中の水槽の温度は分布がない完全混合とします。また、熱ロスもないものとします。
時間間隔は離散化して、$\Delta \tau = 1$ 分とし、1分後、2分後、3分後・・・の水温の変化を求めなさい。

A4：1）準備：微分方程式　　水槽1での水温変化　　$G(T_2 - T_1) = V_1 \dfrac{dT_1}{d\tau}$　　・・・(1)

　　　　　　　　　　　　　水槽2での水温変化　　　　　　　　　　　　　・・・(2)　　答　$G(T_1 - T_2) = V_2 \dfrac{dT_2}{d\tau}$

　【補足】式(1)式(2)は熱量の平衡式ですが、汲み出す熱量の項が省略されています。汲み出す熱量は式(1)
　　　　で $G(T_1 - T_1)$、式(2)で $G(T_2 - T_2)$ ですが、値が0なので省略しています。また、水量の保存則の式は
　　　　$V_1 + G - G = V_1$ と $V_2 + G - G = V_2$ ですが省略しています。さらに水の比熱も省略しています。

2）数値計算するために差分に変換します。なお左辺で、$\Delta \tau$ 後の水温を未知数とする後退差分を使います。

　　　　　水槽1の差分方程式　　$G(T_2^* - T_1^*) = V_1 \dfrac{T_1^* - T_1}{\Delta \tau}$　　・・・(3)

　　　　　水槽2の差分方程式　　　　　　　　　　　　　・・・(4)　　　　　　答　$G(T_1^* - T_2^*) = V_2 \dfrac{T_2^* - T_2}{\Delta \tau}$

　ここで、T_1 と T_2 は現在の水温、T_1^* と T_2^* は $\Delta \tau$ 分後の水温（未知数）です。

　【補足】式(3)式(4)では、左辺の水温が未知数になっています。このような差分を後退差分あるいは陰解法
　　　　（水温を未知数として解くためこの名があります）といいます。後退差分は発散しないので常に安定
　　　　的に解が得られます。その代わり連立方程式で解く、つまり、行列を使って解かねばなりません。

3）式(3)、式(4)を整理します。

$$\begin{array}{lll} (V_1 + G \times \Delta\tau) \times T_1^* & -G \times \Delta\tau \times T_2^* & = V_1 \times T_1 \\ -G \times \Delta\tau \times T_1^* & +(V_2 + G \times \Delta\tau) \times T_2^* & = V_2 \times T_2 \end{array} \quad \cdots(5)$$

　ここで、分かっている既知の値を代入します。

　　　　　$V_1 = V_2 = 100\ell$、　$G = 25\ell$ /分、時間間隔 $\Delta\tau = 1$ 分、初期温度 $T_1 = 0\,℃$、$T_2 = 100\,℃$、

　　　　　$G \times \Delta\tau = 25 \times 1 = 25$、$V_1 + G \times \Delta\tau = 100 + 25 \times 1 = 125$、$V_2 + G \times \Delta\tau = 100 + 25 \times 1 = 125$　です。

　　　　これらの数値を代入して式を整理します。

$$\begin{array}{lll} 125 \times T_1^* & -25 T_2^* & = 100 \times T_1 \\ -25 \times T_1^* & +125 \times T_2^* & = 100 \times T_2 \end{array} \quad \cdots(6)$$

4）連立方程式を行列に変換します。

$$\begin{pmatrix} 125 & -25 \\ -25 & 125 \end{pmatrix} \times \begin{pmatrix} T_1^* \\ T_2^* \end{pmatrix} = \begin{pmatrix} 100 \times T_1 \\ 100 \times T_2 \end{pmatrix} \quad \cdots(7)$$

　式(7)で、$\begin{pmatrix} 125 & -25 \\ -25 & 125 \end{pmatrix}$ が係数行列、$\begin{pmatrix} T_1^* \\ T_2^* \end{pmatrix}$ が変数行列、$\begin{pmatrix} 100 \times T_1 \\ 100 \times T_2 \end{pmatrix}$ が定数行列です。

　　定数行列の T_1、T_2 は、初期値は $T_1 = 0\,℃$、$T_2 = 100\,℃$ です。
　　なお、初期値を出発点として1分後の水温が求まれば、これを既知として2分後の水温を解く、というよ
うに、1分ごとに水温 T_1、T_2 を更新します。

5）逆行列：式(7)の係数行列の逆行列を求めます。

元の係数行列 $\begin{pmatrix} a & b \\ c & d \end{pmatrix}$ →逆行列は $\dfrac{1}{ad-bc}\begin{pmatrix} d & -b \\ -c & a \end{pmatrix}$ でした。なお、$\dfrac{1}{ad-bc}=\dfrac{1}{125\times125-25\times25}=\dfrac{1}{15000}$ です。

よって、逆行列は $\dfrac{1}{15000}\left(\boxed{}\right)=\dfrac{1}{600}\begin{pmatrix} 5 & 1 \\ 1 & 5 \end{pmatrix}$ となります。 答 $\begin{pmatrix} 125 & 25 \\ 25 & 125 \end{pmatrix}$

6）逆行列を使って、式(7)を解いた形にします。

$$\begin{pmatrix} T_1^* \\ T_2^* \end{pmatrix}=\dfrac{1}{600}\begin{pmatrix} 5 & 1 \\ 1 & 5 \end{pmatrix}\times\begin{pmatrix} 100\times T_1 \\ 100\times T_2 \end{pmatrix}=\dfrac{1}{600}\begin{pmatrix} 5 & 1 \\ 1 & 5 \end{pmatrix}\times100\begin{pmatrix} T_1 \\ T_2 \end{pmatrix}=\dfrac{1}{6}\begin{pmatrix} 5 & 1 \\ 1 & 5 \end{pmatrix}\times\begin{pmatrix} T_1 \\ T_2 \end{pmatrix}$$

【補足】行列の中に共通する値を"スカラー"といって、行列の外に出すことができます。

7）いよいよ水温変化を解きます。なお、時間間隔は秒ではなく、分単位で計算することにします。

時刻 $\tau=0$ のときの水温 $T_1=0\,℃$、$T_2=100\,℃$ を初期条件として、1分後の水温を求めます。

＜1分後の水温＞

$$\begin{pmatrix} T_1^* \\ T_2^* \end{pmatrix}=\dfrac{1}{6}\begin{pmatrix} 5 & 1 \\ 1 & 5 \end{pmatrix}\times\begin{pmatrix} 0 \\ 100 \end{pmatrix}=\dfrac{1}{6}\left(\boxed{\dfrac{}{1\times0+5\times100}}\right)=\dfrac{1}{6}\begin{pmatrix} 100 \\ 500 \end{pmatrix}=\begin{pmatrix} 16.667 \\ 83.333 \end{pmatrix}$$ 答 $\begin{pmatrix} 5\times0+1\times100 \\ 1\times0+5\times100 \end{pmatrix}$

1分後の水温として、$T_1^*=16.667\,℃$、$T_2^*=83.333\,℃$ を得ました。なお、この問題では、毎回の水温結果を小数以下4桁で四捨五入して小数以下3桁まで求め、次の時間の水温の与条件とします。

＜さらに1分後の水温、通算2分後の水温＞

1分後の水温の結果（$T_1^*=16.667\,℃$、$T_2^*=83.333\,℃$）を既知として、2分後の水温を求めます。

$$\begin{pmatrix} T_1^* \\ T_2^* \end{pmatrix}=\dfrac{1}{6}\begin{pmatrix} 5 & 1 \\ 1 & 5 \end{pmatrix}\times\begin{pmatrix} 16.667 \\ 83.333 \end{pmatrix}=\dfrac{1}{6}\begin{pmatrix} 5\times16.667+1\times83.333 \\ 1\times16.667+5\times83.333 \end{pmatrix}=\dfrac{1}{6}\begin{pmatrix} 166.668 \\ 433.332 \end{pmatrix}=\begin{pmatrix} 27.778 \\ 72.222 \end{pmatrix}$$

通算2分後の水温は、$T_1^*=27.778\,℃$、$T_2^*=72.222\,℃$ です。

このように、一度だけ逆行列を求めておけば、この逆行列が繰り返し使えますので、極めて合理的に、時間変化を解くことができます。以下、同様にして水温変化を求めていきます。

＜3分後＞2分後の水温の結果（$T_1^*=27.778\,℃$、$T_2^*=72.222\,℃$）を既知として、3分後の水温を求めます。

$$\begin{pmatrix} T_1^* \\ T_2^* \end{pmatrix}=\dfrac{1}{6}\begin{pmatrix} 5 & 1 \\ 1 & 5 \end{pmatrix}\times\begin{pmatrix} 27.778 \\ \boxed{} \end{pmatrix}=\dfrac{1}{6}\begin{pmatrix} 5\times27.778+1\times72.222 \\ 1\times\boxed{}+5\times\boxed{} \end{pmatrix}=\dfrac{1}{6}\begin{pmatrix} 211.112 \\ \boxed{} \end{pmatrix}=\begin{pmatrix} 35.185 \\ \boxed{} \end{pmatrix}$$

□□□の中は、左から 72.222、27.778、72.222、388.888、64.815 です。

通算3分後の水温は、$T_1^*=35.185\,℃$、$T_2^*=64.815\,℃$ です。

これに続けて、4分後、5分後、6分後と1分ごとに10分後までの水温を求めなさい。

A4の答え
1分後 $T_1^*=16.667\,℃$、$T_2^*=73.333\,℃$、 2分後 $T_1^*=27.778\,℃$、$T_2^*=72.222\,℃$
3分後 $T_1^*=35.185\,℃$、$T_2^*=64.815\,℃$、 4分後 $T_1^*=40.123\,℃$、$T_2^*=59.877\,℃$
5分後 $T_1^*=43.415\,℃$、$T_2^*=56.585\,℃$、 6分後 $T_1^*=45.610\,℃$、$T_2^*=54.390\,℃$
7分後 $T_1^*=47.074\,℃$、$T_2^*=52.927\,℃$、 8分後 $T_1^*=48.049\,℃$、$T_2^*=51.951\,℃$
9分後 $T_1^*=48.699\,℃$、$T_2^*=51.301\,℃$、 10分後 $T_1^*=49.133\,℃$、$T_2^*=50.867\,℃$
ちなみに、 20分後 $T_1^*=49.985\,℃$、$T_2^*=50.015\,℃$、 30分後 $T_1^*=50.000\,℃$、$T_2^*=50.000\,℃$

なお、熱ロスがない条件なので2つの水槽の平均水温は常に50℃です。なお、7分後の水温は平均で50℃になっていませんが、これは四捨五入による表示上の誤差です。

【補足】100℃の熱湯をポンプで汲み上げようとすると気泡が生じ（キャビテーションといいます）て汲み上げられませんが、ここでは加圧などによってキャビテーションを抑え汲み上げられるものとします。

Q5：カーリング／相手の2つのストーンを1回のショットで出せるか　（フィージビリティスタディ）

　8章でストーンとストーンが衝突すると互いに直角方向に動くことを学びました。その続きです。下図はカーリングのシート（リンクのこと）を真上から見た図です。自分のストーンを A とします。相手側のストーンがBとCで、Bはセンターライン上でハウスに外接し、Cはハウスの中心（ティー）にあるものとします。この状態で1回のショットでBとCをハウスの外に出し、かつ、Aをハウス内に留めておくことは可能でしょうか、という問題です。なお、スイーピングによる曲がりはないものとします。また、衝突時の反発係数は1とします。

【補足】この問題の目的は、厳密解を求めることでも、単に可能かどうかの結論を得ることでもありません。どのような条件で、どうすれば可能か、あるいは不可能か、色々な場合を取りあげ、時には新たな条件を加えつつ、**解への筋道を考える**ことがこの問題の趣旨です。以下の解は例に過ぎません。

【ルール】ストーンは半径 r =0.15m、質量は20kg です。ハウスは半径 R =1.83mで、ストーンはハウスに少しでも接していれば有効です。左のホッグラインから右のティーラインまでの距離は L =28.34mです。幅は4.75mです。ストーンがサイドラインに触れると失格です。

　下図の O～A_{os} の幅は d =4.75/2-r = 2.225m で、右利きの人はこの幅の中でストーンをリリースします。また、ホッグラインの手前でリリースしなければなりません。

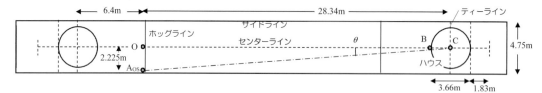

A5：リリース位置とセンターラインと成す角度 θ は独立変数なので、組み合わせたケースは無限になります。何から解き始めるかについても色々な考え方がありますが、ここではBとの衝突から始めることにします。

＜Bとの衝突から考える＞

1)ストーンAがBと衝突したあと、次の2つの道筋があります。

　①AがBと衝突した後、BがCに再衝突して、BとCがハウスの外に出る。Aはハウスに留まる。

　②AがBを弾き出し、更にAがCに再衝突して、Cを弾き出す。Aはハウスに留まる。

　　【補足】AがCと衝突して、AまたはCがBに再衝突するには進行方向の逆向きの外力が必要で物理的にありえません。

＜AとBとの衝突後にBがCと衝突する場合＞

2)図1は①の場合です。AとBの衝突後に、AとBが進む方向を φ_A と φ_B とします。BがCと衝突するのは $\varphi_{B(イ)}$ ～ $\varphi_{B(ロ)}$ の範囲です。このときにAがハウスに入るかどうかを検討します。

・長方形 RSTC を考えます。SはAとBの衝突時のAの中心点です。∠RSTは直角で、RSとCTは平行です。ここで、TC=k とします。(イ)と(ロ)の場合は k =2r で、(イ)～(ロ)の場合は 0<k <2r です。RC=ST= $2r+\sqrt{(r+R)^2-k^2}$ です。RCがAが最接近したときのCからの距離です。なお、r <R なので、RC>r +R となります。よって、Aはハウスに入れません。また、Aの方向が $\varphi_{A(ロ)}$' の場合は、明らかにAはハウスに入れません。よって、①のケースでは目的は達成できません。

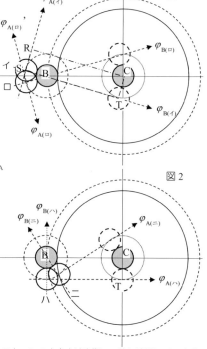

ストーンの大きさは実際の2倍に誇張しています

＜AがBと衝突後にCと衝突する場合＞

3)前頁の図2は②の場合です。ストーンAとBの衝突後、AがCと
再衝突するのは、再衝突前のAの方向が $\varphi_{A(八)} \sim \varphi_{A(二)}$ の範囲です。
図3の場合で検討します。A_2はAがCとの衝突したときのAの
中心点です。Cと衝突後、Aは$A_2 \to S$の方向に動き、Sまたはこ
れより手前で止まらなくてはなりません。一方、CはAとは直角
のC→Zの方向に動き、破線の円周上のZを越えねばなりません。

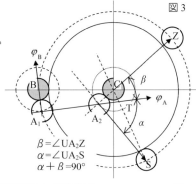

図3

$\beta = \angle UA_2Z$
$\alpha = \angle UA_2S$
$\alpha + \beta = 90°$

距離は $A_2S = \ell_A = \sqrt{(r+R)^2 - (2r)^2} = \sqrt{(0.15+1.83)^2 - 0.3^2} \fallingdotseq 1.957$m、
$CZ = \ell_C = r + R = 0.15 + 1.83 = 1.98$ です。
衝突前の方向 φ_A に対する衝突後の角度を $\alpha = \angle TA_2S$、 $\beta = \angle TA_2Z$
とします（$\alpha + \beta = 90°$）。Cとの衝突前のAの速度を v_2 とすると、衝突後のAの速度は $v_{A0} = v_2 \cos\alpha \cdots(1)$、
Cの速度は $v_{C0} = v_2 \cos\beta = v_2 \sin\alpha \cdots(2)$ です。その後は摩擦によって減速します。動摩擦抵抗は $F = mg\mu_v$ です。なお、mがストーンの質量、gが重力加速度、μ_vが動摩擦係数です。

速度は $v_A = v_{A0} - g\mu_v \times t \cdots(3)$、 $v_C = v_{C0} - g\mu_v \times t \cdots(4)$ で減じます。なお、tは経過時間です。AがSの位置
で $v_A \leq 0$ であればハウスに留まり、CがZの位置で $v_C > 0$ であればハウス外に出ます。ここで、エネルギの
保存則より、運動エネルギの減少＝摩擦エネルギとなるので、$m(v_{A0})^2 / 2 = mg\mu_v \ell_A$ となります。これを v_{A0}
について解くと、$(v_{A0})^2 = 2g\mu_v \times \ell_A \cdots(5)$ を得ます。同様にCは $(v_{C0})^2 = 2g\mu_v \times \ell_C \cdots(6)$ を得ます。
二乗のまま速度の比を求めると、$(v_{C0}/v_{A0})^2 = \ell_C / \ell_A \fallingdotseq 1.01168 \cdots(7)$ となります。式(1)(2)より、速度の比は
$v_{C0}/v_{A0} = (v_2 \sin\alpha)/(v_2 \cos\alpha) = \tan\alpha$ なので、式(7)は $\tan^2\alpha \fallingdotseq 1.01168$ となります。これより $\alpha \fallingdotseq 45.17°$
を得ます。なお、この α の値はAとCがともに境界上にある場合ですが、Cが境界の外に出て行くために
は、v_{C0} がより大きくなければならないので $\alpha < 45.17°$ になります。よって、$0 \leq \alpha < 45.17°$ の場合に、
Cがハウス外に出て行き、Aがハウス内に留まります。

＜AとCの衝突前後の方向 φ_A と α の関係＞

4)図4は、ストーンAがA_1から移動してA_2でCと再衝突した場合
です。衝突前のAの方向 φ_A をセンターラインと成す角度と再定
義します。直線UCWは φ_A と直交し、A_1Bと平行な線です。
なお、UとWはCが中心の半径rの円周上とは限りません。
$\angle A_2CU$ で、$\angle A_2CU = \alpha$、$A_2C = 2r$、よって $CU = 2r\cos\alpha$ です。
長方形BA_1UWにおいて、$\angle CBW = \varphi_A$ です。$BC = r+R$、
$WC = (r+R)\sin\varphi_A$、$WU = 2r$、よって、$CU = 2r - (r+R)\sin\varphi_A$
を得ます。 $\therefore 2r\cos\alpha = 2r - (r+R)\sin\varphi_A \cdots(8)$ となります。
これを $\sin\varphi_A$ について解くと、$\sin\varphi_A = 2r(1-\cos\alpha)/(r+R)$
となります。式(8)に $\alpha \fallingdotseq 45.17°$ および $r = 0.15$、$R = 1.83$ を
代入すると、$\sin\varphi_A \fallingdotseq 0.04469$、$\varphi_A \fallingdotseq 2.561°$ を得ます。

図5は φ_A が大きい場合で、$\sin\varphi_A = 2r(1+\cos\alpha)/(r+R)$ と
なります。この式に $\alpha \fallingdotseq 45.17°$ $r = 0.15$、$R = 1.83$ を代入する
と、$\sin\varphi_A \fallingdotseq 0.25834$、$\varphi_A \fallingdotseq 14.97°$ を得ます。

以上より、Aの角度 φ_A の条件は、$2.561° < \varphi_A < 14.97°$ となり
ます。これは、ストーンAがBと衝突し、更に、Cと再衝突
してBとCを弾き出し、かつAがハウスに留まるための条件
になります。また、$\alpha = 0°$の場合はストーンAが衝突後A_2で
止まる理想的な場合ですが、$\sin\varphi_A = 2r/(r+R) \fallingdotseq 0.151515$ で
$\varphi_A \fallingdotseq 8.715°$ です。

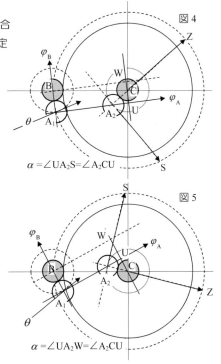

図4

$\alpha = \angle UA_2S = \angle A_2CU$

図5

$\alpha = \angle UA_2W = \angle A_2CU$

<リリースの位置とリリースするときの角度 θ >

5)さきの 4)の結果から、目的を達成するための必要条件 $2.561° < \varphi_A < 14.97°$ を得ました。次にストーン A をリリースするときの角度 θ ですが、$\theta = \varphi_A$ では A と B と接触するだけでは B は動きませんが、これより僅かに大きいか小さい場合なら B は動きます。よって、$2.561° < \theta < 14.97°$ となります。

この条件でストーン A をリリースする位置（センターラインから横方向の距離 d）を求めます。なお、スイーピングによる曲がりは無いものとします。下図で $OB = L - R = 28.34 - 1.83 = 26.51 m$ です。P はリリース時の目標点で $BP = 2r / \sin\theta$ です。リリース時のセンターラインからの距離は $d = (L - R + 2r / \sin\theta) \times \tan\theta$ です。下図の A_{O1} では $\theta \fallingdotseq 2.561°$（下限値）、$d \fallingdotseq 1.49m$ です。A_{OS} では $\theta \fallingdotseq 4.15°$、$d = 2.225m$ です。

以上より、センターラインから $1.49m (A_{O1}) < d \leqq 2.225 (A_{OS})$ の位置からリリースすれば、1 回のショットで、相手の B と C をハウス外に出すこと可能性になります。

なお、$\theta \fallingdotseq 14.97°$（上限値）では $d \fallingdotseq 7.40m$ でサイドラインの外になります。$\alpha = 0°$ となる理想的な A_{O2} の場合は $\theta \fallingdotseq 8.715°$ で、$d \fallingdotseq 4.37m$、やはりサイドラインの外です。

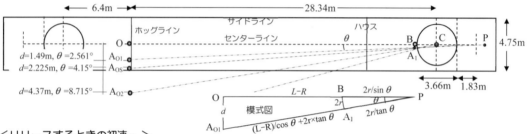

<リリースするときの初速 v_0 >

6)リリースする初速を求めます。リリースする速度が速いとストーン A は C との衝突後ハウスから出てしまいますし、速度が遅いとストーン C をハウス外に出すことができません。ストーンが衝突以外では曲がらない条件ならば、ストーン A の走行距離が分かれば、リリース時の初速 v_0 を求めることができます。

摩擦による減速を見込みますが、ここでは動摩擦係数を $\mu_v = 0.01$ とします。g を重力加速度とします。

上図の $A_{O1}(d = 1.49m, \theta = 2.561°)$ の例で計算とします。なお、S→A_2→A_1→A_{O1} と逆順に計算します。

・A_2→S：式(5)から C との衝突後の速度 v_{A0} について解くと、$v_{A0} = \sqrt{2g\mu_v \times \ell_A} \fallingdotseq 0.619$ m/s を得ます。

・C との衝突前の速度 v_2 は式(1)より $v_2 = v_{A0} / \cos\alpha = 1.17 / \cos 45.17° \fallingdotseq 0.878$ m/s を得ます。

・B との衝突後の速度 v_1：$A_1 A_2$ の距離は $\ell_{12} = (r + R)\cos\varphi_A - 2r\sin\alpha \fallingdotseq 1.765$ m です。B～C までの摩擦によって減速される運動エネルギの減少が摩擦エネルギになるので、$m\{(v_1)^2 - (v_2)^2\} / 2 = mg\mu_v \ell_{12}$ となります。これを v_1 について解くと $v_1 = \sqrt{(v_2)^2 + 2g\mu_v \ell_{12}} \fallingdotseq 1.057$ m/s を得ます。

・A_1 での B との衝突では角度がほとんど変化せず $\theta \fallingdotseq \varphi_A$ なので、速度も $v = v_1 = 1.057$ m/s となります。

・A_{O1}→A_1：$A_{O1}A_1$ の距離は $\ell_{01} = A_{O1}P - A_1 P$ で、$A_{O1}P = (OB + BP) / \cos\theta = (L - R + 2r / \sin\theta) / \cos\theta$ で、また、$A_1 P = 2r / \tan\theta$ です。$\therefore \ell_{01} = (L - R) / \cos\theta + 2r / \tan\theta \fallingdotseq 26.55$ m となります。P はリリースの目標点です。

摩擦による減速を考えたリリース時の速度を v_0 とすると、$v_0 = \sqrt{(v_1)^2 + 2g\mu_v \ell_{01}} \fallingdotseq 2.514$ m/s となります。

【補足 1】動摩擦抵抗は一様ではなく、場所によって、また、速度によっても値が変ります。ここでは、中間的な値で切りの良い $\mu_v = 0.01$ 一定としました。

【補足 2】衝突時の静止摩擦抵抗：静止している質量 m の物体には静止摩擦抵抗 $R_S = mg\mu_s$ が働きます。なお、μ_s は静摩擦係数です。μ_s (静摩擦係数)$> \mu_v$ (動摩擦係数)で、静止した物体を動かすには R_S よりも大きな力が必要です。この問題では、動摩擦係数による減速は考慮しましたが、静止摩擦係数のことは考慮していません。果たして、ストーン A は B や C と衝突した際に、B や C を動かすことができたのでしょうか。

静止摩擦抵抗が大きいと、衝突により運動量や運動エネルギが減じ、減じた運動エネルギは音のエネルギや熱エネルギに変わります。衝突時の反発係数が 1 とは、これらのロスが無い、あるいは、これらのロスが無視できる場合をいいます。カーリングの衝突はまさにこれに該当します。また、8.2 節の(4)の衝突の問題でも、静止摩擦抵抗の問題を考慮しませんでしたが、同様の理由からです。

Q6：力の釣り合い／懸垂線

　2 章の懸垂線を再び取り上げます。懸垂線はロープを 2 点で吊したときに作られる曲線です。城壁やお寺の屋根、吊り橋、送電線などの曲線も懸垂線です。また、懸垂線の上下を逆さまにしたのがアーチです。これらは絶妙な力のバランスになっています。本問でこれを確認します。

＜懸垂線・懸垂線の長さ＞

　懸垂線の式を改めて示すと　$y = a\{\cosh(x/a) - 1\} = a\{(e^{x/a} + e^{-x/a})/2 - 1\}$ ・・・(2-11)再　です。なお、係数 a はロープの重さと引張力で決まる垂れ具合の定数です。下図で、支点を (x_L, y_L)、(x_R, y_R) として紐の長さ L は式(2-12)によって求めます。なお、左右で別々に求めると、

　　　　左は　$L_L = a[\sinh(0) - \sinh(x_1/a)] = -a(e^{x_1/a} - e^{-x_1/a})/2$、

　　　　右は　$L_R = a[\sinh(x_2/a) - \sinh(0)] = a(e^{x_2/a} - e^{-x_2/a})/2$　です。

＜力のバランス＞

　懸垂線が安定しているのは力の釣り合いが取れているからです。力が釣り合う条件は、①力の大きさが等しいこと、②力の方向が逆であること、です。それでは、この懸垂線でどのように力が釣り合っているかを見ていきます。

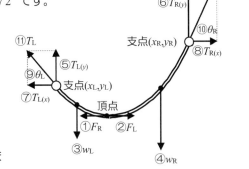

1)まず頂点：頂点で 左側と右側の力が釣り合っています。頂点での水平力は ①F_R=②F_L です。また、この頂点には垂直力が働きません。もしも、垂直力が働いていると、ここは支えるものがないので頂点がどんどん下がってしまいます。 左右の水平力が等しく、垂直力が掛からないことから、左右それぞれで独立に力がバランスしていることになります。

2)ロープの荷重：この荷重とはロープの自重のことです。長さ当たりのロープの密度を ρ [kg/m]とすると、左側の荷重が③$W_L = \rho L_L g$、右側の荷重が④$W_R =$ □□□□ です。なお、g は重力加速度です。

3)垂直の引張力：③と⑤、④と⑥がバランスします。よって、⑤$T_{L(y)} = W_L$、⑥ □□□□ です。

4)水平の引張力：⑦と②、①と⑧がバランスします。

　　　　　　　なお、①=② なので、⑦$T_{L(x)}$=②F_L=①F_R=⑧$T_{R(x)}$　となります。

5)ロープの引張力の方向：ロープの支点で力は接線方向に働きます。角度を⑨θ_L と⑩θ_R とします。接線は式(2-11) の懸垂線を微分した勾配で、⑨$\tan\theta_L = \sinh(x_L/a)$、⑩$\tan\theta_R =$ □□□□ となります。

　　　【補足】$a \times \cosh(x/a)$ を微分すると $\sinh(x/a)$ になります。

　　接線の勾配は、引張力の垂直成分÷水平成分です。つまり、⑨'$\tan\theta_L = T_{L(y)}/T_{L(x)}$、⑩'$\tan\theta_R =$ □□□□ です。よって、⑦$T_{L(x)} = T_{L(y)}/\tan\theta_L$、⑧$T_{L(x)} =$ □□□□ となります。

6)ロープの引張力：⑪$T_L = T_{L(x)}/\cos\theta_L$、⑫$T_R =$ □□□□ を得ます。

　【補足】水平位置 x と係数 a から式(2-11)で懸垂線を得ることができますが、設計では水平位置 x と垂直位置 y を先に決めなければなりません。なお、係数 a がロープの重さと引張力に依存しており、任意の水平位置 x と垂直位置 y に合うように係数 a を決めようとすると、式(2-11)と式(2-12)は超越方程式になり解けません。超越方程式は解析的に求めることができない形の式です。よって、所定の水平位置 x_L、垂直位置 y_L になるように反復法よって係数 a を求めるか、あるいは、近似的に解くしかありません。こうして係数 a が求まれば、x_R、y_R、L_L、L_R、W_L、W_R、T_L、T_R を順次決めることができます。

④$W_R = \rho L_R g$、⑥$T_{R(y)} = W_R$、⑩$\tan\theta_R = \sinh(x_R/a)$、⑩'$\tan\theta_R = T_{R(y)}/T_{R(x)}$、⑧$T_{R(x)} = T_{R(y)}/\tan\theta_R$、⑫$T_R = T_{R(x)}/\cos\theta_R$

Q7：応力度とたわみを許容範囲に抑える梁せいは？

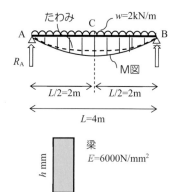

右図の等分布荷重の単純支持梁で、最大曲げ応力度 σ_{max} を 4 N/mm² 以下に、かつ、最大たわみ δ_{max} を 8mm 以下に抑えるためには、梁せいを何 mm 以上にすればよいか求めなさい。

条件：梁の長さは L=4m、等分布中荷重は w=2kN/m です。梁は木材でヤング係数を E=6000N/mm²、梁の断面の幅は b=100mm とします。梁の高さ h を求めます。

A7＜最大曲げ応力度＞：

最大曲げ応力度は梁の中央の C 点で生じます。

1）C 点で切断して曲げモーメントを求めます。反力は $R_A = R_B = \dfrac{wL}{2}$ です。

この反力による曲げモーメントは $R_A \times \dfrac{L}{2} = \dfrac{wL^2}{4}$ です。

A~C の荷重による曲げモーメントは反時計回りで $\dfrac{wL}{2} \times \dfrac{L}{4} = \dfrac{wL^2}{8}$ です。

よって、C 点での曲げモーメントは $M_C = \dfrac{wL^2}{4} - \dfrac{wL^2}{8} = \dfrac{wL^2}{8}$ ···(1) となります。

2）曲げ応力度 σ_m は式(10-4)より、$\sigma_m = \dfrac{M}{Z}$ ···(2) です。（引張側で計算しています）

Z は断面係数で、式(10-2)より、$Z = \dfrac{bh^2}{6}$ で、M_C と Z を式(2)に代入すると、$\sigma_m = \dfrac{M_C}{Z} = \dfrac{wL^2}{8} \times \dfrac{6}{bh^2}$

ここで、数値を代入する前に単位を N と mm に揃えます。w=2kN/m=2N/mm、L=4m=4000mm

よって最大応力度 σ_{max} は $\sigma_{max} = \dfrac{wL^2}{8} \times \dfrac{6}{bh^2} = \dfrac{2\times4000^2\times6}{8\times100\times h^2} = \dfrac{24\times10^4}{h^2} \leqq 4$ ∴ $h^2 \geqq 6\times10^4$

∴ $h \geqq 100\sqrt{6} = 244.948\cdots$、切り上げて、梁せいは 245mm 以上 になります。

A7＜最大たわみ＞：

単純支持梁の等荷重分布の最大たわみは、式(10-10)より $y_{max} = \dfrac{5wL^4}{384EI}$ ···(3) です。

E はヤング係数、I は断面二次モーメントで、中立軸が中央にある矩形の場合は式（10-6）より $I = \dfrac{bh^3}{12}$ です。式（3）に代入すると、$y_{max} = \dfrac{5wL^4}{384EI} = \dfrac{5wL^4}{384EI} \times \dfrac{12}{bh^3} \leqq 8$ ···(4) となります。

数値を代入する前に単位を N と mm に揃えます。w=2kN/m=2N/mm、L=4m=4000mm、E=6000N/mm²、よって $y_{max} = \dfrac{5wL^4}{384E} \times \dfrac{12}{bh^3} = \dfrac{5\times2\times4000^4}{384\times6000} \times \dfrac{12}{100\times h^3} = \dfrac{4\times10^8}{3\times h^3} \leqq 8$、よって、$h^3 \geqq \dfrac{10^8}{6}$、$h \geqq \sqrt[3]{\dfrac{10^8}{6}} = 255.43\cdots$

切り上げて、梁せいは 256mm 以上になります。

＜答え＞

2 つの条件を満たすのは、梁せいが 256mm 以上です。

Q8：集中加重と等分布加重の重ね合わせ

右図は単純支持梁で、等分布荷重と中央に集中荷重が同時に
作用しています。このときの最大たわみを求めなさい。

条件： 梁の長さは $L=4m$、集中荷重は $P=8kN$、等分布中荷重
は $w=2kN/m$ です。

梁は木材で、ヤング係数を $E=6000N/mm^2$、梁の断面
の 幅は $b=100mm$、梁の高さは $h=200mm$ とします。

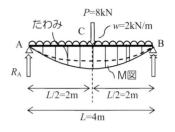

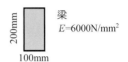

A8：最大たわみは梁の中央の C 点で生じます。

反力： 反力は $R_A = R_B = \dfrac{P+wL}{2}$ です。

A～C 区間の曲げモーメント： $M = \dfrac{P+wL}{2} \times x - wx \times \dfrac{x}{2} = -\dfrac{w}{2}x^2 + \dfrac{wL}{2}x + \dfrac{P}{2}x$ ・・・(1) です。

C～B 区間：最大たわみは梁の中央の C 点で生じることが明らかなので、C～B 間は省略します。

弾性曲線式：式(10-5)の弾性曲線式に式(1)を代入します。 $\dfrac{d^2y}{dx^2} = -\dfrac{M}{EI} = \dfrac{w}{2EI}x^2 - \dfrac{wL}{2EI}x - \dfrac{P}{2EI}x$ ・・・(2)

積分：式(2)を x で積分します。 $\dfrac{dy}{dx} = \dfrac{w}{6EI}x^3 - \dfrac{wL}{4EL}x^2 - \dfrac{P}{4EI}x^2 + C_1$ ・・・(3)

もう一度積分：式（3）を x でもう一度積分します。 $y = \dfrac{w}{24EI}x^4 - \dfrac{wL}{12EL}x^3 - \dfrac{P}{12EI}x^3 + C_1x + C_2$ ・・・(4)

積分定数：式(4)で、$x=0$ の A 点で変位 y がゼロなので、$0 = 0 - 0 - 0 + 0 + C_2$ となり、$C_2 = 0$ を得ます。

また、式(3)で、$x=L/2$ の C 点の傾きが $\dfrac{dy}{dx}=0$ であることを利用して積分定数 C_1 を求めます。

$0 = \dfrac{w}{6EI}\left(\dfrac{L}{2}\right)^3 - \dfrac{wL}{4EL}\left(\dfrac{L}{2}\right)^2 - \dfrac{P}{4EI}\left(\dfrac{L}{2}\right)^2 + C_1 \quad \therefore \ C_1 = -\dfrac{wL^3}{48EI} + \dfrac{wL^3}{16EL} + \dfrac{PL^2}{16EI} = \dfrac{wL^3}{24EL} + \dfrac{PL^2}{16EI}$ を得ます。

たわみ曲線：C_1、C_2 を式(4)に戻します。 $y = \dfrac{w}{24EI}x^4 - \dfrac{wL}{12EL}x^3 - \dfrac{P}{12EI}x^3 + \dfrac{wL^3}{24EL}x + \dfrac{PL^2}{16EI}x$ ・・・(5)

最大たわみ：最大たわみ y_{max} は梁の中央の C 点で生じます。式(5)に $x=L/2$ を代入します。

$y_{max} = \dfrac{w}{24EI}\left(\dfrac{L}{2}\right)^4 - \dfrac{wL}{12EL}\left(\dfrac{L}{2}\right)^3 - \dfrac{P}{12EI}\left(\dfrac{L}{2}\right)^3 + \dfrac{wL^3}{24EL}\left(\dfrac{L}{2}\right) + \dfrac{PL^2}{16EI}\left(\dfrac{L}{2}\right)$

$\therefore \quad y_{max} = \dfrac{wL^4}{384EI} - \dfrac{wL^4}{96EL} - \dfrac{PL^3}{96EI} + \dfrac{wL^4}{48EL} + \dfrac{PL^3}{32EI} = \dfrac{5wL^4}{384EI} + \dfrac{PL^3}{48EI}$ ・・・(6) を得ます。

数値を代入する前に、単位を N と mm に合わせておきます。

$L=4000mm$、$P=8000N$、$w=2N/mm$、$E=6000N/mm^2$、$b=100mm$、$h=200mm$ です。

また、断面二次モーメントは式（10-6）より $I = \dfrac{bh^3}{12}$ です。

よって、$y_{max} = \dfrac{5wL^4 \times 12}{384E \times bh^3} + \dfrac{PL^3 \times 12}{48E \times bh^3} = \dfrac{5 \times 2 \times 4000^4 \times 12}{384 \times 6000 \times 100 \times 200^3} + \dfrac{8000 \times 4000^3 \times 12}{48 \times 6000 \times 100 \times 200^3}$

$\therefore \quad y_{max} = \dfrac{50}{3} + \dfrac{80}{3} \fallingdotseq 43.33$、よって、最大たわみ 43.33 mm を得ます。

【補足】重ね合わせ

上記の式(6)は、10 章の式(10-8)と式(10-10)の 2 つを合わせたものです。10.4 節の例題 4 の集中加重の最大
たわみは $80/3 \fallingdotseq 26.67mm$ であり、10.4 節の Q3 の等分布加重の最大たわみは $50/3 \fallingdotseq 16.67mm$ でした。この
2 つを足し合わせると、この Q8 の最大たわみの結果 43.33mm と一致します。

構造体に複数の荷重が作用している場合は、それらを別々に求めて、合計することで結果を得ることがで
きます。このように足し合わせることを"重ね合わせ"といいます。重ね合わせの条件、この場合は微小
変形の仮定が同じであれば重ね合わせができ、これを"線形"であるといいます。

【忙中閑有り】裏わざ／片持ち梁のたわみ公式を応用して単純梁のたわみを求める　（やや難問）

　たわみ曲線を求めるには結構手間がかかります。実は原理が分かると、単純支持梁のたわみ曲線の式から、片持ち梁のたわみ曲線や最大たわみの式を導くことができます。

<集中荷重の場合>　結果の式(14-1)、式(14-2)を先に示しておきます。

単純支持梁：　　たわみ曲線　$y = -\dfrac{P}{12EI}x^3 + \dfrac{PL^2}{16EI}x$　　・・(10-7)再、　最大たわみ　$y_{\max} = \dfrac{PL^3}{48EI}$　・・(10-8)再

片持ち梁：　　　たわみ曲線　$y = \dfrac{P}{6EI}x^3 - \dfrac{PL^2}{2EI}x + \dfrac{PL^3}{3EI}$　　・・(14-1)、　最大たわみ　$y_{\max} = \dfrac{PL^3}{3EI}$　・・(14-2)

　図①の単純支持梁の左半分 A~C を取り出します。これと図②の片持ち梁と比較して、共通点を見ていきます。
まず、図①と図②とも左端で曲げモーメントがありません。図①のたわみ曲線は梁の中央での勾配がゼロになります。図②の片持ち梁でも右端の支点でたわみの勾配がゼロです。以上から、上下は逆向きですが、図①の左半分と図②の２つのたわみ曲線は相似であるといえます。

　そこで、①単純支持梁のたわみ曲線から、②片持ち梁のたわみ曲線を誘導してみます。
なお、右図はいずれも y 軸は下向きに＋です。

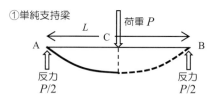

①単純支持梁

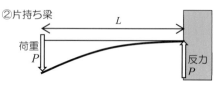

②片持ち梁

1）図①単純梁の A~C で考えます。反力が上向きに作用していますが、②片持ち梁は下向きに荷重が作用しています。よって、① y → ②$-y$ の関係になります。

∴　$-y = -\dfrac{P}{12EI}x^3 + \dfrac{PL^2}{16EI}x$　⇒　$y = \dfrac{P}{12EI}x^3 - \dfrac{PL^2}{16EI}x$

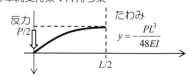

③単純支持梁→片持ち梁

2）図③では $x=0$ で $y=0$、つまりたわみが 0 です。また、$x=L/2$ でたわみが $y = -\dfrac{PL^3}{48EI}$ です。なお、②の片持ち梁にするために、$x=L/2$ で $y=0$ になるように y 値を $\dfrac{PL^3}{48EI}$ だけ引き上げます。（下向きの y 軸なので図④では下がります）

∴　⇒　$y = \dfrac{P}{12EI}x^3 - \dfrac{PL^2}{16EI}x + \dfrac{PL^3}{48EI}$

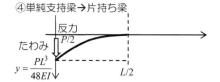

④単純支持梁→片持ち梁

3）最後に荷重と梁の長さを補正します。図①の左端の反力と、図④の左端の反力が対応しています。よって、単純支持梁の荷重は図⑤では $P/2$→P となり、式の上では P → $2P$ になります。同様に、梁の長さも図⑤では $L/2$→L となり、式の上では L → $2L$ になります。

⇒　$y = \dfrac{(2P)}{12EI}x^3 - \dfrac{(2P)(2L)^2}{16EI}x + \dfrac{(2P)(2L)^3}{48EI}$

⇒　片持ち梁のたわみ曲線　$y = \dfrac{P}{6EI}x^3 - \dfrac{PL^2}{2EI}x + \dfrac{PL^3}{3EI}$　・・・(14-1)　を得ます。

　　最大たわみは $x=0$ のときで　$y_{\max} = \dfrac{PL^3}{3EI}$　　　・・・(14-2)　となります。

以上で、集中荷重・単純支持梁から、集中荷重・片持ち梁のたわみ曲線を誘導しました。

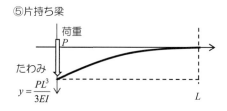

⑤片持ち梁

Q9：単純支持梁のたわみ曲線式から片持ち梁の
**　　たわみ曲線式を誘導しなさい／等分布加重の場合**

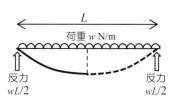

初めに等分布荷重のたわみ曲線を示しておきます。

単純支持梁　　$y = \dfrac{w}{24EI}x^4 - \dfrac{wL}{12EI}x^3 + \dfrac{wL^3}{24EI}x$　　・・・(10-9)再

最大たわみ　　$y_{\max} = \dfrac{5wL^4}{384EI}$　　　　　　・・・(10-10)再

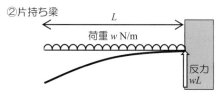

片持ち梁　　$y = \dfrac{w}{24EI}x^4 - \dfrac{wL^3}{6EI}x + \dfrac{wL^4}{8EI}$　　・・・(14-3)

最大たわみ　　$y_{\max} = \dfrac{wL^4}{8EI}$　　　　　・・・(14-4)

やって見ましょう。一度にまとめて修正することにします。
つまり、$y \to -y$、また最大たわみの $\dfrac{5wL^4}{384EI}$ を加えます。

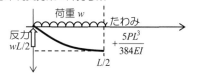

荷重は等分布なので $w \to w$ のまま、スパンは $L \to 2L$ とします。

$\therefore\quad y = -\dfrac{w}{24EI}x^4 + \dfrac{wL}{6EI}x^3 - \dfrac{wL^3}{3EI}x + \dfrac{5wL^4}{24EI}$　　・・・(1)

式(14-3)と合いません。正負が逆で、定数項が違い、式(14-3)
にない x^3 の項が式(1)に残っています。何を間違えたのでしょ
うか。そこで問題です。上式(1)は何をどう間違えたかを考え
て、正しい式(14-3)を導きなさい。

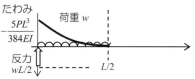

A9：＜間違いの原因＞2 つの間違いがあります。

・$y \to -y$ が間違いです。集中荷重では①の反力と②の
　荷重が逆向きでしたが、等分荷重ではこのようなこと
　はありません。よって、$y \to y$ のままです。
・図②の片持ち梁では左端に反力がありません。しかし、
　図①の単純支持梁には左端に反力 $wL/2$ があるので、
　この影響を取り除く必要があります。

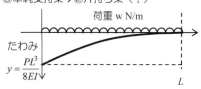

まず、図③で反力は $wL/2$ のまま、式(1)で$-y \to y$、$2L \to L$ に戻します。また、式(1)の $+\dfrac{5wL^4}{384EI}$ は、図④の
ように $-\dfrac{5wL^4}{384EI}$ に修正します。$\therefore$ 式(1)は $\Rightarrow$ $y = \dfrac{w}{24EI}x^4 - \dfrac{wL}{12EI}x^3 + \dfrac{wL^3}{24EI}x - \dfrac{5wL^4}{384EI}$ ・・・(2) となります。

次に、単純支持梁の左端の反力による影響を求めます。これには先の集中荷重で誘導した式(14-1)を利用
します。式(14-1)で、荷重 P を下向きの$-wL/2$ とし、また反力による影響を L を$L/2$ の左半分とします。

$\therefore$ 式(14-1)は　$y = \dfrac{(-wL/2)}{6EI}x^3 - \dfrac{(-wL/2)(L/2)^2}{2EI}x + \dfrac{(-wL/2)(L/2)^3}{3EI} = -\dfrac{wL}{12EI}x^3 + \dfrac{wL^3}{16EI}x - \dfrac{wL^4}{48EI}$　・・・(3) となり
ます。式(2)から式(3)の反力による要素を差し引きます。

$\therefore\quad y = \dfrac{w}{24EI}x^4 - \dfrac{wL}{12EI}x^3 + \dfrac{wL^3}{24EI}x - \dfrac{5wL^4}{384EI} - \left(-\dfrac{wL}{12EI}x^3 + \dfrac{wL^3}{16EI}x - \dfrac{wL^4}{48EI} \right) = \dfrac{w}{24EI}x^4 - \dfrac{wL^3}{48EI}x + \dfrac{wL^4}{128EI}$　・・・(4) と
なります。最後に、$L \to 2L$ を補正します。

$\therefore\quad y = \dfrac{w}{24EI}x^4 - \dfrac{w(2L)^3}{48EI}x + \dfrac{w(2L)^4}{128EI} = \dfrac{w}{24EI}x^4 - \dfrac{wL^3}{6EI}x + \dfrac{wL^4}{8EI}$　　・・・(14-3)再　　を得ます。

最大たわみは $x=0$ のときで、　　$y = \dfrac{PL^3}{8EI}$　・・・(14-4)再　　を得ます。

以上で、等分布荷重・単純支持梁から、図⑤の等分布荷重・片持ち梁のたわみ曲線を誘導しました。

【補足 1】等分布荷重・片持ち梁のたわみ曲線／Q9 の式(1)を直接修正する場合

式(1)は $2L \rightarrow 2L$ のまま、$-y \rightarrow y$ に戻します。$\quad y = \dfrac{w}{24EI}x^4 - \dfrac{wL}{6EI}x^3 + \dfrac{wL^3}{3EI}x - \dfrac{5wL^4}{24EI}$ ・・・(5)

図①の反力は逆向きなので、式(14-1)で $P \rightarrow -wL$ とすると、$\quad y = -\dfrac{wL}{6EI}x^3 + \dfrac{wL^3}{2EI}x - \dfrac{wL^4}{3EI}$ ・・・(6) となります。

式(5)-式(6)として、反力の影響を消去します。よって $\quad y = \dfrac{w}{24EI}x^4 - \dfrac{wL^3}{6EI}x + \dfrac{wL^4}{8EI}$ ・・・(14-3)再 を得ます。

【補足 2】片持ち梁のたわみ曲線／弾性曲線式から求める方法
＜集中荷重の場合＞

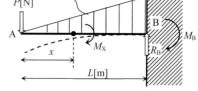

- 反力：支点 B で反力が $R_B = P$、曲げモーメントは $M_B = PL$
- A~X 間の曲げモーメント：x 点で $M = P \times x$ ・・・(1)
- 弾性曲線式：式(10-5)に M を代入しますが、単純梁の上側が引張側で、単純支持梁と逆なので、$M \rightarrow -M$ とします。

$$\therefore \quad \frac{d^2y}{dx^2} = -\frac{(-M)}{EI} = \frac{P}{EI}x \quad \cdots(2)$$

- x で積分：$\dfrac{dy}{dx} = \dfrac{P}{2EI}x^2 + C_1$ ・・・(3)、B 点の $x=L$ で傾き 0 を式(3)に代入、$0 = \dfrac{P}{2EI}L^2 + C_1 \quad \therefore C_1 = -\dfrac{P}{2EI}L^2$

- もう一度 x で積分：$y = \dfrac{P}{6EI}x^3 - \dfrac{PL^2}{2EI}x + C_2$ ・・・(4)

B 点で $x=L$、$y=0$ を式（4）に代入して、$0 = \dfrac{P}{6EI}L^3 - \dfrac{PL^2}{2EI}L + C_2 \quad \therefore C_2 = -\dfrac{PL^3}{6EI} + \dfrac{PL^3}{2EI} = \dfrac{PL^3}{3EI}$ （積分定数）

- 集中荷重・片持ち梁のたわみ曲線：$\quad y = \dfrac{P}{6EI}x^3 - \dfrac{PL^2}{2EI}x + \dfrac{PL^3}{3EI}$ ・・・(14-1)再 を得ます。

- 集中荷重・片持ち梁の最大たわみ：$x=0$ の A 点が最大たわみ $\quad \therefore y_{max} = \dfrac{PL^3}{3EI}$ ・・・(14-2)再 を得ます。

＜等分布荷重の場合＞

片持ち梁・等分布荷重

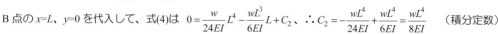

- 反力：支点 B で反力が $R_B = wL$、モーメントは $M_B = wL \times \dfrac{L}{2}$
- 曲げモーメント：x 点で $M = (wx) \times \dfrac{x}{2} = \dfrac{w}{2}x^2$ ・・・(1)
- 弾性曲線式：式(10-5)に M を代入しますが、単純梁の上側が引張側で、単純支持梁と逆なので、$M \rightarrow -M$ とします。

X 点での均等荷重によるモーメント

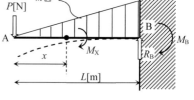

$$\therefore \quad \frac{d^2y}{dx^2} = -\frac{(-M)}{EI} = \frac{w}{2EI}x^2 \quad \cdots(2)$$

- x で積分：$\dfrac{dy}{dx} = \dfrac{w}{6EI}x^3 + C_1$ ・・・(3)、B 点の $x=L$ で傾きが 0、

つまり $\dfrac{dy}{dx} = 0$、よって、式(3)は $0 = \dfrac{w}{6EI}L^3 + C_1 \quad \therefore C_1 = -\dfrac{wL^3}{6EI}$

- もう一度 x で積分：$\quad y = \dfrac{w}{24EI}x^4 - \dfrac{wL^3}{6EI}x + C_2$ ・・・(4)

B 点の $x=L$、$y=0$ を代入して、式(4)は $0 = \dfrac{w}{24EI}L^4 - \dfrac{wL^3}{6EI}L + C_2$、$\therefore C_2 = -\dfrac{wL^4}{24EI} + \dfrac{wL^4}{6EI} = \dfrac{wL^4}{8EI}$ （積分定数）

- 片持ち梁・等分布加重のたわみ曲線：$\quad y = \dfrac{w}{24EI}x^4 - \dfrac{wL^3}{6EI}x + \dfrac{wL^4}{8EI}$ ・・・(14-3)再 を得ます。

- 片持ち梁・集中加重の最大たわみ：$x=0$ の A 点が最大たわみ $\quad y_{max} = \dfrac{wL^4}{8EI}$ ・・・(14-4)再 を得ます。

【補足】たわみ曲線の式と形　　　たわみ曲線　　　　　　　　　　　　　最大たわみ

単純支持梁・集中荷重　　$y = -\dfrac{P}{12EI}x^3 + \dfrac{PL^2}{16EI}x$　　・・・(10-7)再　　$y_{max} = \dfrac{PL^3}{48EI}$　・・・(10-8)

単純支持梁・等分布荷重　　$y = \dfrac{w}{24EI}x^4 - \dfrac{wL}{12EI}x^3 + \dfrac{wL^3}{24EI}x$　・・・(10-9)再　　$y_{max} = \dfrac{5wL^4}{384EI}$　・・・(10-10)

片持ち梁・集中荷重　　$y = \dfrac{P}{6EI}x^3 - \dfrac{PL^2}{2EI}x + \dfrac{PL^3}{3EI}$　　・・・(14-1)再　　$y_{max} = \dfrac{PL^3}{3EI}$　・・・(14-2)

片持ち梁・等分布荷重　　$y = \dfrac{w}{24EI}x^4 - \dfrac{wL^3}{6EI}x + \dfrac{wL^4}{8EI}$　　・・・(14-3)再　　$y_{max} = \dfrac{wL^4}{8EI}$　・・・(14-4)

　下図は、P=8kN、w=2kN/m、L=4m、E=6000N/mm²、I=100×200³=8×10⁸mm⁴ として計算したものです。
集中荷重・単純支持梁のたわみ曲線の式(10-7)で計算すると右半分は点線になりますが、これは式(10-7)が
左半分しか計算していないためです。左右対称で右半分は式(10-7)の x に $L-x$ を代入すると得られます。
たわみの大きさは、式の順に 1：5/8：16：6 です。

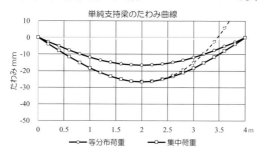

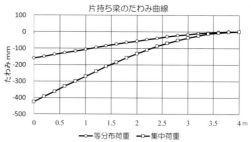

Q10：天秤の問題

　次のような長さが 100cm の細長い台形状の板があります。板の厚さは同じで、密度も均質としま
す。

　これを適当に、(イ)(ロ)(ハ)の 3 つのピースに切って紐で吊したところ、下図のように(イ)(ロ)(ハ)は左右
の長さの比が 8:6、7:6、8:7 のところで水平を保ちました。なお材の曲がりはないものとします。
　（下図は答えが分からないように同じ大きさの矩形で描いています。）
　（図と数値が一致しませんが、建築では図面を修正する時間が無いときに、数値のみを修正することがあり
　　ます。これを書き込み寸法といいます。なお、「書き込み寸法」と添えないといけません。）

Q10-1：(イ)(ロ)(ハ)の長さを求めなさい。

Q10-2：材料の板の元の質量は 140g でした。
　　　　3 つのピースの質量を求めなさい。

Q10-3：3 つのピースを右図のように吊し
　　　　ました。(ロ) のどの位置で水平にな
　　　　ったのでしょうか。
　　　　なお、紐の重さは無視します。

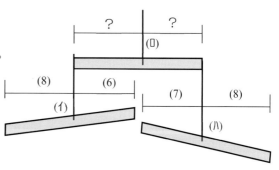

A10-0：台形の図心

この問題を解くためには台形の重心（図心）を知らねばなりません。下図で台形の図心を求めます。

x 軸と y 軸を図のようにとり、台形を①と②の三角形に分けます。

x 方向の図心を求めます。なお、a,b が切り口の幅、c が長さです。

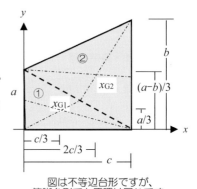

①の三角形の面積が $\dfrac{ac}{2}$ で、y 軸から図心までの距離が $x_{G1} = \dfrac{c}{3}$ です。

②の三角形の面積が $\dfrac{bc}{2}$ で、y 軸から図心までの距離が $x_{G2} = \dfrac{2c}{3}$ です。

①+②の台形全体の面積は $\dfrac{c(a+b)}{2}$ で、y 軸からの全体の図心までの距離 x_G が未知数です。　y 軸でモーメントの釣り合いを取ると、

$$\frac{c(a+b)}{2} \times x_G = \frac{ac}{2} \times \frac{c}{3} + \frac{bc}{2} \times \frac{2c}{3} = \frac{c^2(a+2b)}{6}$$

x_G について整理すると　$x_G = \dfrac{c^2(a+2b)}{6} \times \dfrac{2}{c(a+b)} = \dfrac{(a+2b)}{3(a+b)}c$　・・・(1)

図は不等辺台形ですが、等脚台形でも原理は同じです。

A10-1：水平バランスより、式(1)を使って、切り口の長さの $a{:}b$ の比率を求めます。

(イ)　8：6 より、長さを $c_イ$ とすると、x 方向の図心は $x_{Gイ} = \dfrac{8}{14}c_イ = \dfrac{4}{7}c_イ$ です。式(1)に代入すると、

$\dfrac{4}{7}c_イ = \dfrac{c_イ(a_イ+2b_イ)}{3(a_イ+b_イ)}$、整理すると $12(a_イ+b_イ) = 7(a_イ+2b_イ)$、よって、$5a_イ = 2b_イ$、$a_イ{:}b_イ = 2{:}5$ を得ます。

(ロ)　7：6 より、長さを $c_ロ$ とすると、x 方向の図心は $x_{Gロ} = \dfrac{7}{13}c_ロ$ です。よって、$a_ロ{:}b_ロ = 5{:}8$ を得ます。

(ハ)　8：7 より、長さを $c_ハ$ とすると、x 方向の図心は $x_{Gハ} = \dfrac{8}{15}c_ハ$ です。よって、$a_ハ{:}b_ハ = 6{:}9 = 8{:}12$ を得ます。

a と b の比率の大きい方が左側で、(イ)(ロ)(ハ)の順になります。また、$b_イ = a_ロ$、$b_ロ = a_ハ$ であることから、$a_イ{:}b_イ{:}b_ロ{:}b_ハ = 2{:}5{:}8{:}12$ となります。$c_イ{:}c_ロ{:}c_ハ = b_イ - a_イ : b_ロ - b_イ : b_ハ - b_ロ = 3{:}3{:}4$ が長さの比率です。

全長が 100cm なので、長さは、$c_イ = 30$ cm、$c_ロ = 30$ cm、$c_ハ = 40$ cm であることが分かりました。

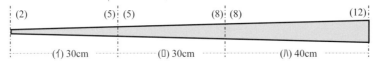

(2)　(5)(5)　(8)(8)　(12)

(イ) 30cm　(ロ) 30cm　(ハ) 40cm

A10-2：(イ)(ロ)(ハ)の面積の比率は、

$(イ) :(ロ) :(ハ) = \dfrac{c_イ(a_イ+b_イ)}{2} : \dfrac{c_ロ(a_ロ+b_ロ)}{2} : \dfrac{c_ハ(a_ハ+b_ハ)}{2} = \dfrac{30(2+5)}{2} : \dfrac{30(5+8)}{2} : \dfrac{40(8+12)}{2} = 21{:}39{:}80$ です。

総質量 140g を面積の比率で按分すると、(イ)が 21 g、(ロ)=39 g、(ハ)=80 kg となります。

A10-3：(ロ)のどの点で水平が保たれるか。

(ロ)の左端でモーメントの釣り合いをとることにします。

なお、時計回りを＋、反時計回りを－とします。

全体の釣り合い点を(ロ)の左端から x とすると、

モーメントの釣り合い　$39 \times 6 + 80 \times 13 = 140 \times x$

よって、　$x = \dfrac{39 \times 6 + 80 \times 13}{140} = 9.1$　となります。

(ロ)の左端から比率にして 9.1：3.9

(ロ)の実寸の長さが 30cm なので、実寸で左端から

$30 \times 9.1 / 13 = 21$ cm のところです。

ちなみに、(ロ)の左右の向きを入れ替えると、

比率で 約 9.3786：3.6214、実寸で約 21.64cm のところでバランスします。

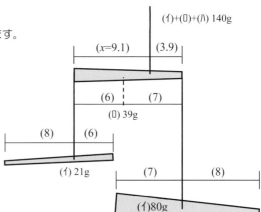

(イ)+(ロ)+(ハ) 140g

($x=9.1$)　(3.9)

(6)　(7)

(ロ) 39g

(8)　(6)

(イ) 21g

(7)　(8)

(イ)80g

Q11：規矩術

　大工道具の最も重要なものの一つに、「さしがね」があります。直角の L 字型をしたもので、表側には mm（あるいは寸）が刻んであり、裏側には mm（あるいは寸）を $\sqrt{2}$ 倍したもの（これを角目あるいは裏目といいます）が刻まれています。角目は正方形の対角線の長さに対応しているので、丸太の直径を角目で測ればその丸太からとれる正方形断面の一辺の長さを表していることになります。他にもさしがねを使うとさまざまなことが簡単にできます。

　規矩術は木造建物の仕口・継手その他接合部分などの部材の形を「規」（ぶんまわし＝コンパス）と「矩」（さしがね）で作り出す技術で江戸時代に大成された非常に高度で奥深いものです。下記の問題を解きながら、その一端に触れてみましょう。

Q11-1：下記の手順によって正八角形を描くことができることを証明しなさい。

　　手順①：表目で寸法 A を測る。
　　手順②：角目で寸法 A/2 をとる。

A11-1：【証明】

　　正八角形の一辺の長さを a とします。

　　表目は　$A = \dfrac{a}{\sqrt{2}} + a + \dfrac{a}{\sqrt{2}} = 2 \times \dfrac{a}{\sqrt{2}} + a$　ということになります。

　　このとき、裏目で A/2 をとると、その長さ A' は

$$A' = \frac{\sqrt{2}\left(2 \times \dfrac{a}{\sqrt{2}} + a\right)}{2} = \frac{2a + \sqrt{2}\,a}{2} = a + \frac{a}{\sqrt{2}}\quad となります。$$

　　表目の A と角目の A' とは　$\dfrac{a}{\sqrt{2}}$　の差、つまり、正八角形の角 1 個分の長さの差です。これを繰り返すことで、正確に正八角形を描くことができます。

Q11-2：下記の手順によって平方根を求めることができることを証明しなさい。

手順①：平方根を求めたい数値 n を x 軸の原点（O 点）より左側にとります（A 点）。
手順②：x 軸の原点より右側に寸法 "1" をとります（B 点）。
手順③：さしがねの角が y 軸上に重なるようにしつつ（C 点）、さしがねの長手および短手が①の A 点と②の B 点に重なるようにします。
手順④：OC の表目の長さが平方根を示しています。

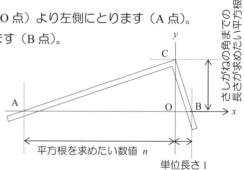

A11-2：【証明】

　　平方根を求めたい数値を AO ＝ n とします。

　　△AOC と△COB は相似です。OC＝x とすると、AO:OC＝OC:OB　の比は　$n : x = x : 1$　になります。

　　よって、$x^2 = n$、$x = \sqrt{n}$、つまり、OC の長さが n の平方根 $\sqrt{n}$ を示しています。

Q11-3：下記の手順にて、屋根勾配に合致した隅木の山勾配をとることができることを証明しなさい。

手順イ：①隅木の水平墨をつけます。

　　　　※隅木の水平墨は、①角目で1尺をとり、
　　　　　屋根勾配が、例えば4寸勾配なら
　　　　　①表目で4寸（mとします）をとります。

手順ロ：材端（A）から材幅の半分の長さ②aを
　　　　水平墨上にとります（B）。

手順ハ：その点（B）を通り、軸方向に直線③を
　　　　引きます。

手順ニ：隅木頂部（OO'）から手順ハの直線③へ
　　　　の勾配全体が④山勾配になります。

A11-3：【証明】

　①隅木の水平墨に平行な⑤直線の
OCを考えると、四角形OABCは
隅木を実際に配置したときの水
平面になります。

　Cから上方へOO'上に垂直な
線⑥CD(=n)をとります。また、
Aから下方へBB'の延長上に垂直
な線⑦AE(=n)をとります。

なお、$m = \sqrt{2}n/a$の関係です。
∠DOCが隅勾配(=n/a)です。

　屋根勾配は、直線ACと直線DE
が成す角になります。つまり、

$(CD+AE)/AC = 2n/(a\sqrt{2}) = \sqrt{2}n/a = m$
屋根勾配は、手順イの①で取った勾配m
と一致します。

ちなみに、山勾配は$n/\sqrt{a^2+n^2}$です。

上図は、左上図の屋根のOO'（隅木）の先端部分を拡大したものです。
面O'OEB'が山勾配で、この面で削り取ります。反対側も同様です。
①の隅木の水平墨の面で切り落とすと、△OBCが残って水平面になり
ます。OO'が隅勾配で、DEが屋根勾配になります。
　屋根勾配を直接墨入れすることはできませんが、山勾配を取ること
で、屋根勾配を作り出すことができます。これが規矩術です。

【忙中閑有り】　「さしがね」を使って任意の角度を三等分する

Q11-4：右図の∠AOBを三等分しなさい。また三等分であることを
　　　証明しなさい。

A11-4：次の手順で角を三等分します。

　手順①：さしがねの幅分でOAと平行なPRを引きます。

　手順②：右図のように、さしがねをOとSとUを合わせます。
　　　　　SをPR上に、OB上でST=TUとなるよう取ります。

　手順③：OCを引きます。∠COBは∠AOBの1/3の角度です。

　【証明】DS=ST=TUで、さしがねの幅です。

　　　　△SOD≡△SOT、∵∠SDO=∠STO=直角で、SD=ST、OSは共有

　　　　△SOT≡△UOT、∵∠STO=∠UTO=直角で、ST=TU、OTは共有

　　　　よって、∠SOD=∠SOT=∠UOTとなり、∠AOBは三等分されました。

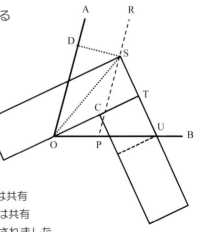

Q12：ペンローズのタイル

ペンローズのタイルについては 13 章で取り上げました。ペンローズのタイルは、一見同じパターンの繰り返しのようで、実際は変化があるタイル・パターンを作ることができます。

さて、問題ですが、ペンローズのタイルのデザインの前に、正五角形を作ることから始めます。

Q12-1：細長い紙テープを用意します。

これから、折り紙の要領で正五角形を作って下さい。

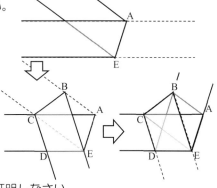

A12-1：次の手順で作ります。（最も簡単な方法です）
①左上図のテープを、右上図のように AE で折ります。
②右の左図のように、E で重なるように BC を折ります。
③右の右図のように、B と A で重なるように DE で折って結んでできた ABCDE が正五角形です。

Q12-2：A12-1 の五角形 ABCDE が正五角形であることを証明しなさい。

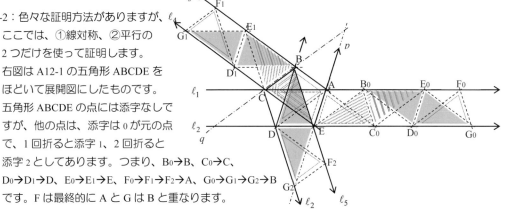

A12-2：色々な証明方法がありますが、ここでは、①線対称、②平行の 2 つだけを使って証明します。

・右図は A12-1 の五角形 ABCDE をほどいて展開図にしたものです。

・五角形 ABCDE の点には添字なしですが、他の点は、添字は 0 が元の点で、1 回折ると添字 $_1$、2 回折ると添字 $_2$ としてあります。つまり、$B_0 \to B$、$C_0 \to C$、$D_0 \to D_1 \to D$、$E_0 \to E_1 \to E$、$F_0 \to F_1 \to F_2 \to A$、$G_0 \to G_1 \to G_2 \to B$ です。F は最終的に A と G は B で重なります。

・線 p での線対称から①群 $\triangle AC_0E \equiv \triangle ACE$（＼印）、線 p、q での線対称から ②群 $\triangle B_0C_0E_0 \equiv \triangle B_0C_0E \equiv \triangle BCE_1 \equiv BCE$（＼印）、線 p、q、ℓ_2 での線対称から③群 $\triangle G_0D_0E_0 \equiv \triangle B_0D_0E_0 \equiv \triangle G_1D_1E_1 \equiv \triangle BD_1E_1 \equiv \triangle G_2DE \equiv \triangle BDE$（△印）、また、④群 $\triangle D_0F_0G_0 \equiv \triangle D_1F_1G_1 \equiv \triangle DF_2G_2 \equiv \triangle DAB$（△印）です。なお、$\triangle GDE$ 系は最終的に $\triangle BDE$ と重なるので③群に入れてあります。

各群は合同であり、また、辺 EC_0 を①群と②群で共有し、辺 B_0E_0 を②群と③群が共有し、辺 D_0G_0 を③群と④群が共有するので、①群、②群、③群、④群の全ての三角形が合同になります。

・線対称と並行より、$AC_0 = AC = EC_0$ であることから $\triangle AC_0E$ は二等辺三角形となり、合同な全ての三角形もまた二等辺三角形になります。これより五角形 ABCDE の辺の長さが全て等しいことが分かります。

・角度に注目します。$\angle AC_0E = \angle B_0EC_0$（頂点同士）、$\angle C_0EB_0 = \angle EB_0A$（錯角）、$\angle EB_0A = \angle AEB_0$（二等辺三角形 AEB_0 の底角）、これより $\triangle AEC_0$ の角度は、頂角:底角$=1:2=36°:72°$ になります。よって、五角形 ABCDE の頂点の角度は全て $108°$ になり、ABCDE が正五角形であることが証明されました。

・実は $\triangle ABC$ だけが①～④に入っていないのですが、辺 AD を $\triangle ABD$（$\triangle DG_2F_2$ と同じ）と共有し、辺 AC を $\triangle ACE$ と共有し、頂角が $36°$ になるので、①～④群と同じ合同な三角形になります。

【補足】折り紙で正七角形を作る
テープを 1 回巻いて結ぶと正五角形になり、
2 回巻いて結ぶと正七角形ができます。試して下さい。

Q12-3：今度は作図で正五角形を描いて下さい。作図で使う道具は、①コンパス、②三角定規です。

【ヒント】正五角形は黄金比の塊で、黄金比は $\phi = \sqrt{5}+1:2$ です。したがって、①まず $\sqrt{5}$ をどうやって作る
か、②次に $\sqrt{5}+1$ をどうやって作るかを考えます。

A12-3：正五角形の作図では、黄金比 $\phi = \sqrt{5}+1:2$ をどのように
作るかにかかっています。手順は以下の通りです。

①直線 ℓ_1 上に、O を中心とする半径 1 の円 R1 を描き、
直線との交点を C と D とします。

②C と D を中心に、半径 2 の円 R2 を 2 つ描きます。

③2 つの R2 の円の交点を結んだ直線 ℓ_2 を描きます。また、
直線 ℓ_2 に平行に C と D を通る直線 ℓ_3 を 2 本描きます。

④2 つの円 R2 と 2 つの直線 ℓ_3 との交点を P と R とします。

⑤線分 OP と OR が $\sqrt{5}$ になります。O を中心とする半径 $\sqrt{5}$
の円 R3 を描きます。円 R3 と直線 ℓ_1 との交点を S と T と
します。 線分 SD と TC の長さが $\sqrt{5}+1$ になります。

⑥C と D を中心に、半径が $\sqrt{5}+1$ の円 R4 を 2 つ描きます。
2 の円 R4 の交点を A とします。

⑦A を中心とする半径が 2 の円 R2 を描きます。3 つの円 R2 の交点を B と E とします。

⑧ABCDE を結ぶと正五角形になります。
五角形 ABCDE で、辺 AB、BC、CD、DE、EA の長さは 2 です。線分 AD、BE、CA、DB、EC の長
さが $\sqrt{5}+1$ です。これらの長さの比が黄金比 ϕ になります。

Q12-4：正五角形を構成する 2 つの三角形を 2 つ組み合わせたペンローズのタイルがあります。
1 組目は下図の左側の 2 種類の菱形、1 つは 36° と 144° の菱形、他は 72° と 108° の菱形です。
辺の長さは全て①で同じですから、合わせることができます。
2 組目は下図の右側の凧（たこ）と鏃（やじり）です。

まず、1 組目を選んでペンローズのタイル・パターンをデザインしなさい。
次に、2 組目を選んでペンローズのタイル・パターンをデザインしなさい。

A12-4　この問題は自由課題です。
右を参考にして自由にデザイン
してください。

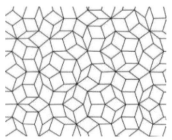

付録：ギリシア文字

　数学や物理や統計などでは、アルファベットの 26 文字では足りないので、ギリシア文字を頻繁に使います。以下にギリシア文字と、その読み方と、本書や建築や工学での主な使用例を示しておきます。

　主として小文字を使いますが、中には Σ や Ω は大文字も使われます。
字体には異字体もありますが、代表的なものを掲げておきました。
下記の読み方は、日本での慣用的な読み方です。

大文字,小文字(異字体)	慣用的な読み方	本書および建築や工学などでの主な使い方
A, α	アルファ	一つ目の記号として使う。方程式の係数、角度など
B, β	ベータ	二つ目の記号として使う。方程式の係数、角度など
Γ, γ	ガンマ	三つ目の記号として使う。方程式の係数、角度、比重量など
Δ, δ	デルタ	微小量、伸び、撓み（たわみ）
E, ε	イプシロン	微小量、歪（ひずみ）度
$Z, \zeta\ (\varsigma)$	ゼータ	係数
H, η	イータ	係数、効率
$\Theta, \theta\ (\vartheta)$	シータ	角度、温度
I, ι	イオタ	
K, κ	カッパ	曲率
Λ, λ	ラムダ	波長、固有値
M, μ	ミュー	平均値、摩擦係数
N, ν	ニュー	振動数
Ξ, ξ	グザイ	係数、パラメータ
O, o	オミクロン	
Π, π	パイ	円周率
P, ρ	ロー	密度、相関係数、曲率半径
Σ, σ	シグマ	密度、標準偏差（分散）、応力度、大文字の Σ は和の数学記号
T, τ	タウ	時間、時定数
Υ, υ	ウプシロン	
$\Phi, \phi\ (\varphi)$	ファイ	形態係数、本書では角度に φ 、黄金比に ϕ を使用
X, χ	カイ	カイの二乗分布（統計）
Ψ, ψ	プサイ	角度、形態係数
$\Omega, \omega\ (\varpi)$	オメガ	角度、角速度、大文字の Ω は電気抵抗の単位記号

索引

あとがき

　本書を最後まで読まれていかがでしたか。数学や物理が苦手だった人も、答えを導けたことで自信がついたのではないでしょうか。数学や物理が得意な人にとって本書は難しく感じることはあまりなかったかも知れませんが、建築でどのように数学や物理が使われているかを理解していただけたと思います。

　答えを得る、このことはもちろん大切ですが、それ以上に大切なことがあります。それは考えることです。本書で示した以外にも考え方や解き方はいくらでもあるはずです。答えを得ただけで満足しないで、別の考え方を試したり、あるいは自ら問題を作ってみて下さい。こうすることは理解を深めることに繋がります。これからの勉強や、あるいは実務についてから、より難しい場面に遭遇するでしょうが、このときも本質が何かを見極め、基本から考えていけば、どんなに難しそうに思える問題でも必ず解決する道筋を見つけることができます。本書の「本質を理解しながら学ぶ」は、このことを伝えたかったのです。

　さて、本書では最初の編で建築数理の基本、中編で建築構造、後編でデザインを取り上げました。建築で使われるであろう数理の全てではないにしろ、基本的なことはおおよそカバーしました。なお、建築環境計画については一部しか取り上げていませんが、この分野には同じ丸善出版から刊行されている『デザイナーのための建築環境計画　熱・日射・光・風』があります。こちらも問題を考えながら解くように工夫しています。建築環境計画や建築環境工学を勉強される方にはこちらも一読されることをお勧めします。

　本書を執筆するにあたり多くの方々にご支援ご協力いただきました。田中義浩氏には執筆者打ち合わせに毎回参加していただき、建築数理や構造力学の教育現場からの貴重なご意見をいただきました。本書が初学者にも理解しやすいようにと随所で参考にさせていただきました。11 章、12 章、13 章には建築の写真を沢山掲載しています。この中には中部大学の卒業生の吉村有司氏、荒川智充氏、中尾このみさんから提供いただいたものがあります。14 章では規矩術を取り上げています。規矩術は江戸時代に集大成された木造加工技術書ですが、これは望月義伸氏に紹介していただきました。ご支援ご協力下さいました方々に改めて御礼申し上げます。

　最後になりましたが、本書を出版するにあたり、丸善出版の三崎一朗氏には大変お世話になりました。本書は他にないユニークな内容ですが、本書の元原稿である講義ノートの頃から三崎氏が共感してくださり、今日まで大切に温めていただいたものです。一時は出版すら危ぶまれましたが、三崎氏の並々ならぬ熱意と努力により、漸く日の目を見るに至りました。当初から通算すると 5 年が経過しました。なかなか捗らない執筆にも辛抱強く待っていただきました。これまでの長い間のご苦労に心から感謝申し上げます。

執筆者代表　猪岡達夫

<＜執筆者＞

猪岡達夫：元中部大学教授・博士（工学）
早稲田大学大学院・修士課程修了、1971-2003 日建設計、2003-2016 中部大学
専門分野：建築環境計画・建築設備
主な著書：空気調和ハンドブック（共著・丸善）、デザイナーのための建築環境計画（丸善）
本書での担当：1~8 章、14 章

中村研一：中部大学教授・建築家
東京大学大学院・修士課程修了、1984-98 槇総合計画事務所、2002- 中部大学
専門分野：建築デザイン・建築計画・都市計画
主な著書：サヴォワ邸／ル・コルビュジエ（東京書籍）
主な建築作品：パキスタン大使館、西町インターナショナルスクール八城メディアセンター
本書での担当：12~13 章

石山央樹：中部大学准教授・博士（工学）
東京大学大学院・博士課程修了、2000-2012 住友林業、2012- 中部大学
専門分野：木質構造・木質構法・建築構法
主な著書：木質系耐力壁形式構造に関するQ&A（共著・日本建築学会）、団地再生まちづくり 4 進むサステナ
　　　　ブルな団地・まちづくり（共著・水曜社）
本書での担当：9~11 章、14 章

片岡靖夫：中部大学名誉教授・工学博士
早稲田大学大学院・修士課程修了、1967-2011 中部大学
専門分野：建築構造・木質構造・伝統木造建築
主な著書：新建築学大系 37 板構造（共著・彰国社）、板構造の解析（共著・技報堂出版）、建築学構造シリー
　　　　ズ_建築木質構造（共著・オーム社）
主な建築作品：東本願寺浄苑総門（構造）、永平寺七堂伽藍の保存（構造）、岐阜公園三重塔（構造）
本書での担当：10.2~10.3（共著）、11.2（共著）、13.2（共著）、14 章

本質を理解しながら学ぶ建築数理

平成 29 年 12 月 10 日　　発　　　　行
令和 5 年 4 月 30 日　　第 5 刷発行

著　者　　猪　岡　達　夫
　　　　　中　村　研　一
　　　　　石　山　央　樹
　　　　　片　岡　靖　夫

発行者　　池　田　和　博

発行所　　丸善出版株式会社
　　　　　〒101-0051 東京都千代田区神田神保町二丁目17番
　　　　　編集：電話(03)3512-3266／FAX(03)3512-3272
　　　　　営業：電話(03)3512-3256／FAX(03)3512-3270
　　　　　https://www.maruzen-publishing.co.jp

組版印刷・中央印刷株式会社／製本・株式会社 松岳社

ISBN 978-4-621-30211-8　C 1052　　　　　　　　Printed in Japan